打造高绩效呼叫中心

图书在版编目（CIP）数据

打造高绩效呼叫中心 / 陈震原，石云，胡捷伦主编
.—成都：成都时代出版社，2014.7
ISBN 978-7-5464-1188-0
Ⅰ.①打… Ⅱ.①陈… ②石…③胡… Ⅲ.①呼叫中心—企业管理
Ⅳ.① F626.3

中国版本图书馆 CIP 数据核字 (2014) 第 141148 号

打造高绩效呼叫中心
DaZao GaoJiXiao HuJiaoZhongXin
陈震原 石云 胡捷伦 主编

出 品 人 石碧川
责任编辑 蒋雪梅
责任校对 李 航
责任印制 干燕飞
装帧设计 光焰文化

出版发行 成都时代出版社
策划推广 客户世界机构
电 话 （028）86742352（编辑部）
（028）86615250（发行部）
网 址 http://www.chengdusd.com
印 刷 北京人教方成彩色印刷有限公司
规 格 170 mm × 240 mm 1/16
印 张 19
字 数 240 千字
版 次 2014 年 7 月第 1 版
印 次 2014 年 7 月第 1 次印刷
书 号 ISBN 978-7-5464-1188-0
定 价 38.00 元

前　言

国内呼叫中心经过多年的发展，其规模和从业人员的数量都有了很大的激增。伴随着企业对呼叫中心应用潜力的不断挖掘，呼叫中心作为沟通工具在企业的服务、营销等方面扮演着越来越重要的角色。与此同时，如何衡量和管理呼叫中心在企业价值创造过程中的绩效越发为企业管理者所关注。

本书从绩效管理、指标管理、员工管理、质量管理等多方面，对如何打造高绩效呼叫中心作出了详细而客观的阐述。从服务质量、服务速度、成本和收入等角度正确理解和把握呼叫中心的基本特征，对于提高呼叫中心的运营管理水平、保持呼叫中心的高效运营是至关重要的；同时结合技术、员工、战略和流程的改善，能够提升服务质量和速度，从而达到客户满意度的提升，最终实现成本的下降以及呼叫中心收入的提升。

本书的案例和数据来源于 CC-CMM® 标准组织多年来在业界大量的项目实践，以及复旦大学—CC-CMM® 研究中心的知识沉淀。作者将呼叫中心运营管理、绩效管理、质量管理等理论方法，具体落到员工管理、客户服务的运营实践之中，使本书对呼叫中心管理者有一定的参考价值。作者详细介绍了绩效管理理论及其实际应用。绩效管理不仅是实现企业战略目标的控制工具，更是组织战略实施的保证。呼叫中心要做到高绩效运营，不仅要关注影响呼叫中心绩效的指标，还可以从倾听员工之声开始，才可能造就真正的优质“客户体验”。满意的客户才能成为对企业忠诚的客户，才能给企业带来源源不断的利润；对客户满意度的分析是为了最终利用客户的终身价值。此外，本书还提供了呼叫中心常用关键表现指标（KPI）、呼叫中心质检、满意度模型等内容，以期给相关运营管理者带来指导作用。

本书的编著得到了各方支持，在此衷心感谢广州电信、客户世界研究院、国家信息中心、复旦大学、上海财经大学、亚太呼叫中心联盟 APCCAL 等众多学术机构和单位给予的理论支撑和数据采集支持，同时感谢包括浙江移动、广东移动、中信银行等多家企业提供的案例素材。最后，也再次感谢所有为本书的编撰工作做出贡献的人员。

希望本书能够对呼叫中心企业有良好的指导作用，通过打造高绩效呼叫中心，使呼叫中心实现企业价值的最大化。

编 者

2014 年 6 月 12 日

目 录

第1章　角色修炼与关系处理

1.1　思考与困惑

呼叫中心无疑是一个年轻的产业。从世界上第一个具有一定规模的呼叫中心建成到现在不过50多年的历史。中国的呼叫中心就更为年轻了——不过是个未满16岁的少年。它虽然年轻却不可小觑，互联网技术发展大潮的影响以及国家对于服务业的重视，使得呼叫中心在近年来一直以惊人的速度发展着。由CC-CMM® 国际标准组织发布的《中国呼叫中心运营标杆管理报告(2012版)》中提到，中国大陆地区的呼叫中心产业已经成功地渗透到了中国的56个行业，产业总体座席数也从2001年的10.2万多座席发展到2012年底的58万座席，并且近几年的年复合增长率以及市场投资规模一直保持在17%左右。可以看到，在不久的将来，这是一个多么可观的产业规模。

该报告还提到，传统的通讯运营商、政府热线和电子商务等行业继续大力实施呼叫中心的单点集中，各行各业对呼叫中心的需求也在逐年上升。这意味着，呼叫中心的规模在不断发展，呼叫中心管理者的管理幅度也在不断扩大。过去，100座席已经是大型呼叫中心，现在1000座席以上的已经屡见不鲜。

身处这样一个高速发展的产业，作为呼叫中心管理者，我们无疑是自豪的。然而在作为企业内部运营机构的管理者时，以下问题的存在使我们又感觉到一些尴尬和无奈：

◎ 呼叫中心在企业中被定义为“成本中心”、“花钱中心”。上级部门对其要求是：节约、节约、再节约！由于成本的限制，呼叫中心管理者在人员配备、培训以及激励措施上有心无力。

◎ 呼叫中心在公司内部定位不高，有时甚至是个边缘部门，总被其他的部门“另眼相看”。呼叫中心需要其他部门协作时，很难得到及时、充分的回应与帮助。

◎ ……

这仅仅是企业战略定位的问题么？作为管理者，我们是不是真的无能为力呢？答案是否定的。只要做到以下方面，我们是有可能扭转乾坤的：

☆ 把握定位——厘清老板、管理者自身和客户的角色关系；

☆ 高效运营——建立科学合理的考核指标体系，精细化管理；

☆ 体现价值——为老板、相关部门提供支撑决策的信息；为客户提供有效的解决方案。

为了更准确地对呼叫中心进行定位，我们首先思考以下问题：

☆ 我们是在为谁打工？

☆ 客户是上帝，那么上帝是老板吗？

☆ 领导发工资，那么领导就是老板吗？

☆ 管理部门（如市场部等）给我们一堆看上去不可能完成的任务，他们是老板吗？

☆ 总公司测评我们，他又是什么角色？

1.2 角色关系

☆ **老板**，简单来说，就是提供资金让我们运营生存的人。对于自建型呼叫中心，老板就是公司主管部门，它可能是市场部、产品部或者专门的客户管理部；对于外包型呼叫中心，老板更多是指发包的企业；对于近年兴起的托管型呼叫中心而言，老板则是租赁座席及相关软硬件资源的承租方。

那么，老板、客户、呼叫中心相互之间的关系是怎样的呢？让我们首先来了解一下这几个角色的概念。根据 CC-CMM® 的标准，呼叫中心管理者和客户是这样定义的：

☆ **呼叫中心运营机构**，是指从事呼叫中心或与之相关的企业、组织或部门。

☆ **客户**，是指对呼叫中心运营机构的服务有特定需求的群体，是呼叫中心运营机构经营活动得以维持的根本保证，包括上游客户与下游客户。

☆ **上游客户**：向呼叫中心运营机构直接或间接提供业务的组织。上游客户可能是呼叫中心运营机构的所在企业及其内部部门，也可能是其他外部企业或者个人团体。

☆ **下游客户**：使用呼叫中心运营机构服务的个人或企业。包含上游客户的客户、潜在客户、通过电话、短信或网络等渠道进行互动的用户，他们是上游客户公司的客户，是我们服务的老板的上帝。

在实际的运营管理中，上游客户（企业）通常会设立机构或指派专人来管理呼叫中心。为便于理解，我们定义老板这个角色为上游客户设立的机构或者指派的代表。四者的关系，我们可以用下图来表示：

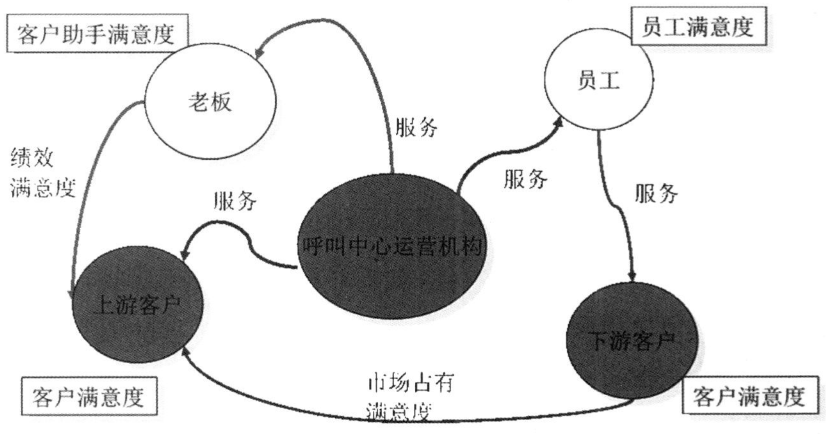

图 1. 管理者、老板、员工、客户关系图

从以上关系图中可以看出，呼叫中心运营机构处于中间位置。我们向上服务着上游客户和老板，要确保老板和上游客户满意，老板通过与呼叫中心的有效沟通和管理来保证绩效的达成，使上游客户对绩效结果满意；向下而言，运营机构首先要服务好员工，满意的员工才能服务好下游客户，满意的下游客户才会对上游客户忠诚，从而提升上游客户的市场占有率。

呼叫中心应当成为公司和客户之间的开关，呼叫中心提供给市场经营者一个独一无二的机会与客户直接交流，每一个呼叫意味着一个重要的机会。

(1) 提高工作效率

呼叫中心能有效地减少通话时间，降低网络费用，提高员工 / 业务代表的业务量，在第一时间内就将来话转接到正确的分机上，通过呼叫中心发现问题并加以解决。

(2) 节约开支

呼叫中心统一完成语音与数据的传输，用户通过语音提示即可以很轻易地获取数据库中的数据，有效地减少每一个电话的长度，每一位座席工作人员在有限的时间内可以处理更多个电话，大大提高电话处理的效率及电话系统的利用率。

(3) 选择合适的资源

根据员工的技能、员工的工作地点、根据来话者的需要、来话者的重要性、根据不同的工作时间 / 日数来选择最好的同时也是最可接通的业务代表。

(4) 提高客户服务质量

自动语音设备可不间断地提供礼貌而热情的服务，即使在晚上，您也可以利用自动语音设备提取您所需的信息。而且由于电话处理速度的提高，大大减少了用户在线等候的时间。在呼叫到来的同时，呼叫中心即可根据主叫号码或被叫号码提取出相关的信息传送到座席的终端上。这样，座席工作人员在接到电话的同时就得到了很多与这个客户相关的信息，简化了电话处理的程序。这在呼叫中心用于客户支持服务中心时效果尤为明显。在用户进入客户支持服务中心时，只需输入客户号码或者甚至连客户号码也无需输入，呼叫中心就可根据它的主叫号码到数据库中提取与之相关的信息。这些信息既包括用户的基本信息，诸如公司名称、电话、地址等，也可以按照以往的电话记录，查询到已经解决的问题与尚未解决的问题。这样双方很快就可进入问题的核心。呼叫中心还可根据这些信息智能地处理呼叫，把它转移至相关专业人员的座席上。这样客户就可以马上得到专业人员的帮助，从而使问题尽快解决。

(5) 留住客户

一般来说，客户的发展阶梯是：潜在客户→新客户→满意的客户→留住的客户→老客户。失去一个老客户，所受到的损失往往需要有8～9个新客户来弥补，而20%的重要客户可能为您带来80%的收益，所以留住客户比替换他们更为经济有效。要学会判断您的最有价值客户，并奖励您的老客户，找出客户的需要并满足他们的需要，从而提高客户服务水平，达到留住客户的目的。

(6) 带来新的商业机遇

理解每一个呼叫的真正价值，提高效率、收益、提高客户价值，利用技术上的投资，更好地了解您的客户、鼓励与客户密切联系，使您的产品和服务更有价值。尤其是从每一次呼叫中也许可以捕捉到新的商业机遇。

我们来总结一下作为呼叫中心运营机构的角色定位。

我们是关键环节：

☆ 我们对上游客户、老板、员工和下游客户负责；

☆ 对于上游客户和老板来说，我们是下游客户满意度的有效保障；

☆ 对于下游客户来说，我们直接代表着上游客户，为其解决诉求，排忧解难。

1.3 怎样让老板喜欢你

说是喜欢，其实可以分解为理解、信任和授权。获得老板的理解，沟通渠道能更加顺畅，沟通的漏斗能更加短，信息的传递能更快并且遗失得更少；获得老板的信任，拉近与老板之间的关系，了解老板的管理意图与重点，可获得更多的授权；获得老板的授权，做起事情来能更主动更有计划性。那么如何让老板喜欢你呢？教您几招：

(1) 为老板赚钱

老板是谁？前面说了，是给我们钱运营的人。在企业项目投资中，讲究投资收益，没有人投资了不想赚钱。所谓赚钱，一则开源，二则节流。对于呼叫中心来说，开源就意味着创造更多的价值。对于销售类的呼叫中心，它意味着提高满意度和成单率多赚钱；对于服务类的呼叫中心，它意味着在服务中找到更多的营销机会，分析客户的行为和反馈，向老板提供有价值的、能够支撑决策的信息。节流，也就是成本控制，对于呼叫中心来说是永恒的主题。降低人工呼入量、提升一次解决率、缩短平均处理时长，都能有效降低成本，省钱即是赚钱！

(2) 多和老板沟通

老板都很忙，不会时刻关注我们的运营情况及需要的资源，而呼叫中心却恰恰需要多方支持。举个例子，市场部多一个电台广告，呼叫中心就会多成百上千的咨询电话。如果没有和老板事前沟通，及时获得必要信息，呼叫中心的运营指标都会受到很大影响，惨淡的报告自然不讨老板喜欢！另外，老板一般只看少量的报告，恐怕是不足以了解整个项目的进展和瓶颈的。多和老板沟通的好处就在这里，让老板更加清楚运营的现状、行业的情况、取得的成绩、存在的差距等。

(3) 多获得授权

老板都看重权力，授权意味着对自己的信任，也意味有权对提供什么样的客户服务做出重要决定。适当的授权，不仅会让员工因为领导层的信任而受到激励，而且能根据不同情况灵活快速地采取措施，通常服务质量会提高，给企业带来价值。

(4) 危机时，拉老板一把

风雨同舟，患难与共。虽然这样的时刻较少遇到，但是当危机出现的时候，呼叫中心作为服务的对内和对外窗口，快速的正面反应非常重要，第一时间统一口径，并提供与平时一样高水平的服务，这样的支持无疑就是非常及时的“拉一把”。

(5) 与老板攀亲

老板手下很多个部门，呼叫中心虽然一般是人员最多的，但也恰是因为如此，人员过多，导致老板几乎无法重点关注，只能是同等对待。通过中心的一些活动多邀请老板参与，多在员工面前赞誉并且感谢老板的支持，无形中增加员工对老板的好感与支持，也自然让老板对呼叫中心更有亲切感。

1.4 怎样让下游客户喜欢你

正如客户关系管理的内容非常庞杂一样，做好客户关系管理更不容易，可谓仁者见仁、智者见智。不同的地域、行业、公司、公司所处的发展阶段以及公司销售团队等，对于客户关系管理都可能有自己独到的看法。事实上到目前为止，也的确没有一条被总结出来放之四海而皆准的、可通用的客户关系管理理论。不过，营销实践表明，公司在推行客户关系管理时，要求销售人员至少在如下一些方面要有充分的理解、掌握，这些方面包括关系营销原理、关系营销的基础、关系营销的关系类别、实施关系营销的主要途径，以及如何做到从客户满意到客户成功等。

1.4.1 关系营销原理

所谓关系营销原理，其实就是一种销售方法，是一种融合了换位思考、客户参与以及建立信任等方法在内的综合性营销方法。关系营销方法要求销售人员灵活掌握并运用诸如目标处理、达成协议等技巧。

优秀的销售人员都拥有自己相对稳定的客户关系网络，他们会根据客户的重要程度确定与其保持沟通的频次，以维系一种相互信赖的关系，而这种关系正是销售人员赖以成功的秘诀。因此，从这个角度来讲，销售人员应该是公司中最善于与人交往并建立良好人际关系的一族人。

事实上，建立并维持客户关系是销售人员的基本职能，也是营销成功的基本保证。众所周知，客户是公司生存和发展的基础，市场竞争的实质就是争夺客户资源（客户数量与质量）。欲建立与维持良好的客户关系，就必须树立客户利益至上的观念，这就要求销售人员首先理解关系营销原理。

首先是换位思考。优秀的销售人员关注客户而非产品本身，他们在销售之前往往会站在客户的角度来考虑问题，将心比心、感同身受。这与拙劣的销售人员只顾向客户推销产品而不站在客户的角度去考虑是否真正需要是完全不同的。优秀的销售人员理解客户关注的并不是所购产品本身，而是关注通过购买产品能获得的利益或功效。运用换位思考要求销售人员对客户的购买行为具有强烈的敏感性，必须能够及时识别出客户的需要并向客户说明或演示该产品如何能满足他们的需求，解决他们的问题。从这个角度来说，客户购买并不是因为他们理解产品，而是因为他们的需求为销售人员所理解。做销售要达到这个境界，销售人员就必须注意一些细节问题。一是要具备销售实战能力，掌握丰富的产品知识及问题处理技巧；二是要和蔼可亲，容易接近客户，与客户产生共鸣，这样就容易建立关系；三是要对客户以诚相待，不能做那种油头滑脑的路边小贩，只顾吆喝；四是要努力做一个客户的采购向导，把握客户的真实需求，站在客户立场来帮助客户确定采购方案。最后一点，就是要言行一致，对产品或服务的介绍既不能夸夸其谈，又不能过于谨慎，尽可能做到名副其实。

其次是客户参与。不少销售人员都有这样的观点，认为销售就是一场在买卖双方间进行的没有硝烟的战斗，销售人员的成功就是要运用他们非凡的能力最终达成让客户接受自己所销售产品的目的。事实上，关系营销从根本上否定了销售人员的这种战斗意识。关系营销真正赋予销售人员的基本任务则是积极鼓励并自觉听取客户表述自己已经存在的需求。销售人员所要做的工作并非是为客户提供“正确的答案”,而是寻找到客户存在的“正确的问题”,即客户的真正需求。优秀的销售人员发现，只是简单地向客户传播自己产品的性能，以及客户能从产品中获得哪些好处，已经很难使客户迅速作出购买决策；相反，客户在与销售人员的深入互动沟通中则更容易作出购买决策。

最后是建立信任。销售人员如何与客户建立信任关系是关系营销的重点。有效而且迅速地建立起信任关系，要求销售人员与客户分享一些更高层次的、更私密的工作或工作之外的话题。这意味着销售人员对客户要能做到察言观色，能灵活地根据场景与时间的不同与客户展开不同话题的沟通。此外，建立信任关系之前，还要求销售人员有勇于承担风险的精神，能够在某些问题或要求上做出大胆让步,这或许是客户有意测试你对其抱有的信任程度。总之，真正的关系营销要求销售人员务必向客户提供更多的附加价值，也就是说务必向客户提供比承诺更多的东西。

需要说明的是，这里讨论的关系营销与一般意义上在销售中去“拉关系”、“找关系”等有本质的区别。真正的关系营销是建立在一定基础之上的，即需要买方和卖方之间达到一定的条件，基本上做到“门当户对”才谈得上发展关系营销，否则去谈关系营销是不现实的。发展关系营销的目的是希望将买卖双方长期地联系在一起，对卖方来说希望通过关营销售降低销售成本，对买方来说希望通过这种关系来降低采购成本。为了做到这一点，卖方公司必须向买方公司或个人承诺并提供优质的产品、良好的服务以及适中的价格，从而与其建立并维持一种长期、稳定的合作关系。

1.4.2 关系营销基础

具体地说，关系营销的基础包括三个方面的内容：公司的实力、承诺以及双方的信任。它们各自又包含一些更为具体的内容，一起组成关系营销丰富的基础内涵。在关系营销的三个基础方面，实力是基础中的基础。在当今竞争激烈的市场中，没有实力就没有立足之地；此外，除了实力，还需要向合作方作出合作的承诺，否则再强的实力也会陷入“无用武之地”，得不到对方的认同；在实力和承诺的基础上，合作双方还需要达到相互信任，如果没有达到相互信任的境界，合作就无法长久地持续下去。因此，信任是关系营销中的最高境界。

首先是实力。合作方的实力包括很多方面，比如规模上要求旗鼓相当；在资源上能体现互补效应；在技术上能做到相互共享；在适应性方面，合作双方能根据合作阶段的不同做到自我调节、自我适应。之所以强调合作双方的实力，是因为在很多时候，合作双方的诚意并非是唯一的关键因素，而合作方的不同实力与彼此间的相互关系的密切程度才是更为重要的考虑因素。

研究表明，结成稳定合作关系的各方应具有均衡或独特的实力，在规模上尽可能达到旗鼓相当，这样才能够为合作关系的发展带来有价值的东西。比如在 IT 市场上，Microsoft 的操作系统与 Intel 的 CPU，前者在桌面电脑主流操作系统市场占有垄断和统治地位，而后者在桌面电脑 CPU 市场占有相同的地位，且二者相互依赖的程度非常高，因此，早期的“Wintel 联盟”就非常坚固。而在零售业中，经常出现的“店大欺客”或“客大欺店”的情况则是合作双方实力悬殊的另类写照。事实上，在目前竞争激烈的市场环境中要求每个公司都应该具备自己独特的核心竞争实力，才能够获得合作，容易获得合作。

共享技术或成果是实力因素的又一个方面，是公司间开展深层次合作的重要手段之一。共享技术或成果的范围非常广泛，不同的公司间可以有不同的内容。共享技术或成果，在合作双方的初级阶段不仅能起到加强联系的作用，而且还能在技术成熟或企业成长整体升级时起到强化合作关系的作用。20 世纪 80 年代，沃尔玛在与众多供应商磋商供货价格时面临着当时大采购商凯玛特（Kmart）公司和西尔斯（Sears）公司的竞争挑战并处于劣势。为了迎接挑战，沃尔玛建立了一个每天向供应商提供各个零售店销售报告的计算机数据库信息管理系统，并与众多供应商分享这一技术成果，允许它们随时进入其所使用的决策分析软件系统实时了解各自的产品销售状况。这样，沃尔玛就通过向各供应商提供全面的销售数据和特定促销措施的效果信息以及各地市场要求的差异性信息而与众多供应商建立了紧密的伙伴关系，并最终赢得了与凯玛特和西尔斯之间的竞争。

相互适应是实力因素中的一个动态变化因素，它主要是考察合作方随时间的迁移是否能做到同步成长。所谓相互适应，实际上就是指合作关系的一方改变自身的运作方法或改变产品以适应另一方的商务活动。在合作关系发展的不同阶段，相互适应有不同的表现形式。在确立合作关系的初期，相互适应是提高信任度的一种途径；而到了合作关系成熟阶段，相互适应则是旨在巩固和扩展合作关系。实践表明，相互适应能使买卖双方结成紧密关系，成为抵御竞争者入侵的一道屏障。

除了拥有的实力之外，要建立合作关系，合作各方往往还非常看重各自所拥有资源是否能做到互补，如果各方所拥有的资源重叠或无关，则双方建立合作的可能性就较小。通过合作方之间资源的互补能够建立起一种相对稳固的合作纽带关系，且这种关系能够随着时间的推移及合作双方投资规模的扩大，进而演变为彼此长期依赖的互动发展关系。

然后是承诺。承诺是合作方持续发展合作关系的基本要求。这种要求显示出保持已有关系对于双方都非常重要，双方都确认保持这种关系能为彼此带来预期的收益。承诺的最基本要求是合作方彼此认同相互合作这种共存的模式，否则承诺可能流于形式而不着边际。以相互合作的方式建立起来的伙伴关系才能够支撑合作方所一致认同的共同目标。不过，良好的合作关系应该是建立在合作方彼此自愿合作的基础之上的，任何在被迫之下所作出的依赖性行为的合作随时都可能夭折。比如Microsoft与Intel公司早期建立的“Wintel联盟”就是一个典型的例子。当时Microsoft公司占领了操作系统市场，而Intel公司控制着CPU市场，随着Intel公司CPU的不断升级换代，Microsoft公司的操作系统也不断更新，客户要使用新的操作系统，就需要更换其CPU，这就使得Microsoft与Intel公司双方互惠互利，共享市场，共同成长。如上所述，除了相互合作这种模式外，合作方之间还需要有共同的目标。事实上，共同目标是维系合作关系的最根本的原因。共同目标是有关合作各方共同选定的目标，是只能通过共同行动和维持合作关系才能实现的目标。再有就是合作各方需要启动共赢的思维，积极努力地去维持合作关系，共同推动目标实现。

最后是信任。相互信任是关系营销的最高境界。合作关系的最初建立和继续发展的意愿，都有赖于相互信任的程度，否则合作关系就建立不起来；或者即便建立起来也会很快终止。在相互信任的氛围下，合作各方的任何一方的行动都会很充分地考虑到其他合作方的利益。要做到相互信任，合作各方彼此之间首先要做到互相关注。具体到销售人员来说，就是要让客户确认销售人员不仅关注其需要和利益，而且掌握与其确立和发展和睦关系的方式与技巧，让客户明白他们可以把自身利益托付给销售人员。而与客户建立密切关系是巩固提高客户信任的重要途径。关心客户利益、倾听客户意见、珍惜客户的时间等都是营造和睦关系的细节和方法。

除了关注客户之外，销售人员还需要充满诚意。这样，才能让客户感受到销售人员是坦率的、坦诚的。销售人员如实地对客户说明所销售产品或服务的优点与不足，不仅能在客户处获得坦率的良好印象，还能够提高销售人员的销售信誉，进而获得客户的信任并乐于接受销售人员。销售人员必须通过自身行为证明自己是值得信赖的。可以信赖意味着销售人员必须在客户心目中确立务实的形象，决不轻易承诺无法兑现的事情。销售人员的行为必须与其承诺保持一致，随着承诺的兑现，客户对销售人员的信赖程度会不断地提高。最后是兑现承诺，让客户明白自己是有能力的并且是可以兑现承诺的。

1.4.3 关系营销客户分类

作为一个公司的销售人员，必须接触大量的客户。然而按照 80∶20 原则，销售人员手中的大多数客户可能都不是很重要的，因此销售人员就需要对不同的客户建立不同的关系。只有这样，才能分清主次、抓住重点，才能出色地完成销售任务。

首先是对客户进行划分。划分的依据有很多，不同的公司、不同的销售人员可能有不同的选择，然而各种划分方法中不能背离的基本原则就是客户带给公司的赢利能力，即客户价值。客户价值越大，客户的等级就应该越高，就越应该引起销售人员及公司的重视。常用的划分方法可以参照划分产品的波斯顿矩阵理论来确定，将不同客户分别划分为现金牛类、明星类、孩童类及“瘦狗”类等。此外，还可以根据“购买十分位分析法”来划分，分别将客户划分为“天王巨星”、“后起之秀”以及“明日黄花”等不同类别。

其次是建立客户关系。无论采用哪种理论或方法来划分客户，销售人员在划分后都应该有所区别地与不同客户建立不同关系，并不断地对这种关系进行监控和调适，以保证在任何时候这种关系都处于正常的分区内。通常情况下，客户关系可以分为如下几个不同的水平。

(1) 基本关系

这种关系是指销售人员只是简单地向客户销售产品，在产品销售后不再与客户保持接触。这种水平下的客户，要么是没有发掘的潜力，要么是厂商过于强大，客户过多等原因。比如，众多低值易耗的国内日用品商家的营销基本上都属于这种类型。

(2) 反映关系

这种关系是指销售人员在销售产品的同时，还积极鼓励客户在购买产品或使用产品以后，如果发现问题或不满时，通过打电话、发邮件等方式，及时向公司反映。一些国外的日用品巨头在中国的营销多采用这些类型。

(3) 可靠关系

这种关系是指销售人员在产品售后不久，就通过各种方式了解产品是否能达到客户的预期要求，收集客户有关改进产品的建议以及对产品的特殊要求，把得到的信息及时反馈给公司，以便今后不断改进产品。

(4) 主动关系

这种关系是指销售人员经常与客户沟通，不时打电话与客户联系，向他们提出改进产品使用的建议，提供有关新产品的信息，促进新产品的销售。

(5) 伙伴关系

这种关系是指销售人员与客户持续地合作，使客户能更有效地使用其资金或帮助客户更好地使用产品，按照客户的要求来设计新的产品。

在营销实践中，不同公司因产品和市场的不同，可以分别建立不同水平的营销关系。基本关系和伙伴关系是关系营销的两个极端，销售人员可以根据客户数量的不同、产品边际利润的不同等因素，选择建立并维持不同水平的营销关系。

1.4.4 关系营销实现途径

不同行业、不同规模的公司可以根据自身公司的资源、所处市场的竞争状况、销售团队成员的风格等特点选择不同的途径。这些方法归结起来，可以总结为如下几个诉求内容。

(1) 向客户提供附加的经济利益

公司向经常使用和购买本公司产品或服务的客户提供额外的利益。比如，国内外众多航空公司向经常乘坐其航班的用户（常旅客）提供的里程奖励计划、中国移动通信公司向其手机用户提供的用户积分奖励计划等就是典型例子。

(2) 向客户提供附加的社会利益

公司的营销人员在工作中要不断地增强对客户所应承担的社会责任。比如，对客户的选择表示赞赏，向客户提出使用更好的产品或服务的建议，不回避产品使用中可能出现的问题，勇于承担责任并通过有效的方法解决等。具体案例如中国移动通信公司在各城市机场提供的贵宾服务，HP、ASUS 等电脑厂商在主要城市机场内提供的无线上网体验服务等。

(3) 建立公司与客户之间的结构性纽带

公司可以通过向客户提供更多的服务来建立结构性的关系纽带。比如在流通行业，厂商可以帮助其销售网络中的成员特别是一些较小的成员提高其管理水平，合理地确定其进货时间和存货水平，改善商品的陈列或者向销售网络中的成员提供有关市场的研究报告等信息。

(4) 强化品质、服务与价格策略

产品的品质、质量等是建立营销关系的基础。自然推行关系营销的途径也少不了从品质、服务及价格等营销组合方面入手。销售人员一定要加强产品的服务性工作，搞好产品的售前、售中与售后服务，不断提高公司的服务水平。另外，就是要制定合理的价格水平。“互惠互利”是公司进行关系营销的核心，只有这样客户的利益才能得到保证，客户才能成为公司的忠实的客户，公司的关系营销才能真正发挥作用。

优秀的销售人员信奉“真正的销售始于售后”的销售理念。事实上，这种理念正是客户关系管理的核心组成部分。客户关系管理就是要在客户购买了该公司的产品或服务以后继续坚持实行客户至上的营销原则。

通过客户关系管理来强化客户购买后的信心是关系营销的又一重要原则。研究表明，重复行为增大的可能性是与回报紧密相关的。销售人员应该通过积极的客户关系管理来引导并强化客户认识购买决策所带来的回报。为此，销售人员需要做好这样一些工作：努力让客户在购买后持续地感到满意；对客户的每次购买都测试客户的满意程度等。总之，做好客户关系管理，就要想客户之所想，急客户之所急。

让客户满意只是第一步，更重要的是让客户感到成功。如果客户感到成功，那么他就会将自己的成功通过一切能够传播的手段或途径传播到他能够传播或影响的人那里，这样做的结果就相当于免费让成功的客户为我们做活生生的广告。试想你是否在与某些公司的合作中感到成功并为其自觉地传播美名呢？事实上，很多公司或个人客户还没有达到从合作中感到成功的这个程度，可能还仅仅是从合作中感到满意这个程度就在不断地一遍又一遍地为其合作方去努力宣传了。因此，销售人员要务必通过各种手段去让客户感到成功。关系营销的实践表明，要做到这一点，销售人员需要努力做好以下工作。

（1）利用“RATER 模型”提高服务质量

这里的第一个 R 就是信赖度（Reliability），即销售人员要能可靠地和准确地履行向客户做出的承诺；A 就是保证度（Assurance），即销售人员要确保具有相应的知识、能力和公关艺术来向客户传递信任和信心；T 就是有形度（Tangibles），即要求销售人员所在公司拥有相应的机构、设备、人员及联系工具等用来确保向客户提供相应的服务；E 就是关怀度（Empathy），即要求销售人员关心客户或针对客户特定需要保持关注等；最后一个 R 是反应度（Responsiveness），即要求销售人员随时响应帮助客户并提供及时的服务。

（2）建立客户数据库

客户关系管理最重要的工具就是客户数据库。客户数据库是公司及其客户关系所有信息的存储文档，销售人员需要妥善保管并动态维护。

（3）进行情感联络

在完成一项业务后，客户至少应收到一份来自销售人员的感谢信，一份手写的感谢信能产生不可估量的良好反应。一些需要安装示范或使用培训的产品，若销售人员能与安装或培训人员一道亲临客户现场安装或培训肯定也能收到良好的效果。

（4）积极处理客户的抱怨

客户抱怨是正常的，重要的是如何妥善地处理好客户的抱怨。关系营销中积极处理好客户的抱怨不仅能化解“危机”，而且还能创造出巩固客户关系的重要机遇。研究表明，抱怨的客户所记住的是问题如何能被满意地解决而不是问题本身。因此，公司及销售人员应该做好客户抱怨的处理工作：以平和的心态认真地听取客户的抱怨，了解客户抱怨的核心事项；以真诚关心的态度向客户提问，以界定客户的抱怨与理解分歧；提出稳妥的解决方案，以期客户的认同；最后真诚地向客户道歉，以获得客户的理解并表示非常重视与客户保持良好的合作关系等。

作为上游客户对外的“窗口”，我们直接服务着他们的下游客户（以下简称“客户”）。如何能让客户喜欢我们，获得他们的认同和肯定，从而成为上游客户的忠诚用户，是我们运营管理的关键所在。

客户至上。要把客户放在经营管理体系中的第一位，一切从客户的角度考虑，想客户之所想，急客户之所急，预先把客户的“不满意”从服务过程中去除，使客户在心理上对企业产生认同和归属感，产生客户满意的群体网络效应。坚持客户至上，就要相信客户永远是对的，对客户的不满意作回避和对抗都是不明智的。客户是商品的购买者，服务的接受者，不是麻烦制造者，由于客户有“天然一致性”，同一个客户争吵就是同所有客户争吵。

主动服务。通过建立客户档案资料，掌握客户的消费特点、购物习惯等，了解客户的需求和期望，有针对性地、有效地、不失时机地使客户满意。

把握关键时刻。关键时刻是客户与企业各种资源发生接触的每一刻。客户在接受服务的过程中，会经历很多关键时刻，其中每一刻都是客户对企业形成印象的机会。积极的关键时刻是问候语里蕴含的笑意，是面对问题的积极处理，可为企业带来客户的忠诚和满意；消极的关键时刻是 IVR 里前后颠倒的混乱逻辑，是相互推诿的脱节服务，是销声匿迹的投诉处理，把客户越推越远。

保持与客户的沟通。根据美国技术协助研究计划机构的研究：只有三分之一的客户是因为产品或服务而产生不满，其余的三分之二的客户与企业间的问题都出在沟通不良上。所以通过各种方式与客户保持畅顺、正面的沟通很有必要，可以通过这些方式：设立客服电话、拜访客户、客户联谊会、为客户提供简明易懂的说明手册等等，企业在与客户的沟通过程中必须虚心倾听，态度真诚，言出必行，最大限度地了解和满足客户的需求。

1.5 呼叫中心的“修炼”

获得老板、上游客户以及下游客户的青睐，并不容易。这需要呼叫中心本身素质过硬。《礼记·大学》里面说：“古之欲明明德于天下者，先治其国；欲治其国者，先齐其家；欲齐其家者，先修其身；欲修其身者，先正其心……心正而后身修，身修而后家齐，家齐而后国治，国治而后天下平。”修、齐、治、平，不仅道出了为人处世的根本，也深深蕴含了企业发展的真谛。作为呼叫中心运营机构，先提升自己的修养学识及管理能力，然后才能带来团队整体水平的上升，才能赢得下游客户的满意和上游客户的支持，打造高绩效呼叫中心。

（1）修——诚信为本

孟子说：“诚者，天之道也，人之道也。”诚信是社会伦理规范和道德基础，是人与组织的一种优良品格，也是“修身”的关键思想。诚信不是高高在上的口号，而是日常工作中的点点滴滴。向上游客户提供准确的运营报告，是为诚信；对下游客户实现承诺的服务，是为诚信；秉承职业道德遵守行业规范，是为诚信。呼叫中心由于角色的特殊性，可以轻易获取下游客户资料，更能访问到“老板”的重要信息，如果脱离了诚信这一根本，整个产业恐怕岌岌可危。诚信为本，是呼叫中心产业健康快速发展的基础，是建设高绩效呼叫中心的首要条件。

（2）齐——打造团队

“人”是呼叫中心的最大资源，一定数量的人组成群体。为了实现共同目标，相互协作的有机群体称之为“团队”。一个高效的团队，是“1+1>2”的团队，可以将每个成员的能力最大限度地发挥。一只狮子率领一群绵羊，可以打败一只绵羊率领的一群狮子。要实现团队的目标，带头人必须充满激情，有着清晰的愿景，并能让每一位成员感受到美好的未来，产生家一般的归属感，激发强大的驱动力。提高管理素质，打造一流团队，是建设高绩效呼叫中心的必经之路。

（3）治——标准运营

所谓标准化，是通过制定和贯彻标准，从而获得最佳秩序的科学管理方法。

呼叫中心是一个专业化的产业，其运营管理是流程、人员加技术的铁三角结构。无论金融、电信还是公共事业，无论售后服务、客户关怀还是营销中心，都离不开这个铁三角。我国呼叫中心经过十几年的迅速发展，大多企业在软硬件技术上同世界水平已差距不大，但在流程标准化和人员的管理上，却还有很长的路要走。呼叫中心的标准化问题随处可见：客服人员随意更改工作程序；服务质量忽上忽下，大幅波动；不同的师傅带出风格完全不同的新人；所有的知识都装在员工脑子里，离职全部带走……这些现状提醒我们，标准是多么重要！谁先走向标准之“治”，谁就走在了产业的前沿！

（4）平——树立品牌

托马斯·弗里德曼说，“不管你是狮子还是羚羊，当太阳升起时，你最好开始奔跑。”世界上竞争无处不在，产品同质化严重，价格战愈演愈烈，越来越多的企业开始转变策略，通过高质量的服务，获得优良的口碑，吸引大量客户。在传统意义上，呼叫中心是乙方，是满足“老板”要求的下属，而在服务日益重要的市场背景下，呼叫中心必须寻找新的定位，走出传统的乙方身份，与上游客户携手共赢，树立品牌，这才是脱颖而出的必胜之道。

1.6 小结

☆ 了解自身与老板、上游客户和下游客户之间的关系，把握好自身定位。

☆ 了解老板对我们的期望，才能修炼好自己，提供超出期望值的产品和服务。

☆ 下游客户满意度不全是我们的责任，上游客户也应当承担责任，但需要我们多沟通，才能得到理解和支持。

☆ 下游客户不满意，老板也不满意。老板是提供钱的人，当然也是追求回报的人。

☆ 呼叫中心运营机构是靠员工提供服务的，先要服务好员工，追求员工满意度，才能服务好客户，达到更好的客户满意度。

第 2 章　什么是高绩效

2.1　高绩效的准则

成功的企业和管理者都具有一些共性，并与失败者形成鲜明对比，这些共性集中体现为能否运用各种最基本的管理手段获得更好的业绩。这些基本手段通常需要管理者在经营过程中不仅自身表现超凡，而且能够与员工有效共事，并通过他们完成任务。由此可以断言，管理者若想取得佳绩，必须在上述两个方面表现出色,否则他的事业就可能会遭受挫折。在当前的经营活动中，企业和管理人都应更注重成果，即以成果为导向；管理者的根本责任在于通过能创造价值的经营活动来满足客户的需求，从而为公司带来价值。

要创造高绩效企业，需遵循以下五项准则。

(1) 建立认同感

明确组织目标。总览全局，为企业和员工建立一个目标，并时刻关注这一预期目标的达成，并通过一定的方法考核工作绩效。

(2) 准备战斗

配备工具、才干和技术。配备高素质的人员，开发有效的企划手段，对员工进行现场培训和教育，为他们提供完成任务所需要的工具。

(3) 增进绩效

营造争创佳绩的氛围。创造一个评估绩效的良好工作氛围，进行及时的绩效评估和反馈，给员工以激励，及时有序地排除工作中遇到的障碍。

(4) 架设通往成功之桥

培养人际关系。辨识、培养并维持一种良好的人际关系，进行有效的沟通，通过与员工发展值得信赖的关系以加强合作，并最终达到目标。

(5) 保持音调和谐

不断更新与发展。不断提高和革新自我，改进工作方法，提升员工素质，并在生活的各个方面保持平衡以求长期发展。

2.2 优秀呼叫中心的特征

呼叫中心，无论是作为企业的一个部门，还是作为一个独立的运营实体，都具有一些与其他职能或部门不同的自身特性。例如，其他业务部门可以把上班时间定为“朝九晚五”，而呼叫中心往往不能；其他部门的上班人数在任何时间都是相对固定的，而呼叫中心则取决于业务量的变化；其他部门可以集体举行活动或节假日集体放假，而呼叫中心往往总是全部留守或留下至少一部分人值班。所以呼叫中心的新年晚会经常要开两场甚至三场，其他如春游等集体活动也大致如此。这些情况都是由呼叫中心自身的职责定位和运营特点决定的。因此，正确理解和把握呼叫中心的基本特征，对于提高呼叫中心的运营管理水平、保持呼叫中心的高效运营是至关重要的。

您认为优秀呼叫中心的特征是什么？从运营者的角度来说，相信很多人能给出这样的答案：

☆ 花钱最少

☆ 收入最高

☆ 客户非常满意

☆ 客户认同

☆ 员工生活舒适

☆ 效率最高

☆ 接通率高

☆ ……

从上游客户的角度来说，优秀呼叫中心的特征应该具备以下四大方面：

☆ 质量方面：准确率（例：提供正确答案）比“软性技能”更重要，上游客户通常认为首次呼叫解决率是非常重要的。

☆ 服务速度：“快速接入”不如“准确性”重要，但服务速度就意味着服务水平；快速接入意味着下游客户的问题有机会被快速的解决。

☆ 成本：成本会在服务速度与质量提高的同时得到降低。

☆ 收入：营利性的中心实现收入的增加。

从下图呼叫中心涉及的方方面面可以看出，呼叫中心既是劳力密集型（又称智慧密集型），也是技术密集型的地方。技术的使用协助了效率的提升，提升了服务的速度；满意的员工提供了高质量的服务，带来了满意的客户；战略的高度决定了对客户的服务宗旨；流程的完善体现着对客户的服务品质。这些因素的结合，直接带来的是服务质量和速度的提升，客户满意度的提升，最终带来的是成本的下降以及呼叫中心收入的提升。

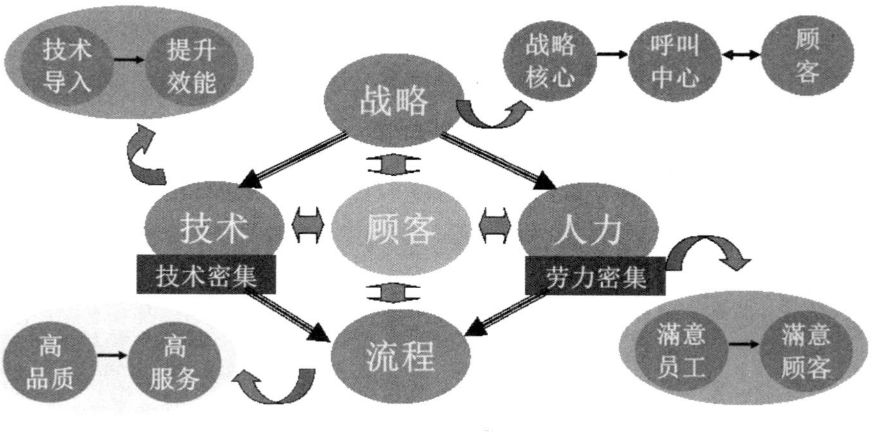

图2.呼叫中心的方方面面

在呼叫中心，当电话铃声响起，当客户电子邮件到达或者当基于网络的服务或互动进程启动，座席人员必须立即、实时（准时）响应。如果客户的电话没有被立即接听，如果客户的邮件没有被准时回复，或者客户的网络服务请求没有被立即响应，客户将会逐渐失去耐心，变得怨怒，并把这种怨气发泄到第一个同他讲话的客户服务代表身上。对于“实时性”或“准时性”的衡量通常被定义为一项内部指标，比如，平均应答时长或平均等待时长等。但实际上，最终决定这些指标适当与否的是客户的期望值。如果一个客户打电话进来，客户的预期往往是在一个可以忍耐的等待时间范围内电话被接起（根据客户自身特点的不同，客户的预期期望值也不同，所以没有一个统一的“标准”应答时间）。所以，“准时”或“实时”的定义也会根据呼叫中心所服务客户群体对延迟等待的容忍程度而不尽相同。每一家呼叫中心必须设定适合自身客户群体特点的“准时”指标。

这样一种实时的环境对呼叫中心的管理要求是非常高的。它需要呼叫中心时刻清楚各项关键绩效指标表现。有时甚至是在短短的一个小时内，客户的平均等待时长可能会从一个完全可以接受的范围拉长到让客户失去耐心甚至大发雷霆的地步。保持对实时环境变化的实时反应能力是最关键的。在呼叫中心的实时环境里取得成功的最佳方法就是清楚了解客户的期望，保持对实时变化的高度敏感，并采取立即的必要响应措施，始终满足客户的期望值。确保呼叫中心已经建立起了相关流程和机制，对实时的关键绩效指标变化保持密切关注，并具有各种相应的预防措施。

其次，“并发进程”是能够很好地描述高绩效呼叫中心运营管理的一个基本特征，即一个呼叫中心会有很多事件在同时发生或进行。有几个或几百上千个客户在同时打进电话；有几个或几百上千个客户服务代表在接听电话；有几百或上千次的电话或数据网络交换在同时进行等等。呼叫中心的此项特征，要求呼叫中心的管理者必须同时关注和管理多项进程。这毫无疑问需要很好的团队精神。如果没有很好的团队协作，没有任何呼叫中心可以做到高效运营并且让客户满意。这要求呼叫中心具备一支高效能紧密团队，能够时刻以满足客户需求为己任，分工协作、同时完成员工领导、技术支撑、流程掌控、绩效监督、后援支持等并发任务。在呼叫中心里，往往有不计其数的工作在同时进行。要想保障呼叫中心的顺利运营，达成卓越的运营绩效，必须依靠一支具有出色人员、流程管理及技术支撑能力的领导团队。

呼叫中心的可靠性也是高绩效呼叫中心的基本特征之一。呼叫中心里面有很多事情在同时发生，而可靠性与并发性是相辅相成的。呼叫中心运营的可靠性反映在：有足够客户服务代表在高效、准确地处理预期的业务量；各项系统运转正常，不出现系统故障；对突发状况有应对预案，不会造成服务中断或给服务水平造成大的波动等等。随着现代技术手段的不断发展和应用，语音、数据网络系统的融合，一方面使客户与企业之间的沟通联络更加方便，另一方面也更需要呼叫中心加强对系统可靠性和稳定性的控制力度。呼叫中心的可靠性还反映在客户服务代表能够持续服务客户的能力，例如，他们可以一天接听 30、50、100 甚至更多的客户电话，而不至于忙得无所适从，服务质量明显下降。因此，业务流程的可靠性、知识管理的可靠性以及整个培训体系的有效性，也是至关重要的。同时，高效的员工激励以保证员工的工作积极性和热情，也是必不可少的。

此外，优秀的呼叫中心需要另外一种能力——快速反应能力。制定完备的应急方案，做到对突发事件的沉着应对。学会主动考虑和规划被动应急预案措施，这样才能够做到临危不乱、从容应对，最大限度地保障服务的稳定性和连续性。这样的方案可能包括交叉培训部分员工的呼入呼出双技能，以便于有必要时随时终止呼出，转入呼入队列；为后台支撑人员配备耳唛和话机，并进行相应的培训，以便在需要时他们也可以分担一部分话务量，即使他们的通话质量和速度也许赶不上前台人员，但是至少更多客户的电话能够被接起来；也可以包括同合适的外包商签订合作协议，在需要时把处理不了的业务量分配给外包商；还可以包括在 IVR 语音提示中插入一段提示，告诉客户今天的特殊情况，让用户耐心等待、转向自助手段或换一个时间再打等等。总之，呼叫中心要根据可能遇到的各种突发情况，制定相应的应急预案，就可以对各种突发情况做到从容应对。

最后，“动态资源分配”也是作为优秀的呼叫中心不可或缺的特征，但此项特征是跟“快速反应”有着密切联系的。快速应急预案是计划（我们将做什么），动态资源分配就是执行（我们如何去做）。通常情况下，呼叫中心有两项资源可供动态调配：人和系统。座席代表可以被重新分配到不同的组别，以应对等待时长的上升以及突发的业务量。如果你经常去唛当劳或肯德基，仔细观察就会发现，当排队的队列超过一定的人数后，马上就会有人开始新的点餐队列。当队列人数多少不均的时候，总是有店员招呼新到的客户排到人少的队列。这是动态资源分配的一个看得见的例子。在呼叫中心里，虽然客户看不到呼叫中心如何调配资源，但其所提供给客户优质服务的能力则是动态资源调配的直接体现。当然，动态资源调动需要以事先制定的应急预案为基础。应急情况下,对系统的相应调整同样能够改善呼叫中心绩效表现。例如，重新分配服务热线的话务量，把一部分话务量分流到其他中心或者座席组别；根据客户在队列中的情况，告知相应的信息，预估等待时间等。总之，动态资源分配通过对人员和系统的科学调整，有助于提高呼叫中心的业务处理能力，有助于更好地管理客户的服务期望，也有助于保障客户服务请求得到最大限度的满足。

2.3 高绩效管理应该关注的指标

绩效就是我们想要的东西，也可以说是期望的工作结果。投资者对经营者有工作期望，总经理对员工有工作期望，经理对员工有工作期望，这个期望就是我们通常所说的绩效。绩效不等于个人能力、工作经验、工作态度、年龄、健康状况、思想品德、知识结构、学历；绩效反映了在一定时期内某个组织及组织成员是否完成工作目标，完成多少等。

绩效有显性的，也有隐性的。绩效管理是管理者和员工双方就目标及如何达到目标达成共识，并增强员工成功达到目标的一种管理方法。绩效管理不是简单的任务管理，它特别强调沟通、辅导以及员工能力的提高。绩效管理不光强调结果，而且重视达成目标的过程。

一个组织的绩效至少取决于对三个因素相互作用的控制，这三个因素是资本、技术和人力资源。由技术获得的收益可以通过与此相似的控制系统来评估。组织的人力资源对生产力的贡献难以精确衡量，可恰恰它又是生产力三要素中最核心的因素。它只能通过一段时间员工的工作结果与员工的工作行为来评价。并且，对员工业绩的考核，不仅仅是发现问题、解决问题，更重要的是让员工有一种持续改进，提高对绩效的信心。聪明的管理者将绩效管理看作是与员工沟通、使员工了解企业、希望他们做什么的一个机会。

在 CC-CMM® 标准中，绩效管理的目标是关注如何实现呼叫中心运营机构的战略经营目标、价值分配、内部运营管理效果。通过对结果的管理，管控整个流程的运作与改善，并通过考核标准化的指标以达到预期的管理目的。

数据是呼叫中心日常运营的产物，不同的数据之间有着千丝万缕的联系，数据背后代表的是运营绩效。我们要明确地划分数据，区分数据的重要性，并根据设定的战略目标来采取行动以达到相应指标的目标值。设立呼叫中心关键绩效指标目标值，能够使高层领导清晰了解对公司价值最关键的经营操作的情况，使其能及时诊断经营中的问题并采取行动，有力推动公司战略的执行，为业绩管理和上下级的交流沟通提供一个客观基础，使经营管理者集中精力于对业绩有最大驱动力的经营方面。

对于管理者来说，设定绩效指标对员工的绩效进行管理是他们实施管理的需要。对于自我管理的专业人士或者团队来说也是如此。因此如果没有绩效指标，就无法得知什么是所期待的目标，无法对目前的状况进行评估，也不知道依据什么对员工反馈绩效评估结果。不设定绩效指标，就无法知道现在的绩效表现与期望是否有差距，也不知道该提高到什么程度。而且，缺乏绩效提高前后的数据或信息，也就无法知道绩效是不是有了提高。高绩效的个人或团队通常都有清晰的目标，他们清晰地知道自己将要做什么，以及将要做到什么程度。

在企业绩效管理实践中，很多管理者希望所有考核指标结果都能按公式计算出来，实际上这是不现实的，某种意义上是管理者回避了问题，也是管理者的一种偷懒行为。绩效考核不是绩效统计，一定要发挥考评人的主观能动性，根据实际情况的变化，对绩效被考核者做出客观公正的评价。在设定绩效指标时，通常需要考虑两类标准：基本标准与卓越标准。

基本标准是指对某个被考核对象而言期望达到的水平。这种标准是每个被考核对象经过努力都能够达到的水平。并且，对一定的职位来说，基本标准可以有限度地描述出来。基本标准的作用主要是用于判断被考核者的绩效是否能够满足基本的要求。考核的结果主要用于决定一些非激励性的人事待遇，如基本的绩效工资等。

卓越标准是指对被考核对象未做要求和期望但是可以达到的绩效水平。卓越标准的水平并非每个被考核对象都能达到，只有一小部分被考核对象可以达到。由于卓越标准不是人人都能达到的，因此卓越标准主要是为了识别角色榜样。对卓越标准考核的结果可以决定一些激励性的人事待遇，例如额外的奖金、分红、职位的晋升。

绩效管理中的数据指标可分为两种：定量指标和定性指标。定量指标可理解为 KPI 指标，即能被量化为“硬”数字或目标的业绩指标，或者反映关键价值驱动力，如财务价值创造、运营效率或有效性、战略目标等。定性指标是指能力指标，反映在某一特定职位所需的“软性”技能或能力，需要采用详细的业绩分段描述来减少打分时的主观性。定性能力指标更适用于那些不易定量衡量业绩的岗位，不是通用技术或管理能力，衡量独特专业知识、新业务等。但定性指标不太适用于有定量业绩指标的岗位（通话量等），对业绩有更高责任的高层管理人员，以及个人业绩更重要的岗位等。

在呼叫中心行业，定量指标在绩效考核指标体系中占有重要的地位，在保证绩效考核结果公正客观方面具有重要作用。但定量考核指标并不意味着考核结果必然是公正公平的，考核结果公正公平不一定需要全部是定量指标。要求考核指标全部量化的管理者，在某种程度上是不称职的，表明其没有正确评价下属工作状况的能力。

绩效指标也不能全部依靠定量指标，因为一个有效的定量评价指标必须要满足以下几个前提，任何一个前提不存在，定量指标考核的公平公正性就受到质疑。而在企业绩效管理实践中，并不是所有的考核指标都满足以下的条件。

第一，定量考核指标一定要符合公司发展战略导向；如果定量考核指标不符合公司发展战略目标，那么一定会产生南辕北辙的效果。很多公司对人力资源部考核指标都有一个关键人才流失率，而且这个指标定义非常清楚科学，对于什么是“关键人才”、如何鉴别“流失”，都有明确规定。这样一个指标考核人力资源部门是有问题的，关键岗位人员流失的原因是多方面的，下定决心要走的“人才”留下来对公司也不会有什么重大贡献。考核关键岗位人员“流失率”，不如考核关键岗位人员“满足率”更适合。

第二，定量考核指标绩效目标制定要科学合理，能考虑内部条件、外部环境等多方面因素。如果目标制定不合理，没有充分考虑各种因素条件，会造成更大的不公平。在企业绩效管理实践中，很多公司绩效考核最终不能坚持下来，最关键的原因就是没有实质办法将绩效目标制定得公平公正。

第三，定量指标可以明确定义、精确衡量，数据信息准确可靠并且获取成本有限。事实上,有众多会计准则约束的财务报告数据尚有很多“处理”空间，那么很多定量数据的可靠性、有效性的确会受到质疑。

第四，定量考核指标绩效目标的完成不会降低工作质量，否则会有非常严重的负面效果。以工作质量降低来满足工作数量要求，对组织的损害是长期而深远的。

很多公司对人力资源部门的考核指标有“培训工作完成及时率”，实践过这个指标的人力资源管理者应该知道，不会有哪个公司人力资源部门完不成这样的考核指标。事实上，这种考核指标的完成有时是以工作质量的降低作为代价的：本来培训的条件不具备，但如果先培训完了再说，培训的必要性和效果都会受到影响。

既然定量指标的运用需要一定条件，那么就应该发挥过程指标，在考核中的重要作用，应该充分尊重直线上级在考核中的主观评价作用。事实上，没有任何别人比主管更清楚知道下属的工作状况，任何一个称职的领导都非常清楚下属工作绩效状况，因此用过于复杂的方法寻求绩效考核的公平公正是低效的。

在 CC-CMM® 标准中，要达到高标准要求绩效体系中衡量的指标，在过去一段时间跨度内至少有 50% 的时间段内达到目标，或者至少有 75% 的指标达标或持续改善。上面提到上游客户角度中的高绩效标准，我们尝试从这些标准当中来逐个分析指标的关注点。

在一般情况下，呼叫中心绩效数据的指标可分为关键用户指标、运营支持指标和财务性指标等三类。关键用户指标通常从质量、效率、可达性和满意度四个方面来考虑。例如致命错误率、首次解决率、平均处理时长、服务水平和最终用户满意度等。关键用户指标和用户使用呼叫中心服务时的感受紧密相关，这些指标的数据的好坏直接影响着用户的满意度和忠诚度。因此，现有的呼叫中心往往对关键用户指标设有高目标值，比如致命错误率低于2%，服务水平要求“8040”，也就是大于等于80%的电话要在40秒内响应。

而运营支持指标可帮助呼叫中心实现对应于关键用户指标所设定的目标值。通常从质量、效率、可达性和发展四个方面来考虑，例如预测准确率、招聘准确率和完成率、缺勤率和成长率等。呼叫中心通过对运营支持指标的管理来间接服务帮助关键客户指标达标。

财务性指标是对关键用户指标和运营支持指标的总结。我们可以通过财务指标来认识到运营管理的有效性。财务指标往往包含每月总收入、每月运营总成本、平均交易成本、平均座席成本和投资回报率等指标，呼叫中心可以通过对关键用户指标和运营支持指标所取得成绩的改善来最终提高自己的财务指标值。财务性绩效指标可显示出策略和执行是否改善了公司利润，典型的财务目标和盈利、成长及股东价值有关。财务性指标是一般企业常用于绩效评估的传统指标。但是,不是所有的长期策略都能很快产生短期的财务盈利，企业应利用其对外部世界的独特认识和对成功关键因素的理解来帮助自己对客户满意度、内部运营效率、创新和进步作出分析，以便最终在财务指标得到反映。

有效的关键绩效指标应该有如下特征：

①必须和公司的经营、管理战略目标紧密结合，是对公司整体战略目标的分解和支持。通过将总体战略细化到各级单位的具体目标，使公司上下拥有共同的方向，采取统一的行动。

②必须是综合平衡的，既有结果类 (Lagging) 的财务指标，又有过程类 (Leading) 的客户、运营和成长 / 员工指标；既考虑公司的近期利益，又考虑

公司的长远利益。

③ 提供自下至上对各层的考核指标，来指示完成战略所需的行动和这些行动和战略方针所将产生的影响。必须和部门的职责挂钩，是该部门可控的，但又不是对每个职能进行简单逐一的考核。

④ 指标间的逻辑关系清晰，互相支持。部门间的指标必须体现部门与部门的互相支持和配合；部门内的指标必须体现下级的绩效指标是上级指标的分解，并且支持上级指标。

⑤ KPI 必须遵循 SMART 原则，即 KPI 是具体的 (Specific)，可衡量的 (Measurable)，可实现的 (Attainable)，相关的 (Relevant)，有时间的 (Time framed)。这一原则同样适用于指标目标值的设定。

⑥ 指标的数量应该是有限的，不是越多越好。除人力资源部门外，建议所有部门负责人以上岗位的绩效指标中，必须有 1 ～ 2 个关于成长 / 员工类的指标。

⑦ 通过针对长期的非财务指标与着重短期的财务指标的评估，处理好长远战略与短期目标之间的平衡；通过对个人和集体能力的客观评估基础上建立业绩目标，促进“拔高的”努力目标的实现。

2.3.1 服务是这样定义的

从下游客户的角度来看，所谓绩效就是做事情的速度。比如客户花了多长时间来和一名代表交谈，或者多长时间收到电子邮件的回复。在这里，可以看出有几个方面需要注意：

服务是过程——

☆ 是与上游客户、下游客户交互的过程

☆ 是投入成本产生收入的过程

☆ 是投入信任产生满意的过程

☆ 谁不想花更少的钱做更多的事情

以下这些都是服务——

☆ **呼入和呼出客户联络中心**：经常被称为“呼叫”中心。此类中心多数是通过多种渠道与客户联络，包括：电话、电子方式（例如，即时通讯、电子邮件、网络、文本信息）、传统信函、传真以及社会媒体渠道等。他们提供的典型服务包括客户服务、技术支持、预订、总机服务、销售以及其他。

☆ **业务流程外包**：提供各种服务功能，包括新账户建立和激活、记录管理、理赔处理、债务偿还和其他类似功能。

☆ **业务处理**：通常处理非电子业务，例如信件。

☆ **订单执行**：执行仓储、小件组装和取单、包装以及发货等。通常这是作为来自于一个或者多个联络中心的业务结果来完成的。

☆ **汇款处理**：处理最终用户付款（例如，信用卡付款）。

☆ **现场服务**：包括按照保修、服务合同或者按照具体时间和材料的要求，派遣服务技术人员到最终用户所在地进行产品的修理或者替换的活动。

☆ **退货处理**：接收和处理退货（例如，电脑、电子产品、服装等）。

☆ **收账 / 收回服务**：联系商业机构或者客户，收回欠款。

话务服务指标

①服务水平。也称及时率，指在特定的阀值下已响应的呼入电话数量的百分比。

计算公式：X 秒服务水平＝ X 秒内接通数 ÷ 总呼入数 ×100%

②平均应答速度。来电被座席代表接听前，用户在线的平均等待时长。这个数据可以从 ACD 中获取。

计算公式：平均应答速度＝所有电话被接听前的等待总时长 ÷ 所有接通数

以上两个指标是很多呼叫中心用来衡量话务水平的指标。服务水平和弃呼率紧密相关。服务水平高，则弃呼率较低；反之亦然。如果服务水平和弃呼率没有显示出明显的相关性，那说明数据的收集方法或者数据的定义出了问题。

平均应答速度是一个平均值，它并不能体现有多少用户在队列中等待服务，以及等待时长的分布，它只能体现所有来电的平均等待时长。往往平均应答速度减慢，弃呼率就会提升。

为了更有效地反映服务质量，现在更多的呼叫中心采用服务水平这个指标来衡量及时率，因为平均应答速度会掩盖应答速度差距很大的情况。我们来看下面的案例。

案例分析

以下为两个呼叫中心的平均应答速度和服务水平的数据：

案例	<5 秒	5 ~ 15 秒	15 ~ 30 秒	30 秒以上	未接通	15 秒接通率	平均应答速度
甲	10%	70%	10%	5%	5%	80%	11.75”
乙	50%	10%	40%	0%	0%	60%	11.25”

问题：请分析哪个呼叫中心的服务更好些?

明显可以看出，虽然乙的平均应答速度比甲的快，但从客户的角度来看，显然甲的服务体验更好。如果用服务水平来衡量,则能明显看出甲和乙的区别。以 15 秒作为响应时间的阀值，甲是 80%，显然高于乙的 60%。

非话务服务指标

① 准时率＝在时限内完成的工单数 ÷ 工单总数 ×100%

② 积压。已经收到的但是在定义的周期时间没还没有处理完成的业务。

以下为一个呼叫中心的工单处理情况：

	1 天内	1 ~ 2 天	2 ~ 3 天	3 天以上
工单处理量	350	108	23	45
占比	66.54%	20.53%	4.37%	8.56%

定义 1 天内处理完成为准时，则该中心的准时率是 66.54%，大于 1 天内还未处理的工单业务都视为积压，积压量为 108+23+45=176。

2.3.2 质量是这样被看待的

质量：首次尝试即正确地做事情。例如：给咨询以正确的答复；正确录入订单；发送正确的货品到正确的地址。细分的例子，我们可以看看下面某呼叫中心的分析。

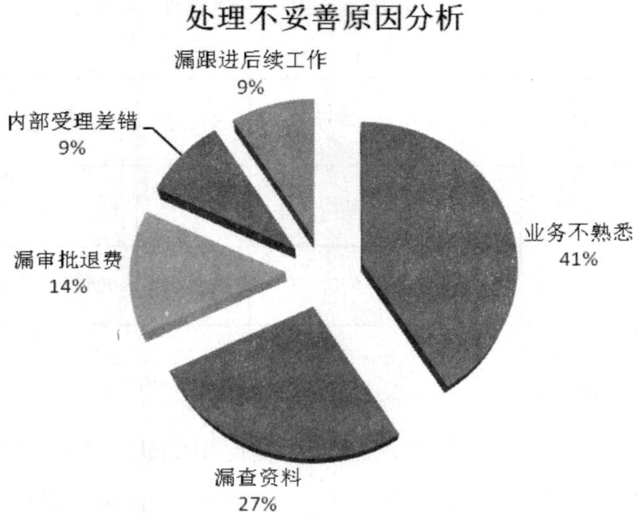

图 3. 质量原因分析

由此可以来做个简单的总结：

（1）质量是服务一致性的表示

（2）质量是执行力的标志

（3）质量是成本与收入良性循环的保证

致命差错，会导致整个服务有重大缺陷的准确率错误。这个指标的考核极为严格，业界参考标准是低于 2%。

通常业界对于致命差错的定义为：

☆ 一切非法事项

☆ 导致上游客户收入损失的事项

☆ 向客户提供错误的答案，导致重复呼叫或其他行动

☆ 向客户提供错误的答案，即使客户未重复呼叫

☆ 导致客户发生不必要的费用

☆ 导致呼叫中心或者上游客户发生额外费用的事项

非致命差错，不会导致整个服务有重大缺陷，包括软技能、专业化程度和许多数据输入错误。

2.3.3 收入您关注了吗？

收入：销售中心和收账中心产生的收益

☆ 卖出该产品的增量收入 = 销售的产品 × 生命周期 × 平均产出

☆ 保持该客户的存量收入 = 维系客户 × 维系生命周期 × 平均产出

☆ 深入挖掘的收入 = 预处理量 × 减少的处理成本

假设某业务代表的某月业绩如下：

☆ 销售 100 个新装的 ADSL ：平均产出 80 元

☆ 挽回客户 10 名 ：平均产出 50 元

☆ 预处理宽带故障 500 个 ：平均减少成本 20 元

☆ 销售其他套餐等 200 户 ：平均产出 10 元

☆ 生命周期均为 1 年

其收入应该为：

☆ 增量收入 =100 × 12 × 80=96000 元

☆ 存量收入 =10 × 12 × 50=60000 元

☆ 挖掘的收入 =500 × 20=10000 元

其他收入 =200 × 12 × 10=24000 元

总收入为 ：96000+6000+10000+24000=136000 元

如果这个业务代表干一年呢？

136000 × 12=163.2 万元……

如果这个中心有像这样的业务代表300人呢？

保守的估计是 5 个亿元……

2.3.4 成本您算过吗？

成本：一般指呼叫中心运营机构提供某种产品或服务过程中的效率和单位成本。成本和价格不同。价格代表的是呼叫中心运营机构对其服务可能收取的费用，或者是转嫁给母公司的成本负担。

还是引用上面的例子中业务代表的情况来作简单说明：

业务代表的月全部收入（税前）4000 元

+ 业务代表的管理成本 600 元

+ 业务代表的办公成本 400 元

+ 业务代表占用席位的费用 1000 元

平均每个业务代表的成本为 4000+600+400+1000=6000 元

可以看出，投入 6000 元产生 13.6 万元的收入！

如果可以，比一比营业员，比一比社区经理，比一比大客户经理。这样的数字将是非常可观的。

2.3.5 效率您在跟踪吗？

指标	语音呼入	工单处理
服务	服务水平 / 平均应答速度	准时率
	弃呼率	积压
质量	致命差错准确率	致命差错准确率
	非致命差错准确率	
量	呼入话务量	工单量
效率	工时利用率	每小时处理量
	AHT（平均处理时间）	
	单位电话成本	
客户满意度	下游客户满意度	下游客户满意度

2.4 小结

什么是高绩效？

用 CC-CMM® 的话来解释——

☆ 对直接影响上游客户和下游客户的所有活动有客观的测量；

☆ 经证实能达成大多数绩效目标的能力；

☆ 经证实能够带来成果的绩效改善方法；

☆ 可以被上游客户和中心管理层确认的体系，中心一直以来主动地监控和管理该体系改善绩效。

也可以理解为——

☆ 平衡的管理

☆ 不断关注你的目标

☆ 让大家都舒服

☆ 让全世界清楚你的重要性

第3章　绩效管理在现代人力资源管理中的地位与作用

3.1 绩效管理与人力资源战略

现代人力资源管理已经远远超出了传统人事和劳资管理的范畴，上升到战略层面，过去以管理事务和管住人为主要内容的管理模式已经完全不能适应企业发展的需要。这就要求以系统性、前瞻性的思维做好人力资源管理工作，把人力资源管理作为企业战略的重要组成部分，真正成为实现企业战略的驱动力。确立绩效管理在企业人力资源管理中的核心地位，是我国近30年国企改革得出的一条经验，是推进人力资源管理改革的必然路径。事实上，现代企业的人力资源管理工作必然是以绩效管理为核心的，因为业绩是任何一个企业生存的根本，没有了业绩，企业也就失去了存在的理由。

(1) 保证企业战略和经营目标的实现

通过实施绩效管理，在企业管理中形成并运行四个机制：

一是目标共识机制，通过在绩效管理实施过程中的充分讨论和沟通，使直线经理对企业战略和目标达成共识。

二是目标传达机制，帮助经理们在组织中沟通战略和目标，用明确的任务和量化的指标将企业的目标具体化，并传达给每一名员工。

三是压力传导机制，通过关键绩效指标和工作目标的层层分解、设定，实时跟踪员工绩效完成情况，促进员工绩效的提高，使企业经营管理目标层层得到落实。

四是目标引导机制，将员工的行为与企业战略目标相联系，使各层级员工明确企业对其绩效期望，从而有效引导员工行为。这四个机制的形成和运行，保证了将企业战略和经营目标有效传递、分解，落实到每一名员工身上，使企业战略切实得以执行。

(2) 选拔、培养企业的骨干员工

绩效管理的实施为企业选拔、培养和保留什么样的人才提供了关键的评判标准。可以从绩效和能力两个维度来具体分析企业的用人标准，对于企业来讲业绩是最关键的，能力再强，如果业绩不好，一样是要被淘汰的。

(3) 实现对员工客观、公正的评价

如何对员工进行客观公正的评价，一直是人力资源管理的难题。绩效管理通过完全量化的指标和员工的全面参与实现对员工的评价，绩效的考核结果就是员工工作的完成情况。通过指标可以清楚地看出员工工作完成得怎么样，完成得好不好，这样就保证了评价结果的客观公正，也容易得到员工的认可。

随着科技时代的到来，人的因素越来越成为企事业单位实现自己战略目标的决定性因素。不论是企业、事业单位、政府组织，还是社会团体，其基本构成——人，都将决定着它们的兴衰成败。在激烈的市场竞争中，各种组织所面临的环境正迅速发生着变化，他们所从事的不再仅仅是生产、品质管理，还要搞好研发、销售、成本控制、运营管理、财务监管等各个方面的工作。为了实现组织一系列的预期目标，如何激发组织各个层次的管理人员和所有员工的积极性和创造性，就成为当前组织的重要工作。于是，人力资源管理的产生成为必然。

为了更好地发挥、发掘组织中人的作用，就形成了全新意义的人力资源管理。随着时代的发展，人们对人力资源管理的认识也日益全面、深化。在过去一个较长的时期中，人们对人力资源管理显得比较陌生，盛行的是人事管理。这种认识与传统的计划经济管理体制有着密切联系，经济大环境往往制约着人们的管理思维和认识。随着改革开放的深化和市场经济的发展，市场竞争成为企业生活的重要议题。在各种资源、信息获取方式日趋对等的情况下，企事业的成功与员工队伍之间的关系逐渐得到人们的关注，人力资源管理问题显得日益重要。

现代的人力资源管理是从传统的人事管理演变和发展起来的。与人事管理相比，人力资源管理更强调将员工作为一种具有潜能的资源，强调对组织员工的激励和发展。同时人力资源管理并非将对人员的管理作为企业管理中的一个单一、孤立的职能，而是重视有效的人力资源管理对整个组织运营活动的支持和配合作用。另外我们还应认识到，人力资源管理也非对人事管理的全面否定，它还具备着人事管理中的人事关系、劳资以及档案管理职能，这些职能中被融入了新的血液。人力资源管理集中到一点，就是如何为组织选拔、造就高素质人才，并运用好这些人才。

为组织选拔造就高素质人才、运用好人才，是人力资源管理的核心目的，在实践与理论的不断丰富过程中，人力资源管理也具备了完善而系统的功能，诸如：人员招聘、人员选拔 、员工培训、绩效考核、薪酬管理、员工职业生涯规划等。绩效考核在这一体系中有着举足轻重的作用，考核过程和结果既可以达到激励员工，促进其发展，为人员招聘、人员选拔、员工培训、薪酬管理提供依据，更可以发现员工、团体、组织在运营管理中的问题，并提出改革方案和改进工作，为决策层制定战略目标提供依据，从而促进整个组织协调、有序的发展。因此，有必要对绩效考核进行全面、深入的研究。

如何在管理实践过程中，充分发挥现有人力资源的作用，激发潜力，提高绩效，已经成为人力资源开发的重要课题。引进和培养作为人力资源开发的两个手段，需要认真权衡利弊，加以选择运用。

大量引进人才已经成为大部分企业的首选策略。“外来的和尚好念经”、“节约时间成本”、“见效快”已经成为人力资源管理工作的口头禅。但是从近几年企业实施人才引进战略的结果看，并没有达到预期的目的。制约绝大多数企业持续发展的瓶颈问题还是没有从根本上得到解决。对于具备一定管理基础的企业，引进个别高级人才只能是充分条件。对于那些还没有完成向现代企业机制过渡的企业，可能成为必要条件，但绝不会成为企业提高绩效，长期持续发展的充分必要条件。

在企业内部，创造物质财富需要依靠全体员工的共同努力，而不仅仅是个别高级人才。如果不能有效开发和利用现有的人力资源潜力，而是把希望完全寄托在通过找到一个扭转乾坤的人才来改变企业的命运，无疑是靠天吃饭，机会渺茫。与其空等，不如静下心来完成企业的内部机制建设，为企业绩效管理改善建立必要的前提和环境基础。

人力资源是一项长期的资本加感情的投资。除了必要的资金投入外，多投入一份精力和关注，未来就多一份收获。人力资源开发的效果取决于企业自身的人力资源职能系统的完善程度。人力资源每个环节的具体工作能否做到有效，是保证企业绩效提升的必要前提之一。在执行绩效管理与人力资源开发的过程中，相关人力资源管理人员所站的立场和自身的角色定位至关重要。保持公正性是基本工作原则。不能迫于所有者的压力，丧失公正的立场，也不能出于个人情感和价值观的影响，文过饰非，放弃原则。

实际工作当中，指导思想、工作方法和工作细节上的误区和偏差，客观上制约了绩效管理的改善和人力资源开发效果。开展有效的人力资源开发工作以保证满足企业持续发展的绩效要求，需要结合企业整体绩效管理思路和要求，切实履行政策、监督、咨询、服务四大人力资源工作职能并贯彻到六个具体工作环节当中，做到约束、激励、文化引导三管齐下。

从理论分析来看，执行绩效管理和人力资源管理有着必然联系：

首先，绩效考评给员工提供了自我评价和提升的机会，使得人力资源部门能够更好地挖掘人才的潜质。

对职工个人而言，随着社会的发展，企业不仅仅是谋生的场所，还应该满足其社交需求、尊重甚至自我实现等高级的需求。对于工作成绩突出的成员，希望自己的工作得到企业当局的承认和肯定，通过工作业绩的考评则可以满足他们这方面的要求；另一方面，工作效率低的人员，如果没有给予评价，就以为“没有消息便是好消息”，不明自身的实际情况，在决定报酬和其他人事调配时，会无根据地和旁人攀比。所以，企业没有采取客观的业绩考评制度的话，对先进和落后的人员都是不利的——对先进没有给予肯定，将打击其工作热情；

而对落后没有帮助其了解实际状况，业绩无法提高。而且攀比的行为将影响整个组织的士气，容易产生劳动纠纷。

绩效管理可运用平衡计分卡和目标管理，把公司目标层层分解，分解到部门和个人。与公司经营业绩有关的部门和个人，如公司高管层和销售、技术支持人员的绩效薪酬将不同程度地与公司的年度经营业绩挂钩；其他部门和员工将按照部门目标和个人目标完成情况进行绩效薪酬的分配，做到公司和员工向同一个目标看齐，争取双赢。

绩效管理与人力资源其他环节紧密相连。每名员工对应一个人力资本级别，每个人力资本级别有相应的薪酬和福利。通过绩效考核，绩效优秀的员工将晋升到上一人力资本级别。同时，根据考核结果分析，还有相应的培训辅助改进员工绩效。

其次，员工绩效考评使各级主管明确了解下属的工作状况，对人力资源部门定向培养人才提供了根本基础。

对管理者而言，经过对下属的工作业绩考评，正确了解本部门的人力资源状况，做到心中有数，有利于提高管理工作的效率。比如人员安置、工作指派可以安排得更恰当，培训计划的制定更有依据等。

大家知道，各部门主管也就是公司的中层在人力资源管理中起着十分重要的作用，绩效管理自然也是如此。所以，我们选择了从参与和沟通两方面着手，去争取各部门主管的理解与支持。

一方面，强调各部门的参与。公司考核体系的出台，往往只是人力资源部的事，所以会和各部门的实际情况有些脱节，而且不同部门的情况往往会有不同，也容易导致考核的偏差。所以需要各部门完整的参与评估体系制定的全过程，避免由于对指标理解的不一致而导致的考核偏差，有效地提高绩效评估的一致性和公平性。

另外一方面，加强与各部门的沟通。很多部门主管认为绩效评估是增加工作负担，他们觉得部门里就这几个人，就这些工作，好坏我一目了然，没有必要再去填什么表格，走什么形式，既浪费时间，也起不到效果。绩效评估不是公司要考核哪个部门，考核哪个员工，那些表格和指标是为了帮助你的部门、你的员工和你本人找出在哪些方面存在问题，如何改进。比如部门内有员工最近表现不好，人力资源部就根据这些表格提供给他的主管一系列的统计分析数据，指出这个员工究竟在哪些方面存在问题，是能力水平的问题，还是工作态度的问题，造成这些问题的根源是什么，部门主管应该如何去同他进行绩效面谈。

再次，绩效考评有利于多种人群之间的沟通，更大力度上提高了工作效率。

在员工绩效考评过程中，加强了上下级之间的沟通，建立起相互信赖的关系，及时发现工作中的问题，并加以改进。实际上，许多员工遭受挫折和失败，经常是由于他们搞不清楚组织希望他们怎么做，他们花很多精力做他们认为“该做的”，而不是真正该做的事。所以，绩效考评工作架起了沟通的桥梁，排除了很多不必要的误解，改善了上下级关系。

最后，员工绩效考评有利于推进企业目标的实现，更高效地提高企业效益。

对组织而言，通过对个人或部门业绩的考评，了解他们对更高层次目标的贡献程度，经过对目标和实际成绩间的差异分析，查找影响达到目标的内外部因素，便可以通过管理的各种职能作用，物质环境的调整，以及人员的共同努力，推进企业目标的实现。同时，将个人目标和企业组织的整体目标加以协调和相互关联，增强员工的成就感，提高组织成员的士气，促进业绩水平的提高。

3.2 绩效管理与现代人力资源管理各项职能的关系

绩效是指员工在一定时期内工作中所表现出来的与组织目标相关的而且能够被评估的工作业绩、工作能力和工作态度，其中工作业绩是指工作成果，工作能力和工作态度是指工作的行为或方式。传统的绩效关注的是对员工的奖罚与控制，现代的绩效更加注重的是员工能够与组织共同实现企业目标；传统的绩效关注的是对员工的考核，现代绩效则是与员工的招聘管理、培训管理、绩效管理和薪酬管理相互联系。

绩效管理是为了实现组织的战略目标，运用人力资源管理的知识、技术和方法，与员工共同进行绩效计划、绩效沟通、绩效评估、绩效反馈，持续改进个人绩效，并最终提高组织绩效的管理过程。绩效管理的四个环节是一个闭环循环系统，从绩效计划的制定到绩效的反馈，每一个流程都是必不可少的。绩效管理注重的不仅仅是最终的结果，还有实现绩效目标的过程。绩效管理的目标是通过动态、持续的沟通来帮助员工提高工作能力，做到奖罚分明，从而提升组织的整体绩效。由于绩效指标对员工的行为具有导向作用，那么通过员工设定与组织目标相一致的评估指标，并且通过和员工共同商讨，从而有效地指引员工。绩效管理的考核是一个全面过程，因此在进行绩效考核标准制定时，要明确考核要素，考核周期以及考核对象，这样在对员工进行绩效考核时才可以达到较为全面的公平的考核。有效的绩效管理可以提升员工个人的绩效，从而最终提高组织的整体绩效。

3.2.1 绩效管理与招聘管理

招聘管理是对组织所需的人力资源展开招募、选拔、录用、评估等一系列管理活动，并加以计划、组织、指挥与控制，系统化和科学化管理，借以保证一定数量的员工队伍，满足组织发展的需要。招聘管理是一系列的活动，其最终的目的是为组织招到最适合岗位的人员，使得人岗之间的匹配得到效益的最大化。在招聘管理的第二个环节中，企业的人力资源部门设计出对求职者全方面的考查内容，具体到考核指标体系的制定，考查要素、标志以及标度的确定。在进行人员招聘时，企业会考虑到招聘成本、录用人员的质量以及招聘渠道效益等的评价指标体系，通过对求职者的简历的筛选，笔试和面试等环节的考查，最终选出符合任职资格的求职者。有效的招聘管理可以影响到员工的工作表现，优秀的员工表现在他们能够很快地进入工作状态，能够在较短的时间内创造工作佳绩。如果招聘选拔的质量比较高，员工在工作中往往表现出良好的绩效，这样可以减轻绩效管理的负担。因此，录用最符合岗位要求的员工，其实就是企业对该员工个人的绩效做了一个预测，对员工未来的表现进行了推测。

3.2.2 绩效管理与工作分析

(1) 工作分析与绩效管理的内涵

工作分析是一项最基础性的工作，是根据组织内部的需要，通过岗位调查、分析、设计和评价各个岗位的功能和要求，明确每个岗位的职责、权限，以及承担该岗位职责的人员所必备的资格和条件，以便为事择人。同时在进行工作分析时候一般有工作分析的目的，是为了招聘目的，还是为了薪酬设计目的等等。由于目的不同，采用的工作分析方法也不尽相同，工作分析的侧重点也不一样。

工作分析的流程和内容是：

①岗位调查：在设立一个新的岗位前，采用科学的调查方法，收集各种与岗位有关的信息，调查的信息主要有劳动者定向的工作活动、工作活动过程、定置定位活动、工作衡量标准、工作互相关系和员工所需素质等。

②岗位分析：对工作岗位的性质任务、职责权限、岗位关系、劳动条件和环境，以及员工承担本岗位任务应具备的资格条件进行系统的研究，由决策部门考虑最终是否要设立此岗位，如果确定设立此岗位，还要制定出岗位说明书、HSE 知识、操作规范等文件。

③岗位设计：确定岗位在组织中的位置、定员人数、工时轮班制度、工作协调方式、工作地点、工作环境，由决策部门安排适当的人选到此岗位工作（也就是岗位实施）。

④岗位再调查：在岗位实施一段时间后，到岗位实施的地点进行实地调查。

⑤岗位评价：在岗位分析的基础上，按照预定的衡量标准，对岗位劳动责任、劳动所需技能、劳动强度、劳动环境和劳动所需心理等方面进行评价，由决策部门考虑是否要保留此岗位。

⑥岗位再分析：对评价中出现的问题进行分析，并对前一次岗位分析的内容进行修正。

⑦岗位调整：对前一次岗位设计内容进行调整。

岗位绩效管理即员工绩效管理，它是将企业战略目标分解到各个员工后，企业与员工之间在责任目标与如何实现目标上达成共识，并定期对员工的绩效进行评价的过程。岗位绩效管理可以提高企业的整体绩效，而且是人力资源管理的依据。

岗位绩效管理的流程和内容是：

①岗位绩效计划：企业和员工结合组织目标和岗位分析的内容，就员工的工作职责、工作目标、评估标准及奖惩措施等内容达成共识，并共同建立评价指标体系。

②岗位绩效实施：员工按照绩效计划努力工作，管理者对员工的工作进程进行监控、激励、辅导和培训（岗位绩效辅导）。

③岗位绩效评价：企业根据岗位绩效评价指标体系，结合岗位评价的内容，采取科学的评价方法对员工的工作实绩、工作能力、工作潜力和工作态度等进行价值判断。

④岗位绩效反馈及改进：管理者与员工选择适当的时间、地点进行面谈，加强员工的成就感或督促员工及时改进工作中的不足。

（2）工作分析与绩效管理的联系

①岗位分析和岗位设计可以作为岗位绩效计划的依据。岗位绩效计划的制定不能超出员工的职责范围，也不能超出岗位分析设定的最高工作量，以免员工超负荷或低负荷工作。

② 岗位分析和岗位评价可以作为岗位绩效评价的依据。岗位分析中含有针对不同岗位所确定的考核指标，岗位绩效评价时应该参考这些指标；岗位评价的结果可以反映部分影响岗位绩效的因素，岗位绩效评价应该考虑这些因素，做到评价的客观性。

③ 岗位评价可以作为岗位绩效反馈及改进的依据。在对岗位绩效进行反馈及改进的过程中，要考虑到岗位评价的结果，以便明确失误的责任在于岗位设置还是员工本身，避免反馈和改进的盲目性。

④ 岗位绩效评价可以作为岗位再分析和再设计的依据。岗位绩效评价的结果可以反映当初岗位设置的合理程度，所以在岗位重新分析和设计的过程中应该考虑岗位绩效评价的结果。

（3）工作分析与绩效管理的区别

①管理的目的不同。工作分析的目的是判断岗位设置得是否合理，并以此作为岗位留存的依据，使企业更高效率的运转；而岗位绩效管理的目的是判断员工是否称职，并以此作为升迁、奖惩的依据，使人尽其责。

② 管理的对象不同。工作分析是以工作岗位为对象，是公司对岗位的职责、权限等进行管理，对岗不对人；而岗位绩效管理是以员工为对象，是公司对员工的工作业绩、工作态度等进行管理，对人不对岗。

③ 管理的方法不完全相同。工作分析的主要方法是调查研究、数量分析、心理及生理测量和环境监测；而岗位绩效实施的主要方法是问卷调查、实时监控、信息沟通、专业培训、心理辅导和反馈面谈。

④ 参与的对象不完全相同。工作分析可以是全员参与，包括岗位所在的员工都可以参与所有流程；而岗位绩效管理在评价阶段，被评人一般都是不直接参与的。

⑤ 评价的内容、标准和方法不同。工作分析评价的内容是岗位的劳动责任、劳动所需技能、劳动强度、劳动环境和劳动所需心理等；而岗位绩效管理评价的内容是工作实绩、工作能力、工作潜力和工作态度等。评价的内容不同，对应的标准也应该不同。工作分析评价的方法主要有排序法、分类法和因素比较法等；岗位绩效管理评价的方法主要有目标管理法、关键事件法和行为锚定法等。

⑥ 启动的时间不同。一般是工作分析在先，岗位绩效管理在后，在两者具体的实施过程中，某些环节又交叉进行。

工作分析和岗位绩效管理很容易混淆的原因是概念上和流程上的不明确，工作人员对自己所做的事不知道应该归为前者还是后者。其实，只要把握它们内容和流程的不同，就可以区分它们。只有清楚两者的联系与区别，才能使企业在绩效管理上更灵活，在人力资源管理上更规范。

工作分析是绩效管理的重要基础。通过工作分析，确定了一个职位的工作职责以及工作产出。据此制定评估该职位的关键绩效指标，按照关键绩效指标来确定评估该职位任职者的绩效标准。可以说，工作分析提供了绩效管理的一些基本依据。工作分析最基本的功能是清晰界定各个岗位的工作职责、工作内容、工作权限、工作关系等等，它是在进行人力资源管理时最基础的一项工作，此项工作的好坏直接关系到后续工作的成效。进行工作分析，并不单单就是为了了解相应工作岗位的工作内容等；在进行相应人力资源管理时遇到与工作相关的一些问题，也许要进行工作的再次分析。

通过工作分析，可以对岗位进行工作评价，作为薪酬设计的基础，可以对相应的工作任务等设定标准，给绩效考核奠定基础。通过工作分析，得出岗位的任职资格，给人员的招聘和配备奠定基础。可以通过工作分析和绩效考核的对比来找出员工的绩效缺口等，为培训开发提供参考依据。

对一个岗位任职者进行绩效管理，要确定该岗位的关键业绩考核指标，关键业绩指标由该岗位的职责确定。虽然也可以说关键业绩指标是根据公司发展战略来制定的，但岗位职责是为实现公司发展战略服务的，当公司发展战略调整后，公司的组织结构、岗位设置、岗位说明书都应随之调整，以便适应变化后的情况需要。因此可以说，岗位职责是设定绩效指标的基础。工作分析对于确定绩效考核也是非常必要的，需要进行工作分析获得绩效考核基础信息，以便采用合适的绩效考核方式。

绩效评估的方式，包括考核周期、绩效考核者、信息来源、绩效考核内容等。考核周期指的是多长时间评估一次，有的岗位工作成果在比较短的时间内就可以表现出来，如生产工人、职位比较低的岗位人员等，考核应该选择较短的周期，比如月度考核；有些岗位工作成果在短时间内体现不出来，如中高层管理人员、技术研发人员，考核应该选择较长的周期，如季度、年度考核。绩效考核者指的是由谁来进行考核，有的岗位是由管理者下达任务指标并对任务完成情况负责，那么该岗位任职者的工作绩效就应该主要由该主管来进行考核；有的岗位工作主要与客户打交道，那么对该岗位任职者的考核应该考虑客户的满意度，而不仅仅是直线主管的考核。信息来源指的是绩效评估的信息由谁收集、如何收集的问题。绩效考核内容指的是考核哪些方面，例如有能力指标、态度指标、关键业绩指标等。

3.2.3 绩效管理与薪酬体系

薪酬管理是指一个组织为实现组织发展战略，根据组织的状况（内部及外部），对员工的薪酬水平、薪酬结构、薪酬形式及薪酬政策进行确定、分配和调整的过程。薪酬管理是企业和员工关心的热点问题。薪酬水平的高低，是应对激烈人才竞争的重要手段。同时，薪酬也是对员工工作表现的一个信号，对表现优秀的员工给予奖励，提高工资水平，通过工资差距体现不同员工的绩效水平，能够对员工起到较强的激励作用。另外薪酬管理也能将企业对员工的知识层次、能力水平的要求传递给员工，使员工不断提示自己的能力，从而实现其工资的提升。根据员工的绩效表现，向员工支付相应的薪酬，可以使薪酬管理的制度公正、规范。有效的薪酬管理可以使企业的人力资源产生效益，提高企业的获利能力，实现企业的长久发展。有效的薪酬管理不仅可以使企业和员工获得收益，而且还能够不断提升个人和组织的绩效。

目前比较盛行的制定薪酬体系的原理是3P模式，即以职位价值决定薪酬(Pay for Position)、以绩效决定薪酬(Pay for performance)和以任职者胜任力决定薪酬(Pay for Person)的有机结合。因此绩效是决定薪酬的一个重要因素。在不同的组织、不同性质的职位、不同的薪酬体系中，绩效所决定的薪酬成分和比例有所区别。通常来说，职位价值决定了薪酬中比较稳定的部分，绩效则决定了薪酬中变化的部分，如绩效工资、奖金。

卓越的绩效是企业追求的目标。建立一套合理的绩效管理与考核体系，是保证公司战略得到统一、连续贯彻执行的有效方法。绩效管理通过将企业各项业务管理、部门职责和企业战略有机地结合在一起，从而确保各业务单位和部门的局部利益与企业整体战略保持高度一致；同时，绩效管理体系让领导者的智慧资源、管理者的知识资源、操作者的技能资源充分倾注在企业卓越绩效要求上，从而避免企业人力资源的无端耗费与偏差。

如果说不断改善企业的绩效管理是实现卓越绩效的一种行之有效的方法，那么，不断优化的薪酬体系就是实现卓越绩效的关键推动力。薪酬和薪酬制度已经不再仅仅是对员工贡献的一种补偿，作为连接所有者和员工之间的纽带，薪酬和薪酬制度已成为表明企业发展动向和引导员工行为的一个强有力的信号。薪酬体系体现的是组织内部的一套全新的价值观和实践方法，它的意义在于：把企业的战略目标和价值观转化为具体行动方案，并支持员工实施这些行动。因此，企业需要建立的是基于绩效管理的薪酬管理体系，这样的薪酬设计才能实现其对企业战略的引导和对员工行为的驱动。也就是说，薪酬作为个人的利益，应该与员工的行为和因此而导致的企业绩效结果相联系。

科学的绩效管理体系应该包括以素质模型为核心的能力评估体系、任职资格评估体系和业绩评估体系。能力评估体系指的是评价员工是否具备某一职位所要求的个性特质；任职资格评估体系指的是评价员工是否具备某一职位所要求的职位行为能力，或者说是职位胜任力；绩效评估体系指的是考核员工的工作是否达到某一职位所要求的关键绩效指标。评估的结果在薪酬管理体系中的应用，主要体现在根据职位价值和任职资格评价体系确定员工的基本工资、根据业绩评估体系和能力评价体系确定员工的绩效工资等方面。

（1）根据职位价值和任职资格评价体系确定员工的基本工资

基本工资即岗位工资 + 员工价值，它的确立包括两个步骤：

①岗位工资的确定。一个科学的薪酬体系首先要与工作岗位紧密相连。薪酬体系的第一部分为岗位工资。岗位工资的确定遵循“对岗不对人”的原则，这部分的工资完全与岗位挂钩，其核心是岗位和环境。岗位工资的确立需要以科学的岗位评估为基础，在确立了明确的职位说明书之后，按一定的客观衡量标准，对岗位本身的难易程度和对担当人员的要求高低做出可比性评价，划分等级，以岗位差别体现劳动差别，确立岗位的薪资水平，即为岗位工资，是一个有上、下限的区间。

②员工价值的确定。员工的个人价值是根据任职资格体系确立的，即不同的员工做同一个职位的工作的价值是不同的。根据员工所掌握的知识、技能、经验的层次确定该员工在职位工资中的具体价值，这个环节称之为“员工价值”。

（2）根据业绩评估体系和能力评价体系确定员工的绩效工资

绩效工资是体现员工工作业绩、工作态度、工作能力的变数，是激励员工立足于现有的岗位多做贡献的重要手段，也是对岗位工资的调节和补充。

与岗位工资相比，绩效工资将雇员工资与可量化的业绩挂钩，将激励机制融于企业目标和个人业绩的联系之中；另一方面，绩效工资是将企业资源向业绩优秀者倾斜的方式，这种方式提高了企业效率，降低了工资成本，加大了激励力度，同时也增强了员工的凝聚力。

但是，绩效工资容易导致对绩优者的奖励有方，对绩劣者约束欠缺的现象。对绩优者奖励幅度过大的情况下，容易造成一些员工谎报业绩的行为，因此绩效工资实施的成功关键还在于对员工业绩准确、科学的评估和有效监督。要提高绩效工资的效率，有以下几方面值得注意：

1）加强工资与绩效的联系。

①评估标准的制定。绩效评估标准应与企业战略目标相联系，使绩效评估与商业目标相联系。例如，产品开发组中，负责新产品推广的组员如果达到一定销售目标，就应该增加其绩效工资。工作分析是建立评估标准的依据。管理者可以用工作描述（工作分析的产物）来建立客观的考核标准。工作描述记录工作的职责、要求和工作在企业内的相对重要性，做绩效评估的管理者可以将员工的表现与这些标准进行比较。基于工作分析的评估标准大大降低了主管对增加绩效工资的独断，使公平性得以保障。

②开放式的交流。一方面，员工必须清楚他们需要做什么才能增加绩效工资，这样他们才有努力的方向，这也是绩效工资成功实施的前提，而开放式的交流可以帮助员工建立合理的期望；另一方面，如果管理者不能与员工进行有效的交流，在保密的环境中，员工没有足够的信息来判断绩效评估是否公正、合理，工资是否真的和绩效挂钩，很可能带来员工的不信任。当员工对绩效工资的公平性和合理性产生了疑问，那么绩效工资就失去了应有的激励作用，会招致员工的不满和怨恨。

③建立有效的评估机制。绩效工资应该是促使员工积极提高业绩的催化剂，而不能成为绩效管理过程中管理者手中威胁员工的武器。在开绩效评估会议时，管理者应该和员工讨论未来的绩效目标和员工的工作计划。当绩效明显不佳时，主管应和员工一起找出可能的原因，并采取措施来弥补这些不足。否则，绩效工资不但不能激励员工，而且很可能增加员工的反感。

④绩效区分。绩效工资增加的量应该是有意义的。如果表现最好的和表现最差的员工没有太大的差别，表现最好的员工的积极性就会受到打击，业绩也会有所下降。如果企业增加的绩效工资不能清楚地反映实际业绩的差异，企业应该提供其他的作为补充。例如,可以对业绩工作做一些补充的边缘薪酬，如额外的假期、企业产品和服务的更大折扣。

2）避免不合理的竞争。

在许多企业，绩效工资基本上都是针对员工个人的。绩效工资是有限的，员工必须互相竞争，才能在有限的资源中争取到更多。如果团队合作对企业项目的成功很重要，那么员工之间的这种竞争势必会降低生产力。因此，这样的绩效工资比较适合于员工各自独立的工作，例如，办公室职员和财会这类工作中的许多专业职位；而相对于团队工作，针对于员工个人的绩效工资是缺乏团结员工的作用的，不利于团队工作的开展。如何激励团队的工作，企业可以采用奖励团队绩效的绩效工资。

3）考虑业绩外的因素。

绩效工资最适合的时候是当雇员可以控制他们的绩效，并且雇员无法控制的外部条件对他们的绩效影响不大的时候。对于不同的工作来说，雇员无法控制的外部条件也不同。对于销售人员来说，经济萧条会使客户降低新的购买力，因为客户担心经济萧条会有可能导致失业，失去经济来源。经济萧条当然不是销售人员造成的，他们也无法减轻客户对未来的担忧。另外，有些产品的销售是随季节变化而变化的，这也是销售人员所无法控制的。对于生产工人而言，设备故障也会使产量降低。那么，在人力资源专业人员进行工作设计时，要考虑到业绩以外的一些因素，使员工的绩效可以被精确的考核；否则，会让员工感到企业“不近人情”，降低对绩效工资的信任度。

3.2.4 绩效管理与培训开发

培训是指公司有计划地实施有助于提高雇员学习与工作相关能力的活动，这些能力包括知识、技能或对工作绩效起关键作用的行为。伴随着组织战略和组织机构的变化、技术的进步以及对培训与开发态度的转变，企业对于员工的知识、技能以及管理能力的要求也在逐步的提高。面临着外界环境的不断变化，公司固然会要求员工提高技能（包括专业技术技能、管理技能、文化融合与对规章制度的熟知等），但员工自身面临的新问题往往是公司管理人员在办公室内无法及时知晓的，只有员工自己具有学习的欲望和积极的动机，才能使公司整体绩效更快提高。培训已经成为员工更新知识、提高综合能力的重要手段。

求职者在做职业规划时，关注的不仅是自己的薪资和职位，越来越多的求职者在择业时更加关注今后自己是否有机会学习，通过培训使自己的能力有所提升，增加信心，这也间接地使得员工的绩效有所提高。对于管理者，可以通过培训与开发，提高管理技能，能够承担更多的责任，发挥所有潜能，从而帮助下属提高他们在现任岗位上的生产力和有效性，组织与个人共同实现业绩目标。有效的培训能够使员工增长知识和提高能力，在企业正确的领导下，这些知识和技能最终会帮助员工改善绩效，从而提升组织的绩效。

由于绩效管理的主要目的是了解目前人们绩效状况中的优势和不足，进而改进和提高绩效，因此培训开发是在绩效评估之后的重要工作。在绩效评估之后，主管人员往往要根据被评估者的绩效现状，结合被评估者个人发展意愿，与被评估者共同制定绩效改进计划和未来发展计划。人力资源部门则根据员工目前绩效中有待改进的方面设计整体的培训开发计划，并帮助主管和员工共同实施培训开发。

培训的重点主要是两个方面：一是向员工宣导绩效管理的理念，增进员工对绩效管理的了解和理解，消除误解和抵触情绪。主管人员和员工对绩效管理往往都会有认识上的偏差，如果不消除这些偏差，将会给绩效管理的实施带来很大的隐患。如果当实施了绩效管理之后再做纠正，会带来很大的消极影响。二是使员工掌握绩效管理的操作技能。绩效管理中有许多操作技能，例如，如何设定绩效指标和标准，如何做工作记录，怎样评分，如何进行绩效沟通等等。如果实施绩效管理的人员不掌握这些技能，就很难保证他们正确地运用绩效管理这种管理工具，绩效管理的目的也就无法达到。这些技能中，有些是需要主管人员掌握的，有些是主管人员和员工都应该掌握的。

(1) 理念培训

①理念在任何时候都起先导作用，多一分理论就多一分明晰的方向。没有理论指导的绩效管理工作，是盲目的、不自觉的、不明晰的，也是无法达到真正考核的目的的，只能是流于形式层面的循环往复。绩效管理的理念培训，就是要让高层管理人员认识到绩效管理是组织管理的战略伙伴，而不仅仅是人力资源部门的一项例行工作；让中层管理人员认识到绩效管理是帮助他们更好地完成管理工作的有力工具，而不是强加给他们的一项负担；让人力资源管理人员认识到要从战略的、专业的角度来看待和规划绩效管理，而不是仅仅做一些简单的、重复的日常工作。

②全员动员大会。为了保证公司全体员工对绩效管理变革提供支持，不对公司业务产生负面影响，在方案正式实施前，及时召开全员动员大会。通过这种“以会代训”的形式，将实施绩效管理的重要意义向全体员工阐释，让所有员工认识到绩效管理是帮助他们自身提高绩效，助推其职业生涯发展的，而不是挑剔责备和施加压力的过程。在必要的情况下还可以由项目小组对全体员工就新的绩效管理方案进行讲解，消除员工心目中的疑问。

(2) 技能培训

①工作分析和制定职位说明书的培训。在项目实际实施中，咨询公司需对人力资源管理部门人员讲解清楚，大量的工作需要人力资源管理部门人员的参与，因此，对人力资源管理人员进行工作分析和职位说明书的培训就显得十分必要。要让他们认识到工作分析是绩效管理的基础，掌握工作分析的常用方法（如观察法、访谈法、问卷调查法等），学会如何对所收集来的信息进行整理和分析，形成各个职位的职位说明书。规范的职位说明书，应包括职位描述和任职要求两部分。

②设置关键绩效指标。关键绩效指标设置是绩效管理操作技术中比较核心的内容。设置得比较科学的关键绩效指标，既具有良好的操作性，又能够保证组织中每个员工都朝着正确的方向努力。要让学员理解什么是关键绩效指标（80/20 法则），以及如何将职位说明书的职位描述转化为关键绩效指标（SMART 法则）。

③ 如何制定绩效计划。向相关人员介绍目标管理的思想，讲述如何将组织目标进行有效分解，转变成部门以及个人的目标。指导学员正确有效地制定绩效计划表，包括工作目标、主要产出、衡量标准、完成期限、各项目标所占权重。强调一定要员工参与，并且要做出正式的承诺。因为如果员工没有参与到绩效计划的制定过程中，仅仅是主管人员强加给他们的计划，或者他们的计划只是口头确定，没有签字，那么就很难保证他们坚持执行这些计划。

④ 进行绩效沟通。在绩效实施的过程中进行持续的绩效沟通，是为了帮助主管在员工完成工作的过程中及时掌握工作进展情况的信息，了解员工在工作中的表现和遇到的困难，以便适应环境变化的需要，适时地对计划进行调整。要让学员掌握和习惯应用各种沟通的主要方法，包括书面报告、网络传递、会议、一对一面谈等正式沟通方法，以及走动式管理、开放式办工、工作间歇的交流、团体活动等非正式沟通方法。

⑤ 进行绩效评估。向相关人员介绍360度考核的思想，让其掌握绩效评估中常用的方法，如等级评定法、排序法、强迫分布法、关键事件法等。讲述本企业绩效评估工具的开发，并以具体的评估表格来说明表格中的每一项为什么要这样设计，如何完成这些项目的评估，使之学会正确使用这些工具。

⑥ 进行绩效面谈。绩效面谈由于要求部门主管面对面地与下属讨论绩效上的缺陷和不足，而面谈结果又与随后的绩效奖金、工资晋升等有联系，所以常常是比较难谈的。通过培训，要使之掌握如何准备绩效面谈，包括时间、场地、资料，预想在面谈中可能出现的问题，以及面谈中的各种技巧，例如，如何建立双向沟通关系、如何利用非言语交流、如何控制谈话的方向等，使其建立与员工进行融洽沟通的信心。

⑦ 制定绩效改进计划。仅仅将评估作为奖金发放或工资调整的工具，这是对评估结果的片面应用，把注意力过多地放在利益分配原则上，就无法达到绩效管理的真正目的。从大处讲，绩效管理是让所有人都向组织的战略目标努力；从小处讲，绩效管理是要让每个员工知道自己成长的方向在哪里。因此，在每个考核周期结束时制定绩效改进计划是很有必要的。绩效改进计划与绩效计划不同：绩效计划重在一个考核周期内工作目标的确定；而绩效改进计划

重在工作能力的改进与提高，是在主管帮助下由员工自己制定，并与主管讨论，达成一致意见的实施计划。培训要帮助学员学会如何识别员工目前亟待发展的项目、期望达到的水平、发展这些项目的方式、项目完成的期限，以及如何提供员工实现计划所需的各种资源和帮助。

绩效管理项目培训计划表

培训课程	培训阶段	培训对象	所需时间	培训形式
绩效管理理念	第一阶段	主管以上人员、人力资源部员工	3小时	讲授、回答
全员动员大会	第三阶段方案正式实施前	全体员工	2小时	会议、讲授
如何进行工作分析和制定职位说明书	第二阶段	人力资源部员工	2小时	讲授、案例分析
如何设置关键绩效指标	第二阶段	主管以上人员、人力资源部员工	2小时	讲授、案例分析、分组讨论
如何制定绩效计划	第三阶段初期	全体员工	2小时	讲授、案例分析、分组讨论
如何进行绩效沟通	第三阶段中期	全体员工	4小时	讲授、案例分析、角色扮演、小组练习
如何进行绩效评估	第三阶段后期	主管以上人员	3小时	讲授、案例分析
如何进行绩效面谈	第三阶段后期	主管以上人员	2小时	讲授、案例分析、角色扮演、小组练习
如何制定绩效改进计划	第三阶段后期	全体员工	2小时	讲授、案例分析

（3）培训实施的几个重要方法

①与导入同步进行。

企业导入绩效管理系统是一个复杂的过程，需要耗费大量的时间、精力、财力，怎样有条不紊地把它付诸实施，最好的办法是培训与导入同步进行。在第一阶段，理念先行，先在主管以上人员和人力资源部员工中达成一致。在方案正式制定后，再在全体员工中宣传贯彻。若一开始就大面积地宣传，会引起员工的猜疑，造成不稳定因素。第二阶段，重点是做大量基础性工作，包括工作分析和职位说明书，以及关键绩效指标的确定。这些工作需要人力资源部和各部门主管密切配合，人力资源部和各部门主管必须掌握一些基本的方法和技能。第三阶段也就是方案正式实施阶段，在导入的第一个考核周期，按照绩效管理的流程，全程加以辅导，培训一步走一步，环环相扣，使这套系统从一开始实施就规范操作。

②选用内部人员参与培训。

绩效管理培训以管理咨询顾问为主，但是一个组织中有各种各样的职能，如研发、生产、销售、财务、人事等，内部人员比咨询顾问更加了解企业情况，他们参与培训更能针对企业的实际需求。前提条件是，培训人员在咨询顾问的辅导下，已经掌握了该培训内容的精髓。例如，在如何制定绩效计划的课程中，分组讨论时可由各职能部门主管根据本部门实际进行培训，这样有助于使绩效管理系统获得更加广泛的认可和支持。

③注重培训形式的多样性。

为保证培训取得良好的效果，在培训中要采取多种形式，如案例分析、分组讨论、角色扮演等，而不是一味进行枯燥乏味的讲解。要创造活跃的课堂气氛，鼓励学员积极参与，增强培训的互动性。例如，在进行如何进行绩效沟通这一课程时，可以设置一个场景，请几组学员代表扮演其中的角色，然后让学员评价他们哪些地方做得较好、哪些地方还不够到位，最后咨询顾问再一一分析，传授有效沟通的正确方法。

第4章　绩效管理与绩效考评

4.1 绩效管理基本理念

4.1.1　绩效管理环节

所谓“绩效管理”，是指各级管理者和员工为了达到组织目标共同参与的绩效计划制定、绩效辅导沟通、绩效考核评价、绩效结果应用、绩效目标提升的持续循环过程。绩效管理的目的，是持续提升个人、部门和组织的绩效。绩效管理强调组织目标和个人目标的一致性，强调组织和个人同步成长，形成“多赢”局面；绩效管理体现着“以人为本”的思想，在绩效管理的各个环节中都需要管理者和员工的共同参与。通过对组织、个人的工作绩效的管理和评估，提高个人的工作能力和工作绩效，从而提高组织整体的工作效能，完善人力资源管理机制，最终实现企业愿景。

绩效管理的过程通常被看做一个循环，主要有四大环节：绩效计划制定、绩效辅导沟通、绩效考核评价、绩效结果应用。通过规范化的关键绩效、工作目标设定、沟通、绩效审查与反馈工作，改进和提高管理人员的管理能力和成效，促进被考核者工作方法的优化和绩效的提升，最终实现组织整体工作方法和工作绩效的提升。

绩效管理是一个过程，即首先明确企业要做什么（目标和计划），然后找到衡量工作做得好坏的标准进行监测（构建指标体系并进行监测），发现做得好的（绩效考核），进行奖励（激励机制），使其继续保持，或者做得更好，能够完成更高的目标。更为重要的是，发现不好的地方（经营检讨），通过分析找到问题所在，进行改正，使得工作做得更好。这个过程就是绩效管理过程。企业为了完成这个管理过程，所构建起来的管理体系，就是绩效管理体系。绩效管理体系的构建是企业重要的管理基础工作，是一个动态的不断完善、不断发展的过程，企业的各种管理努力实际上都是在自觉或者不自觉地完成这一过程。绩效管理体系的构建过程最重要的意义是引导企业的管理者完成一次关于企业的系统性思考。

绩效计划制定是绩效管理的基础环节，不能制定合理的绩效计划就谈不上绩效管理；绩效辅导沟通是绩效管理的重要环节，这个环节工作不到位，绩效管理将不能落到实处；绩效考核评价是绩效管理的核心环节，这个环节出现问题，绩效管理会带来严重的负面影响；绩效结果应用是绩效管理取得成效的关键，如果对员工的激励与约束机制存在问题，绩效管理不可能取得成效。

(1) 绩效计划制定

绩效计划是一个确定组织对员工的绩效期望并得到员工的认可的过程。清晰有序的计划是实现绩效管理的关键。由于绩效包括结果绩效和行为绩效两个部分，因此，绩效计划必须清楚地说明期望员工达到的结果以及为达到该结果所期望员工表现出来的行为和技能，即确定工作目标（work objectives）和发展目标（development objectives）。

工作目标的设计是一个自下而上的目标确定过程，通过这一过程将个人目标、部门或团队目标与组织目标结合起来。目标设计也是一个员工全面参与管理、明确自己的职责和任务的过程，是绩效管理至关重要的一个环节，因为，员工只有知道了组织或部门对自己的期望是什么，他们才有可能通过自己的努力达到期望的结果。

在目标设计过程中，应注意以下几个方面：第一，个人目标应与部门或团队目标保持一致。个人目标的设计应体现为从组织目标到部门或团队目标再到个人目标的逐步分解过程，个人目标是部门、组织目标的细化，个人目标的实现应能促进部门或组织目标的实现。个人目标的确定应考虑组织的战略目标、自己所在岗位的主要职责以及内部和外部客户的需求。第二，工作目标的设计是员工与部门主管共同的任务，员工应自主设计自己的目标并与部门主管达成一致。在过去的绩效评价中，员工的目标设计往往是一个自上而下的过程，目标是强加给员工的，不管员工愿不愿意去做，也不关心员工能否实现。一般做法是年初上级领导为员工设计目标，年终进行目标完成情况考核，没有任何中间过程。正是这种“强加性”和缺乏员工的全面参与，使得绩效评价受到越来越多的批评。第三，所确定的目标的表述应简洁明了，符合“SMART”目标原则，即，Special：工作目标是准确界定的；Measurable：工作目标是可测量和评价的；Agreed：工作目标是双方认可的；Realistic：工作目标是可达到但有挑战性的；Timed：工作目标是明确规定了最后期限和回顾日期的。第四，应确定主要目标，一般为 5 ～ 7 个目标，而且，每一个目标都应赋予权重，并按重要程度进行排列，最重要的排在最前面。第五，每一个目标都应有可衡量的标准，所定标准应尽可能量化，可根据可量化的程度选择数量、质量、时间、成本等作为衡量指标。

工作目标的实现，离不开员工的实际工作行为表现，员工的行为表现应该保证主要工作目标的实现。因此，在确定工作目标的同时，还应该确定和认可相应的工作行为要求即胜任特征（competencies）。设计目标时考虑到发展目标，这是与目前绩效管理系统主张发展导向（development orientation）相一致的。强调发展目标，既可满足组织发展需要，也可为员工个人赢得利益。

确定胜任特征的要求的方式就是建立该岗位要求的胜任特征模型(competency model)，具体包括如下五个步骤：

第一步，确定绩效标准。理想的绩效标准是“硬”指标，如，销售额或利润、获得的专利和发表的文章、客户满意度等。如果没有合适的“硬”指标，可以采取让上级、同事、下属和客户提名的方法。

第二步，选择效标样本，即根据已确定的绩效标准，选择优秀组和普通组，也就是达到绩效标准的组和没有达到绩效标准的组。

第三步，获取效标样本有关的胜任特征的数据资料。收集数据的主要方法有 BEI（Behavioral Event Interview）行为事件访谈、专家小组、360° 评定、问卷调查、胜任特征模型数据库专家系统和直接观察。目前，采用的最主要的方法是行为事件访谈法。

第四步，分析数据资料并建立胜任特征模型。通过对从各种途径和方法中得到的数据的分析，鉴别出能区分优秀者和普通者的胜任特征。这一步具体包括假设产生、主题分析或概念形成等环节。

第五步，验证胜任特征模型。一般可采用三种方法来验证：(1) 选取第二个效标样本，再次用行为事件访谈法来收集数据，分析建立的胜任特征模型是否能够区分第二个效标样本（分析员事先不知道谁是优秀组或普通组），即考察“交叉效度”；(2) 针对胜任特征编制评价工具来评价第二个样本在上述胜任特征模型中的关键胜任特征，其评价结果是否与效标一致，即考察“构念效度”；(3) 使用行为事件访谈法或其他测验进行选拔，或运用胜任特征模型进行培训，然后跟踪这些人，考察他们在以后工作中是否表现更出色，即考察“预测效度”。

根据“SMART”目标原则，个体所设计的工作目标应该是可达到但有挑战性的，也就是说，工作目标应略高于自己的实际能力。因此，为了保证顺利实现所确定的工作目标，员工必须有一个提高自己的胜任特征的过程，而且通过提高自己的胜任特征，还可以促进员工完成更高的工作目标。在这里可以根据前面所建立的胜任特征模型，编制工作行为评价问卷，并采用 360° 评定方法来确定员工实际具有的胜任特征与岗位要求的胜任特征的差距，即培训需求，然后就可以确定员工的发展目标和计划了。

制定发展计划时应注意以下几个方面：第一，领导与员工应就员工个人发展目标达成一致。第二，员工有权利和有责任决定自己的发展目标。第三，培训和发展活动应支持所确定的工作目标的实现。第四，培训和发展活动应符合员工的学习风格。因此，应该采用多种方法，如在职培训、进修、研讨会等。

(2) 绩效辅导沟通

在绩效管理中有这样一个定律——如果员工不知道他们需要改善绩效，

或者不知道如何改善绩效，他们就不可能改善绩效。一名好的管理者在向员工提供即时的绩效反馈后，还需提供后续的辅导。

辅导是一个改善员工知识、胜任特征（行为）和技能的过程。通过辅导，帮助员工不断改进工作方法和技能，随时纠正员工行为与目标的偏离，并对目标/计划进行跟踪与修改；同时，通过观察和辅导，可以收集与记录员工“行为/结果”关键事件或绩效数据。

辅导的主要目的是：第一，及时帮助员工了解自己工作进展情况如何，确定哪些工作需要改善，需要学习哪些知识和掌握哪些技能；第二，在必要时，指导员工完成特定的工作任务；第三，使工作过程变成一个学习过程。有效的辅导具有这样一些特征：辅导是一个学习过程，而不是一个教育过程；员工个人负责制定工作计划并努力达到预期目标，在学习过程中能得到管理者的支持、咨询和监控；反馈应该具体、及时并集中在好的工作表现上。

进行辅导的具体过程是：第一，确定员工胜任工作所需要学习的知识、技能，提供持续发展的机会，掌握可迁移的技能；第二，确保员工理解和接受学习需要；第三，与该员工讨论应该学习的内容和最好的学习方法；第四，让员工知道如何管理自己的学习，并确定在哪个环节上需要帮助；第五，鼓励员工完成自我学习计划；第六，在员工需要时，提供具体指导；第七，就如何监控和回顾员工的进步达成一致。

做好绩效辅导最重要的是持续不断的绩效沟通。正式的沟通方式有定期的书面报告、一对一正式会谈、定期的会议沟通等；非正式的沟通方式有聊天、工余交流和非正式会议等。部门管理者可以根据部门工作特点、员工素质、可操作性等选择实用、能真实反映绩效情况的沟通方式。需要强调的是沟通方式一定要注重实效！

有效的辅导必须基于对员工极度关心、正直与信任的美德，以及一个绩效推进系统。辅导的目的在于，在提升员工自身素质的同时改变他们的绩效。根据对管理者的调查研究，总结出辅导的五个要素，并用首字母缩略词“COACH”表示。

☆ 关心（concern）员工

☆ 观察（observation）员工的行为和绩效表现

☆ 建立认同（alignment）以改变员工的行为

☆ 沟通（communication）并反馈绩效情况以帮助员工改变行为

☆ 帮助（help）员工改善绩效并使其树立主人翁意识

如果将员工辅导定义为提供绩效反馈和具体的绩效改善建议的过程，那COACH准则将可以增加员工对此的信任感。

有效的沟通是绩效管理的一个重要组成部分。沟通和辅导不仅仅在开始，也不是仅仅在结束，而是贯穿于绩效管理的整个始终，需要持续不断地进行。因此，业绩的辅导也是贯穿整个绩效目标达成的始终。在绩效管理实践中，进行沟通的主要目的是：员工没能达到预期的绩效标准时，管理者借助沟通来帮助员工克服工作过程中遇到的障碍。在进行沟通时，应该做到：第一，应该是及时的，也就是说，问题出现后立即进行沟通。第二，沟通前应做好计划，沟通应在安静、舒适的环境中进行。第三，双向的交流。管理者应该扮演“积极的倾听者”的角色。这样，能使员工感到沟通是开放的，并鼓励员工多发表自己的看法。第四，不要只集中在消极的问题上。谈到好的绩效时，应具体并说出事实依据；对不好的绩效应给予具体的改进建议。最后，要共同制定改进绩效的具体行动计划。

绩效沟通可分成两大类：正面沟通和负面沟通。所谓“正面沟通”，就是在员工表现优秀的时候给予及时的表扬和鼓励，以扩大正面行为所带来的积极影响，强化员工的积极表现，给员工一个认可工作的机会。“负面沟通”，是指在员工表现不佳，没有完成工作的时候，也应及时真诚地予以指出，以提醒员工需要改正和调整。这个时候，经理不能假设员工自己知道而一味姑息，不管不问。

沟通过程包括三个主要阶段：

①确定和理解：确定和理解所存在的问题。

②授权：帮助员工确定自己的问题，鼓励他们表达这些问题，思考解决问题的方法并采取行动。

③提供资源：即驾驭问题，包括确定员工可能需要的其他帮助。

绩效辅导阶段从一定意义上来讲，是为绩效评价准备信息数据的，因为数据一是可以提供绩效评价的事实依据，二是可以提供改进绩效的有力依据，三是有助于诊断员工的绩效，四是可以作为劳动争议中的重要证据。因此，在此阶段做好数据的收集和记录。与绩效有关的数据和记录应包括：确定绩效好坏的事实依据，绩效问题的原因，绩效突出背后的原因等。绩效信息除了从与员工沟通中获得外，还可以根据需要从内外部客户、同级员工、更高一级的管理者等处获得。

(3) 绩效考核评价

绩效考评是指一套正式的结构化的制度，用来衡量、评价并影响与员工工作有关的特性、行为和结果，考察员工的实际绩效，了解员工可能发展的潜力，以期获得员工与组织的共同发展。绩效评估不仅用作判断的目的，更是作为激励和奖励员工的工具；管理者在评估下属时准确性并不是首要考虑的，主要考虑的是如何最好地使用绩效评估活动来激励下属。正式的综合考核结果作为物质激励（工资调整、奖金分配）和人员调整（人员晋升、降职调职）的依据或阶段的考核结果作为日常精神激励的评判标准。

绩效考核可以根据具体情况和实际需要进行月考核、季考核、半年考核和年度考核。工作绩效考核是一个按照事先确定的工作目标和发展目标及其衡量标准，考查员工实际完成的绩效情况的过程。考核期开始时签订的绩效合同或协议（performance contract or agreement），一般都规定了绩效目标和绩效测量标准。绩效合同一般包括：工作目的描述、员工认可的工作目标、发展目标及其衡量标准等。绩效合同是进行绩效考核的依据。绩效考核包括工作结果考核和工作行为评价两个方面，其中，工作结果考核是对考核期内员工工作目标实现程度的测量和评价，一般由员工的直接上级按照绩效合同中的绩效标准，对员工的每一个工作目标实际完成情况进行等级评定；工作行为的评价工具是工作行为评价问卷，该问卷以工作岗位要求的胜任特征模型中所包含的胜任特征为结构维度编制而成，一般采用自评和360°评定相结合的方式，由员工本人及其上级、同事、下级、客户对被考核的员工在考核期内可观察到的具体行为进行等级评定。

一般的讲，无论是结果绩效还是行为绩效，只要达到或超过了绩效考核期开始时确定的绩效标准，都应该给予奖励。但是，奖励的方式不一定都与奖金有关。而且，奖励只有符合下列两个条件时才具有激励作用：一是为被奖励者重视，二是与被奖励者付出的努力和取得的绩效相一致。由于人的需要是千差万别的，对一个人具有较大激励作用的事情，对另一个人来说也许会毫无激励作用，因此，有效的奖励系统应能反映不同员工的需要。通常的奖励方式有:绩效工资、表扬、晋升、个人奖金、团队奖金、奖品、特殊津贴等。

绩效管理的过程并不是到绩效考核打出一个分数就结束了。管理者还需要与下属进行一次面对面的交谈。通过绩效反馈面谈，使下属了解管理者对自己的期望，了解自己的绩效，认识自己有待改进的方面；并且，下属也可以提出自己在完成绩效目标中遇到的困难，请求上司指导。主要目的是：

①对被考核者的表现达成双方一致的看法。

对同样的行为表现，往往不同的人会有不同的看法。管理者对员工的考核结果代表的是管理者的看法，而员工可能会对自己的绩效有另外的看法，因此，必须进行沟通以达成一致的看法，这样才能制定下一步的绩效改进计划。

②使员工认识到自己的成就和优点。

每个人都有被别人认可的需要。当一个人做出成就时，他需要得到其他人的承认和肯定。因此，绩效反馈面谈的一个很重要的目的就是使员工认识到自己的成就或优点，从而对员工起到积极的激励作用。

③指出员工有待改进的方面。

员工的绩效中可能存在一些不足之处，或者员工目前的绩效表现比较优秀，但如果今后想要做得更好，仍然有需要改进的方面，这些都是在绩效反馈面谈的过程中应该指出的。通常来说,员工想要听到的不只是肯定和表扬的话，他们也需要有人中肯地指出其有待改进的方面。

④制定绩效改进计划。

在双方对绩效考核的结果达成一致意见之后，员工和管理者可以在绩效反馈面谈的过程中一同制定绩效改进计划。通过绩效反馈面谈，双方可以充分地沟通关于如何改进绩效计划的方法和具体的计划。

⑤协商下一个绩效周期的目标与绩效标准。

一个绩效周期的结束，同时也是下一个绩效周期的开始。因此上一个绩效周期的绩效反馈面谈可以与下一个绩效周期的绩效计划面谈合并在一起进行。由于刚刚讨论完员工在本绩效周期中的绩效结果以及绩效的改进计划，因此在制定绩效目标的时候就可以参照上一个绩效周期中的结果和存在的待改进的问题来制定。这样既能有的放矢地使员工的绩效得到改进，又可以使绩效管理活动连贯地进行。

即时评估对于员工当前（正在进行）的绩效活动及其改善、发展，以及与员工建立有效的工作关系，都将起到关键的作用。如果即时评估有效得当，员工就会明白绩效的重要性以及管理者对业绩的重视，这将促进员工对成果的责任感。同时即时评估的另一个作用就是管理者可以为实施建设性的正式评估作更好的准备，不至于到时很唐突。这样，正式评估便可以成为管理者充分理解如何帮助员工提高绩效并对成果产生责任感的有效手段。最后，即时和正式评估也是一个需求评估的过程，它可以帮助确定员工的能力缺陷，以及员工的技能是否未得到充分发挥。如果管理者真正关心员工的发展，那么这将对员工的使命感和工作动机产生积极的影响。

绩效进展回顾应该是一个直线管理过程，而不是一年一度的绩效回顾面谈。工作目标、发展目标的实现对组织的成功都是至关重要的，应该定期对其进行监测。在绩效管理实践中，人们主张经常进行回顾。对一些工作来讲，每季度进行一次会谈和进展总结是合情合理的。但对其他短期工作或新员工，应该每周或每天进行反馈。在进展回顾时，应注意：第一，进展回顾应符合业务流程和员工的工作实际。第二，将进展回顾纳入自己的工作计划。第三，不要因为其他工作繁忙而取消进展回顾。第四，进展回顾不是正式或最后的绩效回顾，回顾的目的是收集信息、分享信息，并就实现绩效目标的进一步计划达成共识。第五，如果有必要，可以调整所设定的工作目标和发展目标。

（4）绩效结果应用

绩效结果应用应包括以下几个方面：管理诊断、绩效奖金分配、薪酬调整、职位调整、淘汰、员工培训和指导员工职业发展等。

1）管理诊断

绩效管理的根本目的并不是对部门和员工分出高下，这只是面向过去的绩效评估方式，整个绩效管理体系最终目的是面向将来的，更着重于绩效进一步的提高。通过绩效评估，找出对企业绩效起阻碍作用的因素，找出企业经营管理中存在的病因，从而找到根治企业病症的方法。

在绩效评估完成后，管理者要对影响绩效的原因进行分析，管理者需要找出可能妨碍被考核者实现各方面绩效目标的问题所在，即发现绩效差的征兆和原因。管理者可以运用绩效诊断箱对员工绩效进行诊断。

通过对绩效因素的分析，找出产生某些绩效与理想有差距的原因，是与员工有关，还是其他的因素，然后针对这些因素有计划地进行改进。对于员工自身原因造成绩效不理想，一定要与员工进行有效的沟通与反馈，指出其不足，并帮助其制定绩效改进计划在下一阶段改进；若是其他方面的原因，大家集体努力一起改进。对于影响员工绩效的外部障碍，设法帮助员工排除；如果是公司管理体系与机制的问题，一定要通过管理诊断确认后进行管理体系改善。

2）绩效奖金分配

绩效奖金是企业依据员工的绩效评估结果，确定奖金的发放标准并支付奖金的做法。一般来说，员工的薪酬包括两大部分：基本薪酬和奖金。绩效奖金一般与绩效结果挂钩。绩效奖金的类型有很多种，计算方法通常也比较简单，常用的公式是：

员工实际得到的奖金＝绩效奖金标准 × 绩效系数

绩效系数则是由员工的绩效评估结果决定的。绩效奖金和绩效加薪的不同之处在于企业支付给员工的绩效奖金不会自动累计到员工的基本工资之中，员工如果想再次获得同样的奖励，就必须像以前那样努力工作，以获得较高的评价分数。由于绩效奖金制度和企业的绩效考核周期密切相关，所以这种制度在奖励员工方面有一定的限制，缺乏灵活性。当企业需要对那些在某方面特别优秀的员工进行奖励时，特殊绩效奖金认可计划可能是一种很好的选择。

3）薪酬调整

薪酬调整是将基本薪酬级别的调整与员工所获得绩效评估等级联系在一起的绩效激励计划。公司对员工的薪酬进行提升或减少的时候，也会把员工的绩效考核成绩作为提薪的主要依据。

4）职位调整

利用绩效评估结果也可以促使员工职位调整，在此我们把职位调整分为晋升、岗位调整两种主要形式。职位调整的核心在于使员工本人的素质和能力能够更好地与相应的工作相匹配。

职位调整常常是和绩效评估结果联系在一起的。企业在对员工进行绩效评估时，不能只评价他目前工作业绩的好坏，还要通过对员工能力的考察，进一步确认该员工未来的潜力。而且管理者还应该明白，人与人之间所存在的绩效差异除了他们自身的努力外，还和他们所处的工作系统有关系，这些工作系统包括同事关系、工作本身、原材料、所提供的设备、客户、所接受的管理和指导、所接受的监督以及外部环境条件等，这些要素在很大程度上不在员工自己的掌控之中。对那些绩效非常好、能力非常强的员工，企业可以通过晋升的方式给他们提供更大的舞台和机会，帮助他们获得更大的业绩；而对那些绩效不佳的员工，管理者应该认真分析其绩效不好的原因。

5）淘汰

如果是员工个人不努力工作、消极怠工，则可以采取淘汰的方式。如果是员工所具备的素质和能力与现有的工作任职要求不匹配，则可以考虑进行工作轮换，以观后效。

6）员工培训

绩效考核的结果，首先是可以用来衡量招聘选拔和培训的有效性如何。如果选拔出来的优秀人才实际的绩效考核结果确实很好，那么就说明选拔是有效的；反之，就说明要么是选拔不够有效，要么是绩效考核的结果有问题。其次就是衡量培训有效性及加大培训力度。培训的一个主要出发点就是员工绩效不良或者绩效低于标准要求，也就是说当员工的现有绩效评价结果和企业对他们的期望绩效之间存在差距时，管理者就要考虑是否可以通过培训来改善员工的绩效水平。员工接受了培训之后的效果如何呢？这也可以通过培训之后一段时期内的绩效表现反映出来。如果绩效提高了或提高得很显著，就说明培训确实有效果；如果绩效没什么变化，就说明培训没有达到预期的效果。

7）指导员工职业发展

从较长期和连续的考核结果中，管理者可以看出员工的真实潜能和职业倾向，当员工的职业生涯定位不准确时，管理人员应及时和员工进行沟通，指出员工的优、缺点，并和员工一起对职业发展道路进行重新规划和调整，避免员工因职业发展定位不准而带来各种负面影响。

将员工绩效与个人职业生涯发展结合起来，一方面强化了员工对公司价值取向的认同，使个人职业生涯有序发展；另一方面，通过价值分配激励功能的实现，使员工个人的职业生涯得以更快的发展，个人职业生涯的发展反过来促进了组织的发展。

4.1.2 绩效管理分类

按管理主题来划分，绩效管理可分为两大类，一类是激励型绩效管理，侧重于激发员工的工作积极性，比较适用于成长期的企业；另一类是管控型绩效管理，侧重于规范员工的工作行为，比较适用于成熟期的企业。但无论采用哪一种考核方式，其核心都应有利于提升企业的整体绩效，而不应在指标的得分上斤斤计较。

从长期、中期和短期绩效的角度来划分，绩效管理可分为四大类：战略绩效、经营绩效、部门绩效和员工绩效。战略绩效，侧重于公司长期绩效，通过确定公司战略图，有效地确定公司的长期发展目标及影响企业长期发展的关键因素，平衡企业长期发展和年度经营绩效的矛盾；经营绩效，侧重于公司的年度绩效，以预算管理为基础，实现战略资源的优化配置和年度经营计划目标；部门绩效，主要体现在部门层面，根据公司的年度经营计划和公司级的KPI，分解制定的部门KPI和工作目标；员工绩效，主要是在员工个体层面，按照“动态的目标+静态的职责”原则，将战略绩效、经营绩效和部门绩效在各级员工层面的分解。通过战略绩效、经营绩效、部门绩效和员工绩效的有效结合，将长期的战略转化为近期内的计划，团队的目标转化为个体的绩效，将组织的战略转化为个人的行动，确保战略的有效落地和执行。

4.1.3 绩效管理目的与意义

竞争永远是推动企业管理变革的原动力。在市场经济发展的初期，大部分企业的成长是源自国内的消费市场的快速增长。随着竞争的加剧，企业的成长将主要依靠高效的管理体系和制度所培育的独特的竞争力。其中尤其是绩效管理在企业管理中具有核心控制作用，是组织实现战略目标的有效控制手段，其重要性引起越来越多管理者的关注。绩效管理的思想和方法正在被世界范围内众多的公司所采用，也被越来越多的中国企业家所重视。

绩效管理是企业实现其价值和目标的重要工具，使用得当，可以大幅度提高组织绩效；使用不当，则会变成组织变革和绩效提升的障碍。绩效无法衡量便无法管理，所以企业不仅要选择合适的绩效管理工具，而且需要正确地使用工具，以实现企业价值的最大化。无论从组织的角度，还是从管理者和员工的角度，绩效管理都能给我们带来益处。首先，绩效管理能为物质激励（工资调整、奖金分配）、人员调配和日常精神激励提供依据与评判标准，有效地激励员工。其次，通过绩效计划的设定、绩效考核和反馈工作，改进和提高管理者的管理能力和成效，促进被考核者工作绩效的改进，最终实现组织整体绩效的提升，使绩效管理成为管理者有效的管理手段。第三，通过层层目标分解，绩效管理成为保证组织战略目标实现的重要手段。

绩效管理是有机整合的一套流程和系统，专注于建立、收集、处理和监控绩效数据。它能增强企业的决策能力，并通过一系列综合平衡的测量指标来帮助实现企业的策略目标和经营计划。

绩效管理体系怎样帮助企业实现目标?

☆ 能把企业的经营目标转化为详尽的、可测量的标准

☆ 能提供一条纽带，把员工的工作职责和公司的目标相连接

☆ 能用量化的指标追踪跨部门的、跨时段的绩效变化

☆ 能为有根据的决策提供支持信息

☆ 能帮助及时发现问题，鼓励持续的改进

☆ 对达不到预期目标的实际绩效表现，分析原因

☆ 对公司的关键能力和需要改进的地方做到一目了然

☆ 能评估流程改进的有效性

☆ 能鼓励团队和协作精神

☆ 能代表一个企业怎样评价它的员工

☆ 能为制定新的以绩效为出发点的激励机制提供工具

☆ 使管理人员和员工了解各自的工作情况，为实现公司的目标作出贡献

☆ ……

但具体实施的过程中，绩效管理究竟要达到一个什么样的目的呢？企业必须在这一点上达成共识，为绩效管理体系的成功设立一个发展目标和评判标准，在企业上下努力提高绩效的同时也要检验一下绩效管理体系的绩效，看看企业所采用的绩效管理是否真对企业的成功起到了帮助的作用，都体现在哪些方面。为此，企业管理层必须首先在企业实施绩效管理所要达到的目标上达成一致，对绩效管理的作用和目的有一个清晰准确的描述。

有人认为企业实施绩效管理就是为了对员工的绩效进行考核，把考核结果用于工资的确定和奖金的发放，对他们来说，如果能达到这个目标，就算是成功了；也有人认为，企业目前正在处于困难期，需要裁减员工，而绩效考核可以做到这一点，所以企业实施绩效管理就是为了定岗定编工作，实施末位淘汰；还有人认为绩效考核能帮助企业识别员工能力的高低，为企业选拔人才提供信息来源……诸如此类的观点还有很多，更多的观点集中于员工的工资分配，很多企业把绩效考核当成了企业发放工资的法宝，一门心思地要通过绩效考核把员工分出三六九等，从而实施他们的薪酬决策。

的确，绩效考核可以为企业提供诸如薪酬、裁员、晋升等人事决策。但如果一味地为考核而考核，最终的结果将不能令管理者满意，而且还会使他们陷入进退两难的境地，理由很简单，如果仅仅把绩效管理的作用定位于发放工资，那么过程的管理和控制将被忽视甚至被抛弃，结果使得绩效管理成

了经理的填表游戏，需要的时候才做，这显然不能保证公允，也违背了绩效管理的思想。

所以，企业管理层需要冷静下来，重新思考和定位绩效管理的作用，而这个作用很简单，也很容易理解，就是为了使经理和员工的绩效能力得到提高，业绩水平得到增长。只有经理和员工的能力在绩效管理的过程中都得到提高了，他们的业绩表现才会更好，才能更好地理解和执行企业的战略目标。当个人目标和企业的战略有效地结合起来了，企业的绩效就能得到提高，这就是绩效管理所要致力达到的根本目的所在。

那么有人要问了，我要用考核的结果作为发放员工工资的依据，我该怎么办？好办，那是绩效考核要回答的问题，可以在企业有关的绩效考核的文件里做出相关规定，发放工资之类的作用是绩效考核要解决的问题，不是绩效管理，绩效管理与绩效考核不等同，不要把二者混为一谈。要弄清楚的一点是，发放工资依赖于绩效考核，而绩效考核的公平性和作用的发挥依赖于绩效管理体系的建设，它们是有先后顺序的，是绩效管理的过程保证了员工绩效的提高，而不是考核。

有效的绩效管理，可以在以下五个方面加强企业的管理：

①建立以绩效为中心的企业文化，充分调动各级员工的积极性，加强责任心。

② 考核什么，就得到什么；有效的绩效管理体系总是将公司远景目标和战略转化成各个层次的绩效考核指标。

③ 借助先进的 ERP 系统可以实时地监控绩效，各级管理者可以利用及时准确的绩效信息作出科学的决策。

④ 对什么样的员工进行激励，激励多少，绩效考核指标提供了客观的依据。

⑤ 统一规范了公司的绩效考核指标和绩效管理流程，全公司采用统一的"术语"，帮助界定各级组织的责任范围。

因此，企业必须重新定位绩效管理的作用，以保证企业的绩效管理始终都在正确的轨道上运行。唯有如此，企业的绩效考核才会公平和公正，起到激励作用。

在绩效管理过程中主要的参考点是未来，不是为了解释过去如何，而是将绩效管理结果作为一种资源去规划某项工作或某个员工未来新的可能性，这就是对员工及工作的开发。“组织的目的是通过员工的力量结合取得协同效应，并避开他们的不足。”这也正是有效的绩效管理的目的。也可以说考评目标的实现最终表现在组织整体效益的提高。

绩效管理是“知人”的主要手段，而“知人”是“善任”的前提。经过绩效管理，对人员的政治素质、心理素质、知训素质、业务素质等进行评价，并在此基础上对人员的能力和专长进行推断，进而分析其适合何种职位，才能做到因岗配人、人尽其才。

绩效管理是决定人员调配的基础。通过绩效管理了解人员使用状况、人事配合程度，发现一些人的素质和能力已超过现职的要求，则可晋升其职位；发现另一些人的素质和能力达不到现职的要求，则应降职；发现还有一些用非所长或其素质和能力已发生了跨职位的变化，则可进行横向调配。

绩效管理是决定人员培训的基础。人员培训应有针对性，针对人员的短处进行补充学习和训练。因此,培训的前提是准确了解各类人员的素质和能力，通过考评确定员工素质优劣及存在的问题，进行培训需求分析。同时考评也是判断培训效果的主要手段。

绩效管理是确定劳动报酬的依据。企业内部的薪酬管理必须符合劳动付出与报酬相吻合的原则，而准确地衡量“劳”的数量和质量是实行按劳分配的前提。只有密切工作绩效与组织奖酬之间的关联性，才能使员工感到公平，激励员工努力工作。

绩效管理是激励员工的手段。根据绩效管理结果决定奖罚的对象及等级，激励先进、鞭策后进，做到奖惩分明，有利于提高员工工作积极性，出色完成组织目标。按绩付酬并将绩效视为调职、晋升、降职或解雇的依据，使员工在公平的环境中良性竞争，既与别人在同一客观标准下收入或晋升作横向比较，又同自己过去的收入或晋升作纵向比较。如果比较的结果平衡，员工就会感到公平。绩效考评为员工事先设立了考评目标,并辅以具体的考评细则。当目标设置科学合理时，员工便能够提高各自的业绩，从而提高企业的竞争力。

绩效管理是促进员工成长的工具。工作绩效管理好比一面客观的镜子，一把公平的尺子。把绩效管理的结果反馈给员工，让员工发现自身的缺陷和不足，可以帮助员工通过自身的努力逐步改进。绩效管理的应用范围很广泛。将绩效管理的结果应用于人力资源计划、招聘、选拔、薪酬、晋升、调配、辞退等各项具体工作，有助于企业做出正确的人力资源管理决策；应用于人力资源开发，可以提供员工优劣势的信息，帮助员工在现有岗位上创造更佳的业绩，加强员工针对性培训，为员工的职业生涯的职业道路设计提供建议。

4.2 绩效管理基本要求

绩效管理有一个前提，那就是对组织的目标、战略、管理等实行契约式的管理。组织要想前进，就需要有一个明确的目标，而战略是组织实现目标的主要途径，战略的实现需要有科学合理的管理。只有这样相互联系起来，才能让绩效管理正常进行。绩效管理要以发展作为其导向，要对组织成员的素质和能力进行详细的分析和了解，并作出相应的判断，明确成员的技能，同时让其了解要在更好的层次中工作，需要有什么样的技能和知识。

首要原则是对公司目标的充分共识。顾名思义，绩效管理是对结果评估基础上的奖惩管理。如果对预期的商业结果公司上下不能达成一致，不同层级的经理对下级的绩效考核往往会更多地从自身理解出发，必然南辕北辙。没有清晰明确的方向，部门之间和岗位之间不能发挥协同作用，从而使公司高管丧失对绩效考核的信心；没有清晰明确的方向，中层经理对普通员工的绩效考核，往往会演变成尽量避免得罪人的变相平均奖金；没有清晰明确的方向，员工们为争取高绩效奖金的努力，也往往会演变成在对上层经理好恶的主观判断基础上，投其所好。所以，绩效管理的前提在于对公司目标的充分宣传和一致性前提下的分解。从总裁到普通员工，都有清晰明确的自身目标，绩效考核才能够做到有的放矢。

其次，绩效管理要重视公司及业务流程规范。流程规范是绩效考核的基础，流程规范是地基，是企业管理最基础的工作，地基打牢了，再进行绩效考核，方能真正推动绩效考核。“成者王，败者寇”，中国人喜欢以成败论英雄，这就是典型的结果思维，利润最大化是组织追求的结果，因此尽管失败风险大，但组织还是非常重视绩效考核，但多数组织都忽略了过程，没有过程的规范，员工就是“八仙过海、各显神通”，只会有极少数的员工会达到绩效指标。组织是一个团队，只有大多数人绩效达标才有可能使组织利润最大化。过程与结果是矛盾与对立的统一体，是一对孪生兄弟，相辅相成，过程和结果达到平衡状态，则过程和结果统一，没有达到平衡，则是对立体。结果是组织的绩效指标，过程是组织规范的流程。

一些企业绩效考核选择了KPI作为组织绩效考核的工具，但由于流程不规范，最后导致失败。KPI指标分解流程是先将组织指标分解到部门负责人、每位员工。分解指标最基本的要求是上下达到一致认同，分解指标的过程本身就是一个流程，如果流程不规范，将指标分解到岗位可能就是一个很难的过程，这一点笔者是深有体会的，不知从事绩效考核的同行有何感受。试想一下，如果组织岗位职责清晰、流程规范、数据来源准确，分解KPI指标相对而言是非常简单的事情。举个例子：采购岗位的KPI指标有采购计划达成率、采购一次产品合格率等，采购计划达成率、采购一次产品合格率与研发、工艺、品管、仓库、生产计划都存在一定的关系，如工艺参数的不准确、仓库的周转期不达标、生产计划经常无故更改、品管检验判定没有标准导致失误或检验不及时等因素，都会影响到采购指标的达成。试想，由于其他部门因素影响本岗位的指标达成，你会接受这个绩效指标吗？即使接受也是表面接受，不是真正当回事，而这些都不是绩效考核的初衷，这也不是组织想要的，也是绩效考核失败的前兆。试问，这样的绩效考核有什么意义呢？因此，流程规范是绩效考核的基础，让流程说话，就解决了岗位的“后顾之忧”，这样分解目标会更容易一些。

要想全面对单个员工实施绩效考核、跟踪和评价，仅靠KPI指标是不够的，需利用以下四种关键方法进行考量：

☆ 保持人际互动。经常观察员工的工作和行为表现，通过人际互动与他们保持密切联系，使这种方式很快成为一种规范而非例外。

☆ 评价个人绩效。同时，跟踪和检查员工绩效的个人指标，以便参照预期目标来衡量每一个员工的绩效表现。通过这种方式，可以从个体层面切实了解员工当前的工作状况，然后利用这些信息帮助实施行为观察。

☆ 走动式管理。经常与工作团队保持互动，进行现场管理。现场走动，提出有针对性的问题（并倾听回答），回答员工可能提出的任何问题，随时保持这种接触但不要使其成为可被员工预见的行为，这样，就有机会与员工进行非正式的沟通，同时观察他们工作中的行为和活动。

☆ 制作记分卡。根据已建立的绩效指标及记分卡，跟踪和评价团队绩效。通过这种方式，了解总体目标进展如何。

再次，绩效管理必须依靠公司各级管理者的共同理解和支持。绩效管理体系的设计，是人力资源部门的重要职责。但绩效体系的实施，却必须由所有管理者共同承担。由于绩效考核与每一个管理者以及员工的切身利益相关，只要严格执行，常常会在奖优罚劣过程中得罪上级、同级和属下。于是，绩效考核体系推进的初期，一定会阻力重重，怨声载道。公司高管应该在人力资源部门的配合下，通过绩效考核推动业绩提升的案例分享等方式，身体力行地带动各层经理持续地推进和完善考核体系，解决下属在绩效考核中瞻前顾后的思想顾虑，鼓励和强化以“结果导向”代替“一团和气”的考核原则。最终把绩效考核从一项被迫的“管理难题”，演变为各层经理追求卓越的共同习惯。

最后，绩效管理必须结合员工职业发展，体现和引导大多数员工的共同利益。绩效考核的出发点和归宿是行为和结果，但考核对象却是行为和结果的主体——所有经理和员工。在岗位职责明晰的前提下，绩效考核应成为晋升、轮岗、降职解职的最重要依据。通过绩效考核，让考核连续优秀的员工成为推动企业发展的命运共同体；让考核一般的员工，有机会通过轮岗人尽其才；让考核不合格的员工，理智平静地离开企业去寻找新的合适机会。因此，绩效考核除了对商业结果奖优罚劣外，也必须兼顾员工的职业发展，从而引导员工不仅“Do thing right（想对）”，而且“Do right thing（做对）”。成功的绩效考核必须建立在对公司目标的充分共识基础上；必须依靠公司各级管理者的共同理解和支持；必须结合员工的职业发展，体现和引导大多数员工的共同利益。人力资源部门是绩效考核的推动者，但成功的绩效考核一定是公司全体管理者和绝大多数员工身体力行的结果。

4.3 绩效管理与绩效考核的区别和联系

传统的绩效考核往往忽略了绩效管理的过程，绩效考核与绩效管理并不是等价的。绩效管理是指为了达成组织的目标，通过持续开发的沟通过程，形成组织目标所预期的利益和产出，并推动团队和个人做出有利于目标达成的行为。绩效管理将绩效考核作为一个系统来认识。绩效考核之前以及考核之后要做的各种工作，是为了充分发挥绩效考核的作用，从而达到“管理”的目的。绩效考核不仅包含应用某种方法考核员工工作绩效这一核心过程，而且将企业文化、企业战略以及人力资源政策对绩效考核的影响作用纳入其中，同时把考核结果反馈这一较孤立的环节与员工培训甚至人力资源开发紧密联系起来。

在管理实践和理论探讨时，绩效管理与绩效考核往往被混为一谈，事实上二者既有联系也有区别。绩效管理来源于绩效考核，绩效考核是绩效管理的重要组成部分。同时，绩效管理与绩效考核在管理的出发点和归宿、关注的时间维度、人性假设前提、管理宽度和管理目的、管理者扮演的角色以及管理逻辑等方面都有显著的区别。认清二者的联系与区别，是有效实施绩效管理的前提。

(1) 绩效管理与绩效考核的联系

1) 绩效管理始于绩效考核

绩效考核有着悠久的历史，在中国，绩效考核的历史可以追溯到三皇五帝时期。《尚书·尧典》里有“纳于大麓，烈风骤雨弗迷”，就是指尧将帝位让给舜之前，对其进行了绩效考核。可见，绩效考核很早就在实践中受到统治者或管理者的重视。在西方工业领域，罗伯特·欧文斯最先于19世纪初将绩效考核引入苏格兰。美国军方于1813年开始采用绩效考核，美国联邦政府则于1842年开始对政府公务员进行绩效考核。随着经济的发展、管理水平的进步，越来越多的管理者和研究者意识到绩效考核的局限与不足。Spangengerg (1992) 认为传统的绩效评估是一个相对独立的系统，通常与组织中的其他背景因素相脱离，如组织目标和战略、组织文化、管理者的承诺和支持等。Nickols 在 1997 年发表了一篇题为《不要设计你们公司的绩效评估体系，去掉它！》的文章。不久 Tom Coen 和 Mary Jenkins 写了《废止绩效评估：为什么会发生，用什么代替？》，文中给出许多废止绩效评估而进行绩效管理的公司实例。在这样的背景环境下，使用一种更加科学的方法代替绩效考核成为必然，绩效管理应运而生，一时间有关绩效管理的学术文章相继出现在各种期刊上。

2）绩效考核是绩效管理的重要组成部分

绩效管理是一个系统，包括绩效计划、绩效实施、绩效考核、绩效反馈与面谈以及绩效结果的输出应用五项基本职能。而绩效考核环节上接绩效实施环节，下连绩效反馈面谈环节。从另一个角度来看，可以说绩效计划、绩效实施是在为绩效考核做准备，绩效反馈和面谈、绩效改进和导入则是绩效考核结果的直接应用，也是绩效考核的后续环节。应该说绩效考核是绩效管理的一个中心环节，绩效考核的结果表明了组织选择的战略或者行动的结果是什么，它是一种管理手段。绩效管理是一种由绩效考核手段支持的管理理念和管理体系，它为绩效评估提供了评估内容和对象，并在绩效评估的基础上进行决策和改进。

绩效考核成功与否，不仅取决于绩效考核本身，而且很大程度上取决于与考核相关的整个绩效管理过程。有效的绩效考核有赖于整个绩效管理活动的成功开展，而成功的绩效管理也需要有效的绩效考核来支撑。

（2）绩效管理与绩效考核的区别

1）出发点和归宿不同

绩效考核往往是为发放工资、发放奖金、晋升调职等寻找依据，其结果也仅仅是经过填表、考核之后，就将所有资料束之高阁。绩效管理的目的和出发点是为完成组织的使命，实现组织的战略，达成组织的目标。绩效管理直接与员工的工作结果、行为、技能等等的组织目标相联系，进而与组织战略和使命相联系。一个完善的绩效管理体系，其目的不是为了考核而考核，为了管理而管理，而是为了提高员工绩效，最终归宿是实现组织的战略。

2）时间维度不同

所谓绩效考核，无论是以年、季或月来考核，考核对象的绩效一定是已经发生的，是过去的。与绩效考核相比，绩效管理在总结过去的基础上，更关注未来，更关注发展。

3）对人性的假设前提不同

在管理过程中，管理者做出何种决策、采取何种方式或手段，必然受到其管理思想的束缚。而不同的管理思想有赖于管理者对人性的不同假设。绩效考核的人性观是把人看作经济人，人的主要动机是经济的，即在成本一定的情况下追求个人利益的最大化或在利益一定的情况下追求个人成本的最小化。这种人性观认为员工在没人监督的情况下会尽量少工作或降低工作质量，而督促员工为企业做贡献的办法就是利用考核，通过考核这个“鞭策”之鞭提高员工的工作绩效。而现代的人力资源管理崇尚“以人为本”的管理思想。所谓“以人为本”就是把人当成人，而不是当成任何形式的工具或手段，人是世间的最高价值，人本身就是目的。作为人力资源管理的一个环节，绩效管理恰恰体现了这种思想。人不再是简单地被控制，更多的是被信任、被授权和被激励。

4）管理的宽度不同

所谓管理宽度，是指管理环节的个数，用以评价管理活动程序上的完整性。如上面所述，绩效管理是一个严密的管理体系，由五个环节组成，即管理宽度等于5。同时，绩效管理又处在人力资源管理这根链条上，它与工作分析、人力资源规划、招聘与安置、薪酬与福利、培训开发等环节共同构成人力资源管理内容。对绩效管理整个体系来讲，绩效考核仅仅是“冰山一角”。要使得绩效考核变得真正有效，任何一个环节都不应忽视。它与其他四个环节共同组成一个完整的管理链条。

5）管理的目的不同

由于绩效考核是绩效管理中连接绩效实施和绩效反馈与面谈的环节，因此，它从绩效实施过程中获得员工实际绩效的证据与事实，同时，绩效考核的结果成为绩效反馈与面谈的主题。显而易见，绩效考核的目的是从其作为绩效管理环节这一角度出发的，即对照既定的标准、应用适当的方法来评定员工的绩效水平、判断员工的绩效等级，使绩效反馈与面谈有针对性。与绩效考核相比，绩效管理的目的是从其作为人力资源管理环节的角度来谈的，它服务于其他环节，从而提升人力资源管理水平。绩效管理的目的主要体现在以下几个方面：为人员的内部供给计划提供较为详尽的信息；为更有效的职位分析提供依据；为员工薪酬调整提供信息；为制定员工培训与开发计划提供依据，并在此基础上帮助员工制定个人职业生涯发展规划，从而实现企业与员工的双赢。

6）**管理者扮演的角色不同**

在绩效考核环节，管理者的角色是裁判员：在绩效管理过程中，管理者的身份是多重的，即辅导员 + 记录员 + 裁判员。绩效考核是对员工一段时间内绩效的总结，管理者需要综合各个方面给员工的绩效表现做出评价，公平、公正是至关重要的。因此管理者更像裁判员，根据事实客观公正地评价员工的绩效水平。在绩效管理中，管理者除了是裁判员，也是辅导员和记录员。绩效目标制定以后，管理者要做一名辅导员，与员工保持及时、有效的沟通，持续不断地辅导员工业绩的提升，帮助员工实现绩效目标。另外，要想做一名合格的裁判员，管理者要先扮演好记录员的角色，记录下有关员工绩效表现的细节，形成绩效管理的文档，以作为绩效考核的依据，确保绩效考核有理有据。

7）**管理逻辑不同**

从绩效管理的流程上看，绩效管理本质上是一个封闭的 PDCA 循环，确定绩效评价的目标、建立工作期望、制定绩效改进计划和设计绩效评价体系，属于前馈管理控制；绩效形成过程督导和绩效改进指导，属于过程控制；而绩效评估、绩效面谈和制定绩效改进计划，属于反馈管理控制。制定绩效改进计划是前馈与反馈的联结点。当绩效管理系统成为一个封闭 PDCA 循环时，绩效管理系统才可能完全发挥出来。因为只有当绩效管理是一个封闭的环时，它才是可靠的、连续不断、可控的，同时也是不断提升和改善的保证。

与绩效管理相比，传统的绩效考核不是一个封闭的环，它是开放的。从表面上看，绩效考核与绩效管理不过是管理的开放与封闭的差别，然而却体现了管理思想的巨大差异。开放的环因为没有组织和制度上的保障，所以缺乏控制的可靠性。而绩效考核与绩效管理比较，则会存在以下几个方面的问题：①从目标到绩效结果的形成过程缺乏控制；②奖惩虽然是体现控制功能的，但它不是封闭的，没有绩效改善的组织手段作保证；③由于绩效考核的主要目的是决定分配，而不是强调改善，因而会引起管理者和员工的反感。

当绩效管理不再被认为是发放工资的工具，当绩效管理与绩效考核的区别被更多的人所认识和接受，当绩效管理被严格地当作一个管理过程来实施，直线经理就能从中体会到成功，进而提高执行力，使绩效管理逐步走向成功，真正成为帮助企业实现战略目标的助推器！

4.4 呼叫中心绩效管理

任何行业的绩效管理模式都有其特定的适用性和局限性。呼叫中心作为劳动力和技术比较密集的产业，其绩效管理有其不同于其他行业的独有特性；而对于不同的行业的呼叫中心应用、不同的组织模式、不同的业务特性，也就有其不同的绩效管理模式，以适用于不同的组织模式及业务特性。呼叫中心的绩效管理，不仅仅是几个量化的 KPI 指标，而是实现企业的战略目标、强化企业文化、实现价值分配、提升管理效果的重要手段。需要强调的是，绩效管理不仅仅只是针对结果的管理，更是一个针对过程的管理。通过考核目标和标准的建立，以及对绩效评估结果的沟通和反馈，达到以下的管理目的：

☆ 提高员工的生产效率

☆ 通过沟通，使企业的目标和一线服务人员的个人绩效目标相一致

☆ 提高客户满意度和客户保留率

☆ 提高企业的收益和利润

☆ 减少人员选聘和培训的成本

☆ 减少员工流失率并降低与之相关的成本支出

☆ 减少绩效管理的成本支出

☆ 通过对运营流程的评估，发现关键问题点并及时采取必要的改进措施

☆ 通过明确的绩效期望目标和快速、持续不断的沟通和反馈，激励员工提高工作绩效和服务质量

☆ 通过不断的反馈循环提高决策的速度和质量

☆ 帮助高层管理者制订实时的决策，以便积极改善组织的绩效

在呼叫中心行业，绩效管理可以促进质量管理。组织绩效可以表现为数量和质量两个方面。服务质量、服务水平已经成为呼叫中心绩效的一个重要方面，质量管理已经成为人们关注的热点。Kathleen Guin(1992) 指出："实际上，绩效管理过程可以加强全面质量管理（TQM）。因为，绩效管理可以给管理者提供'管理'TQM 的技能和工具，使管理者能够将 TQM 看作组织文化的一个重要组成部分。"可以说，一个设计科学的绩效管理过程本身就是一个追求"质量"的过程——达到或超过内部、外部客户的期望，使员工将精力放在质量目标上等。

4.4.1 呼叫中心绩效管理特点

（1）更强调数字化管理

呼叫中心产业不仅是一个劳动力密集型产业，更是一个技术密集型产业。先进 IT 技术的应用，使呼叫中心能够迅速获得大量的管理数据，这些管理数据的应用，不仅能够真实准确地反映客服人员的工作绩效，也能反映服务流程、组织结构的绩效。

目前，有些呼叫中心管理人员已经意识到数字管理的重要性，但更关注于数字本身，将数据化管理等同于给人员打分；有些呼叫中心的绩效管理还停留在德、能、勤、纪等主观考核方面，缺乏全面、科学、量化的考核，平衡记分卡提供了一个很好的绩效管理工具。

通过使用平衡记分卡工具，将呼叫中心的战略目标与一线员工的工作任务相链接；同时通过选择合适的指标，对客服中心的绩效进行记录、测评、跟

踪和指导。

（2）更应强调直线主管的作用

绩效管理是呼叫中心主管人员的重要工作职责之一，特别是大型的客户服务中心，新业务推出频繁、工作量大、事件的实时性比较强，每天处理的电话、电子邮件、信件等数以千计，有的电信呼叫中心一天甚至需要处理上万的客户来电，不同的客户有不同的性格和喜好，当然也有不同的问题。这些都需要直线主管及时与一线人员保持密切的联系，及时给予一线人员必要的支持和反馈，同时迅速发现问题，解决问题。

服务的好坏是由一线员工决定的，他们是企业与客户沟通的第一线，他们是连接企业和客户的桥梁；任何一个员工在处理问题时如果不能及时给予客户满意的解决方案，都会对整个呼叫中心的服务水准产生影响，当然也会对主管的绩效产生一定的影响；如果下属绩效不好，主管的绩效当然不能有好结果，主管绩效的高低是通过呼叫中心一线员工来实现的，这就使主管和员工形成了非常紧密的绩效伙伴关系；当然，任何一方的成绩都有对方的努力在里面，员工的成长进步离不开主管的支持、辅导和帮助，而主管的业绩也同样需要员工的积极和努力。这也就从本质上决定了在呼叫中心的绩效管理过程中，主管和员工是一种彼此获益的双赢关系，呼叫中心良好的服务水平是主管和一线员工共同努力的成果。

这也就要求呼叫中心管理人员在绩效管理方面积极做到以下方面：

☆ 主管和员工为了呼叫中心整体绩效的实现，建立密切的绩效伙伴关系。

☆ 就绩效标准的建立积极与员工进行沟通，建立考核的透明度。

☆ 对一线员工进行考核标准的培训，培训的内容包括业绩目标设定、岗位描述、行为指标、业绩评估、日常观察记录、考评面谈、业绩辅导、岗位/操作培训、现场辅导等多个方面。

☆ 严格、公平地按照现有标准进行员工绩效的考评。

☆ 对主管等管理人员进行培训，减少管理人员考核尺度的不一致。

☆ 对于考评发现的问题及时与员工进行沟通和反馈，同时辅之以针对性的培训和指导，建议多进行面对面的沟通。

☆ 按照 PDCA 的原则，不断对现有绩效考核标准进行完善和优化。

（3）更应加强对团队绩效的管理

呼叫中心的绩效管理不仅应关注对个人绩效的考核，更应加强对团队绩效的管理；呼叫中心作为企业对客户服务的窗口，任何一个客户服务代表表现的优劣都代表着企业的形象，传递着企业的服务理念；一个客服代表表现优异并不能说明整个客服中心的服务水准有多么的高，所有客服代表持续、高质量的服务才能造就企业良好的服务口碑和品牌；伴随着呼叫中心对服务一致性和连续性的要求，客服中心的团队建设及团队绩效的衡量就成为呼叫中心管理者必须面对的课题。

因此在呼叫中心，不仅要建立针对个人的绩效考核体系，同样也要在个人考核体系的基础上建立针对各个服务团队如一线服务小组、质检小组、专家小组的绩效管理，以全面提升呼叫中心的团队意识，体现服务的连续性和一致性。

通过在呼叫中心进行数字化的绩效管理，在加强对团队绩效考核的过程中体现直线主管的作用，不断进行沟通、反馈及针对性的指导，就可以不断地从个人、流程、组织等多个方面优化和提升呼叫中心的绩效，使呼叫中心实现其价值的最大化。

4.4.2　高绩效运营管理架构

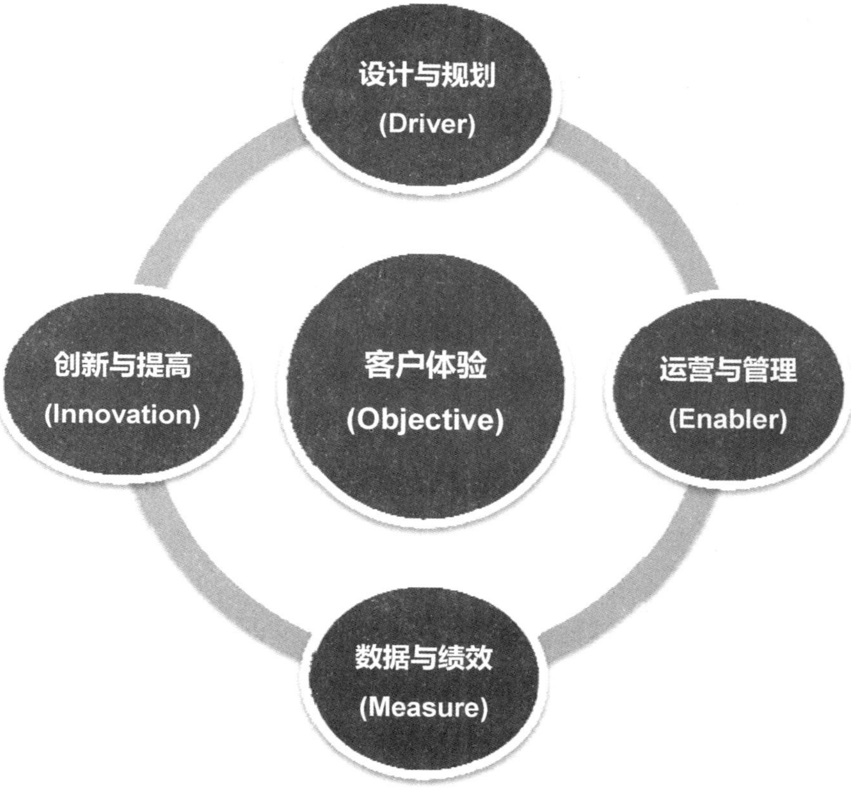

图 4. 以客户为中心的 DEMOI 运营管理架构

设计与规划：包含文化与战略、环境管理、信息系统建设、持续改善机制、应急管理、安全管理等。

运营与管理：包含人力资源管理、流程设计、实施控制与优化、打造符合业务需求的技术系统等。

数据与绩效：包含面向整体及个人的绩效考核体系建立、绩效数据的收集、分析以及如何确保绩效成果等。

客户体验：包含如何管理上、下游客户信息、如何评估及提升上、下游客户满意度等。

创新与提高：包含如何进行战略和流程、系统与应用工具、新服务与方案的创新与开发，加强客户生命周期管理，挖掘客户价值等。

设计与规划是基础，运营与管理是手段，数据与绩效是衡量方法及标准，创新与提高是生存及发展要求，客户体验是前面四大方面的结果和目标。

4.4.3 推动绩效的行动及带来的帮助

一个综合性的绩效管理框架，各种方式和条目不可能孤立或单独地进行评价。各环节间有重要的相互关系，一环紧扣一环。例如：服务和质量绩效不能达标，则可能是流程失控，或培训工作存在缺陷；对操作方式做出的更改，应该及时体现在结果的改善中；结果中出现或者持续出现逆向趋势，应该被视为某个方式需要得到控制和改善的证据。层叠在架构体系中推动绩效的各个条目可以总结归纳为：

①绩效数据层面。完善的绩效管理体系包括数据采集、数据统计和数据分析的过程。在数据采集过程中要符合 CRUCIAL（可采集、可报告、实用、频率性、改进、精确、逻辑）原则，统计方法科学，分析全面。

②流程层面。流程控制与改善对于推动绩效尤为重要。完善的业务流程保证操作的统一规范，覆盖所有渠道层面的服务。管理流程需要突出在管理的效率上，包括业务监控流程、人力配备与排班、绩效管理、知识管理。

③人员层面。技能确定、招聘、培训、薪酬、员工满意度、上下游客户满意度无不与绩效提升有着重要的关系。

通过以上各条目从不同层面上的推动作用，将可以带来如下帮助：

①提高客户满意度与服务质量。为客户提供优质满意的服务，将自己的品牌从质量逐步延伸至服务；创造服务美誉，增加品牌内涵。

②提高专业运营能力。改善呼叫中心相关运营机构的绩效，增强系统管理能力，促进科学管理，进行科学的战略规划与部署，确立最佳运营模式与运营计划。

③降低运营成本，提高收入。通过科学管理与运营水平的提升，最终达到节省成本与扩大收益的目的。

④提高运营效率。呼叫中心相关运营机构可以结合其特点，充分发挥自身的优势；通过多种手段与方式，为内部运营与管控带来更多直接或间接的效益。

上面四大方面，如果从财务和可否量化的角度来衡量，可以按以下维度总结：

目 标	量 化	非量化
财 务	1. 典型的可被改善的项目 a) 降低每单交易的成本 b) 提高新服务项目启动的及时性 c) 更高的准确率和一次解决率 2. 提高运营商绩效 3. 降低员工流动率	1. 增加现有客户二次购买 2. 减少重复工作以避免成本浪费 3. 为了保持认证就必须要保持持续的绩效
非财务	1. 提高客户满意度 2. 提高员工满意度 3. 降低客户流失率	1. 对于关键指标不需要反复调整其定义，以及如何使用这些指标的方法 2. 了解全球最佳的做法和方法 3. 持续地贯彻执行部门年度计划体系 4. 获得潜在客户的认可

4.5 现代绩效管理的四大要素

4.5.1 要素一：作业标准

作业标准可理解为绩效考评所设的标准，即优秀呼叫中心所需要达到的标准。如第二章中所提及的，从客户的角度来说，优秀呼叫中心的特征应该具备以下四个方面。

☆ 质量方面：准确率（如提供正确答案）比“软性技能”更重要，客户通常认为首次呼叫解决率是非常重要的。

☆ 服务速度：“快速接入”不如“准确性”重要，尽管如此，仍然有必要实现速度目标。

☆ 成本：成本会在服务速度与质量提高的同时得到降低。

☆ 收入：营利性的中心实现收入的增加。

CC-CMM® 标准中，绩效管理的目标是关注如何实现呼叫中心运营机构的战略经营目标、价值分配、内部运营管理效果。通过对结果的管理，管控整个流程的运作与改善，并通过考核标准化的指标达到预期的管理目的。要达到高标准，要求绩效体系中衡量的指标在过去一段时间跨度内至少有 50% 的时间段内达到目标，或者至少有 75% 的指标达标或持续改善。

在设计绩效管理和绩效指标的时候，需遵循以下原则：

① 明确提升绩效管理的策略重要性，强化绩效管理与策略规划的关系，同时整合绩效管理的重要流程与机制，使绩效目标能上下协调一致，拥有足够的资源实现绩效目标。

② 建立全面平衡的绩效指标，除评估财务绩效的财务性指标外，对于企业在创造财务绩效过程中的“过程性”指标，如内部营运、客户满意、组织学习等各指标，也必须做明确的定义与规范来确保企业平衡的发展，而能持续地创造股东最大的附加价值。

③ 掌握达到策略目标的各关键绩效指标并了解各关键指标与策略目标间的因果关系，使企业能借关键指标而达到最终的策略目标。

4.5.2 要素二：业务档案记录

指呼叫中心业务的文档记录。

（1）呼叫中心的报表

包括呼入话务报告、呼出话务报告、非语音业务报告、业务评估报告、技术评估报告和财务分析 / 人事变动报告。

1）呼入话务报告

☆工作量与话务流：总话务量、应答与放弃、人工应答与自动应答。

☆生产率与服务水平：服务水平、平均应答速度、放弃率、平均通话时长、平均话后处理时长、平均处理时长、平均持线等候时长、平均等候时长、阻塞率、一次呼叫解决率、呼叫转接率。

☆监控质量评价：平均质检成绩。

☆客户满意度指标与评价：满意度评价。

总话务量

总语音处理量

☆总呼入量：指所有打入呼叫中心的电话，包括 IVR 服务中的阻滞、异常中断、已经应答或中途放弃的电话。

☆总呼出量：通过操作系统打出呼叫中心的所有电话。

关联因素：

◎总呼入量：呼叫中心容量、话务量异常

◎ IVR 服务：重击下数量、IVR 结构

◎ ACD 服务：人员配备、人员技能、“超短放弃”

总非语音处理量：Email、传真、短信、邮件等

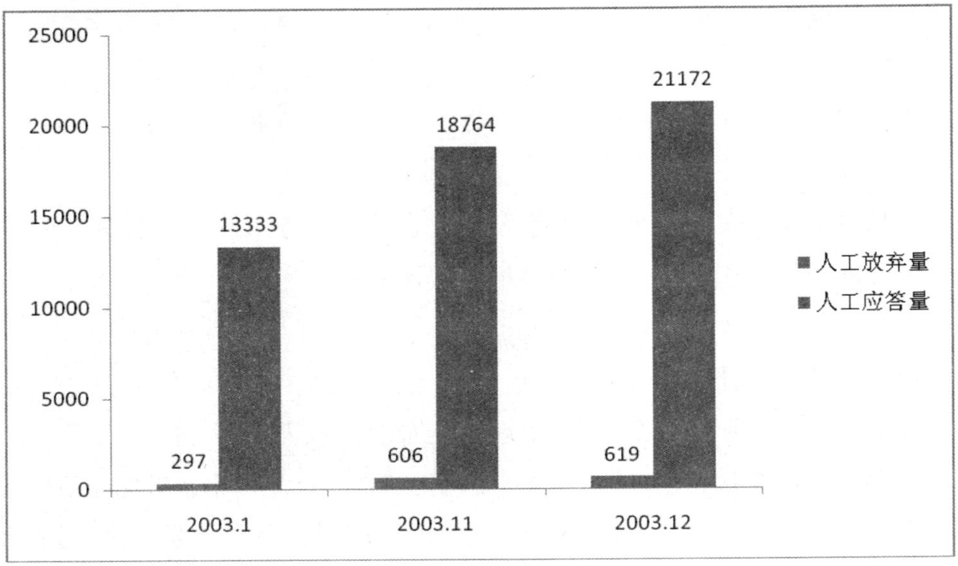

图 5. 放弃量与应答量对比图

服务水平

在 X 秒内应答的电话数与所接入的电话总数之间的百分比。

关联因素:呼入量、应答速度、处理时长、人员配备、人员技能（业务知识、服务技巧)、操作系统。

改进措施：服务水平是衡量呼叫中心服务能力的重要指标，也是既影响客户满意度又影响呼叫中心成本的关键指标。呼叫中心在制定这个指标时，需要衡量满意度和成本之间的关系。如果指标定得过高会耗费呼叫中心大量的资源，过低会造成客户等待时间过长，影响客户的满意度。座席数量的配置与服务水平直接相关，质量管理者要随时关注服务水平状况，及时进行座席数据调配，以使呼叫中心在保持适当客户满意度的基础上尽可能地降低成本。

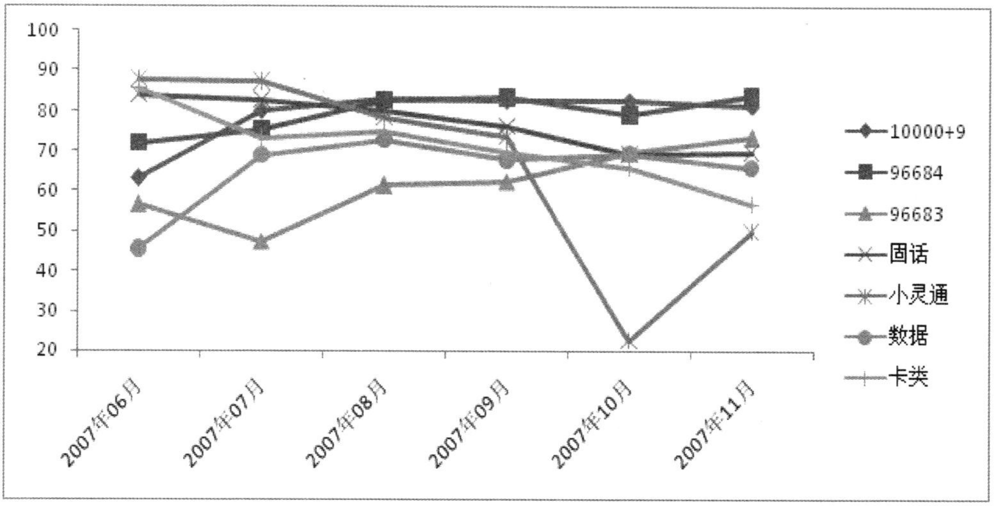

图 6. 服务水平图例

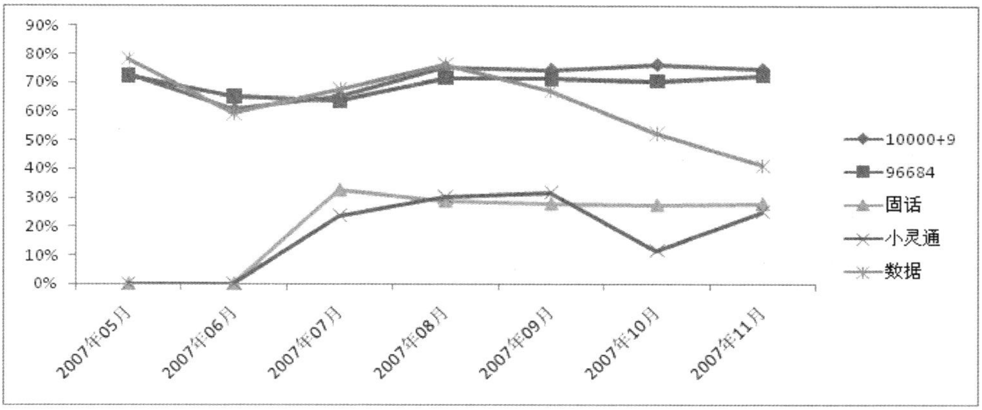

图 7. 持续服务水平图例

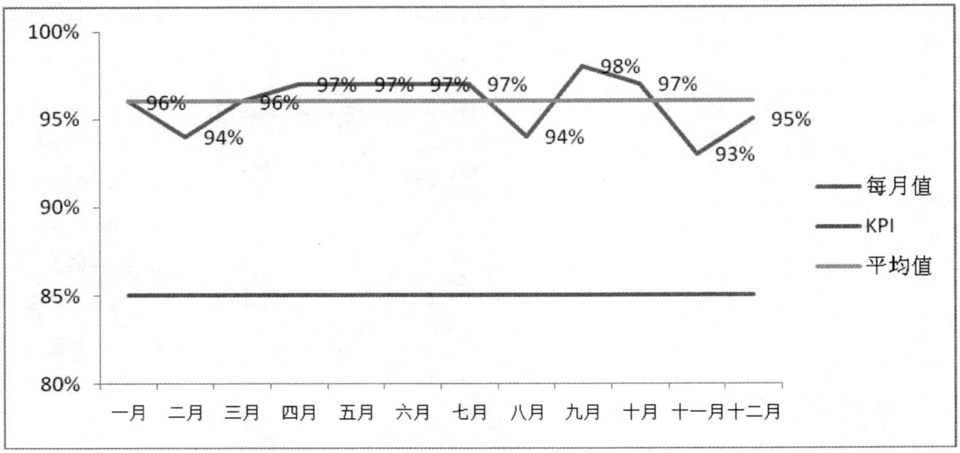

图 8. 服务水平对比图

平均应答速度

指总排队时间除以所回答的总电话数

关联因素：呼入量、处理时长、人员配备、人员技能

放弃率

指放弃电话个数与全部接通电话数量的比率。

关联因素：呼入量（突发、业务开展）、IVR 结构、人员配备、人员技能

建议：

一般而言，为了降低成本，谈话时间越短越好。

然而果断的交谈时间可能导致有些呼叫者不满，他们认为你没有认真倾听他们的问题或解决问题过于草率。

对于组长或主管级人员，不要用通话时长作为重要的考核指标。

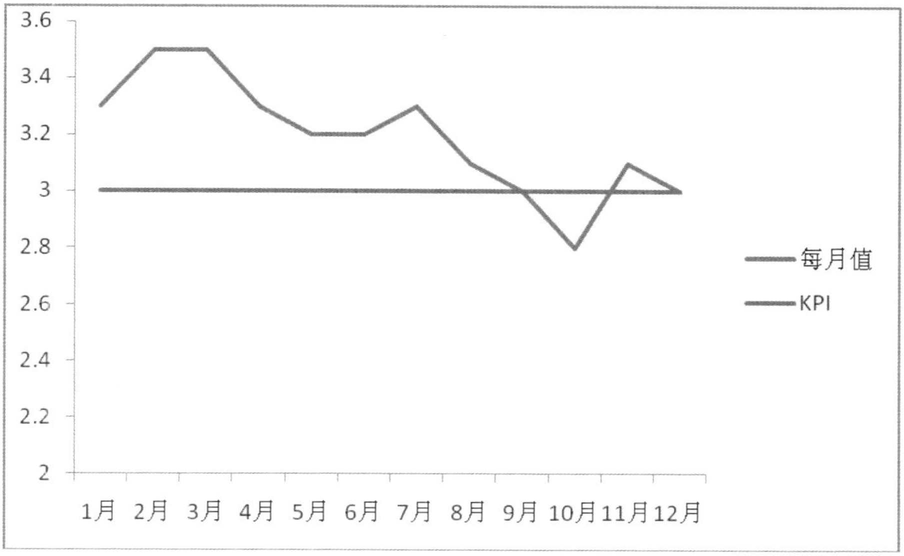

图 9. 平均通话时长

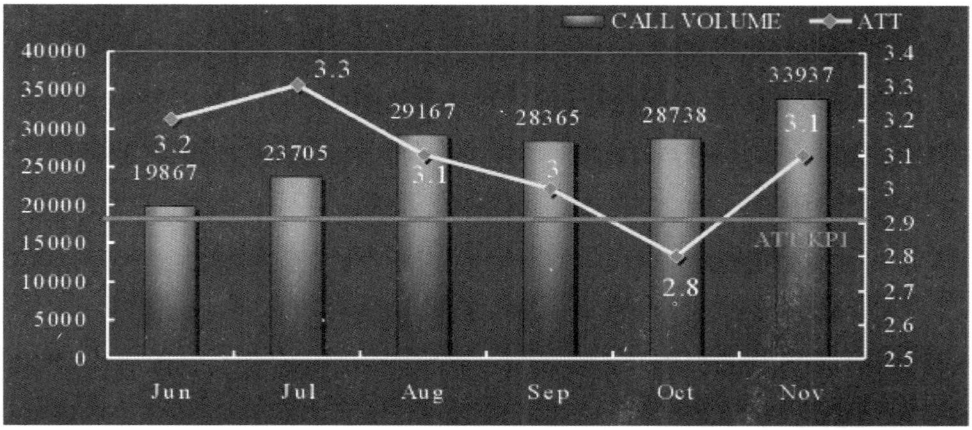

图 10. 来话量与平均通话时长

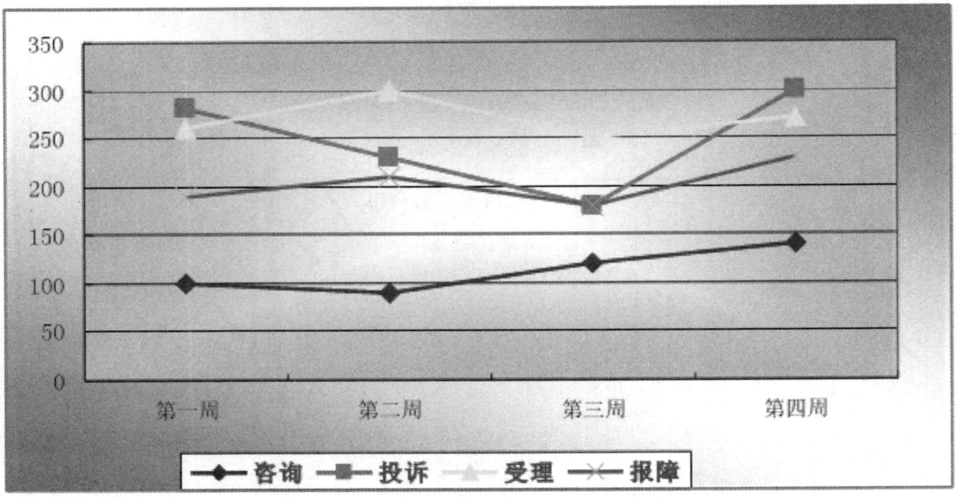

图 11 . 各技能组平均通话时长月报表

平均话后处理时长

在统计周期内，客户服务代表处理一通电话后续工作所需的平均时间。

关联因素：记录信息内容、人员技能、服务类型。

建议：把呼后处理所需的动作都做一遍，认真观察并评价每个动作，看是否所有程序都必需；鼓励座席员在通话时做好信息处理工作，减少处理时间。

图 12．平均话后处理时长（秒）

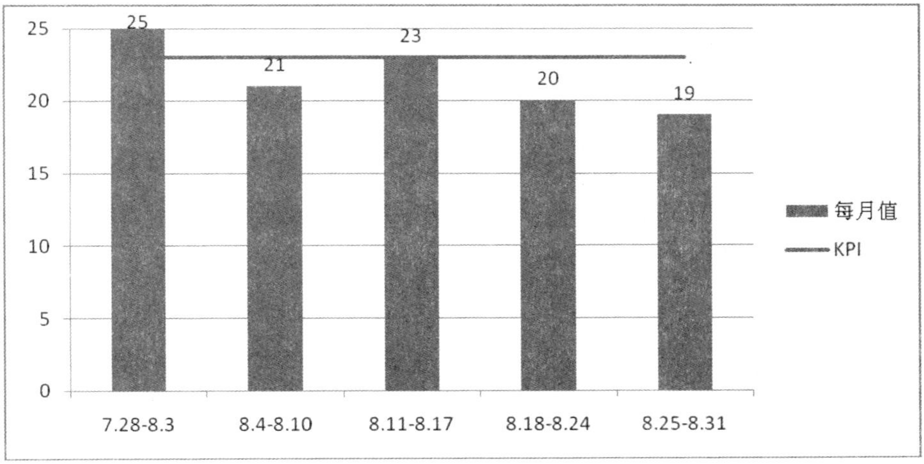

图 13．平均话后处理时长阶段比较图（周）

平均处理时长

在统计周期内，客户服务代表处理一通客户电话的平均时长。包括通话时长与话后处理时长。

关联因素：呼入量、人员配备、人员技能、服务内容、业务开展。

改进措施：平均处理时间是衡量呼叫中心单通电话处理速度的重要指标，它的高低直接与呼叫中心员工的工作能力相关，影响呼叫中心的成本。呼叫中心在关注平均处理时间时，要分开分析谈话时长、持线时长和后处理时长。谈话时长过短可能不能有效解决客户的问题，产生座席应付客户的现象；谈话时长过长可能是座席的工作能力有问题，对于这个时间质量管理者要加强监控，调出录音仔细分析问题发生的原因。座席在后处理时间里主要处理与通话有关的事务，呼叫中心应该致力于减少后处理时长，以控制呼叫成本。减少后处理时长的主要措施有：加快座席的录入速度、优化座席操作系统使界面具有亲和力、操作简单，减少不必要的工作流程等。

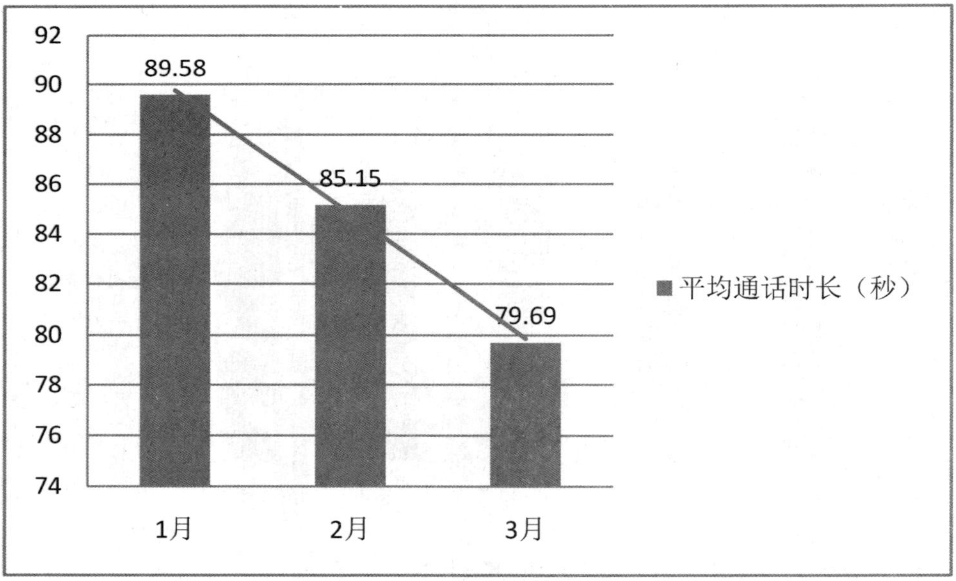

图 14. 月平均处理时长趋势图

请分析一下图 16，你了解到什么，哪些方面你要采取行动？

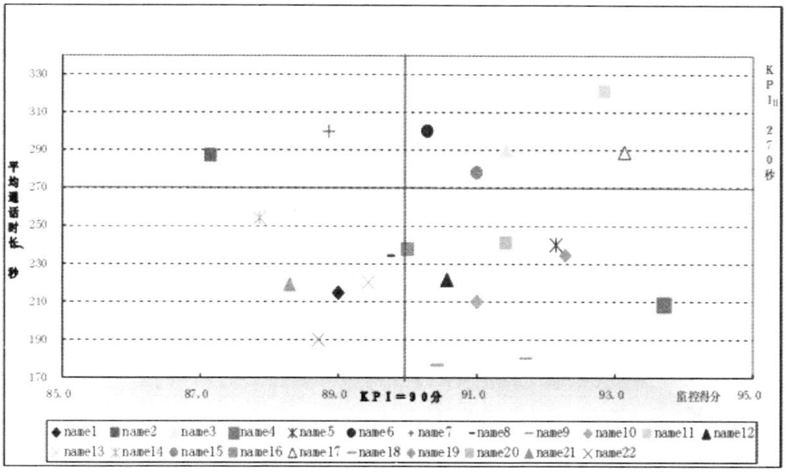

图 15. 平均通话时长分布图

平均持线等待时长

在统计周期内，客户服务代表需要客户在线等待的平均时长。

关联因素：系统设备、人员技能。

图 17 显示客户服务代表的日平均持线等待时间记录，也可做一个各项业务平均持线时长的对比图。如图 18，详细记录了每个座席员每项业务的持线时长。

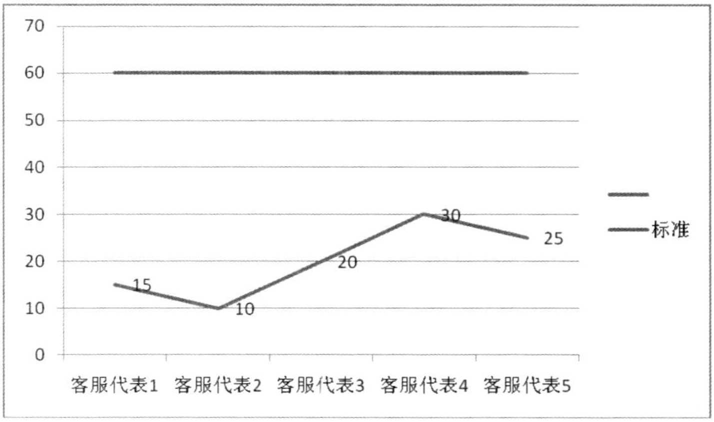

图 16. 客户服务代表平均持线时间

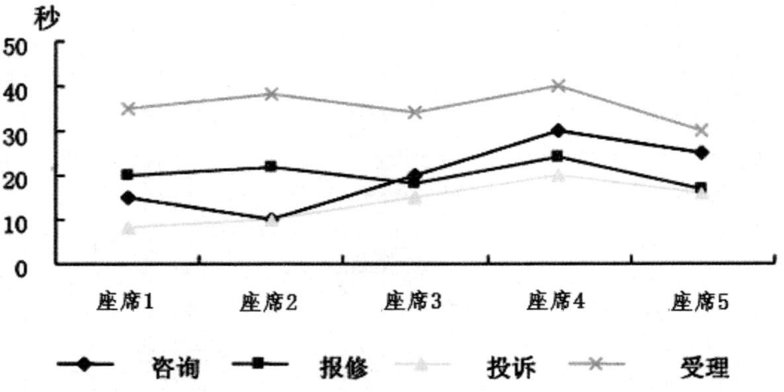

图 17. 各技能组平均持线时长

平均等待时间

指呼叫者被 ACD 列入等待队列后等待座席人员回答的时间。

ACD 能按照呼叫类型将所有到达中心的电话记录下来。

建议目标：排队时间在建立整个服务水平的总目标上是个关键因素，如果排队时间为零，意味着付费让座席员等电话到来，导致成本流失和缺乏效率。

关联因素：呼入量、处理时长、人员配备、人员技能。

建议管理措施：许多呼叫中心用可视布告板公布平均排队时间和排队呼叫者的数量，这是一种典型的实时公告的形式。

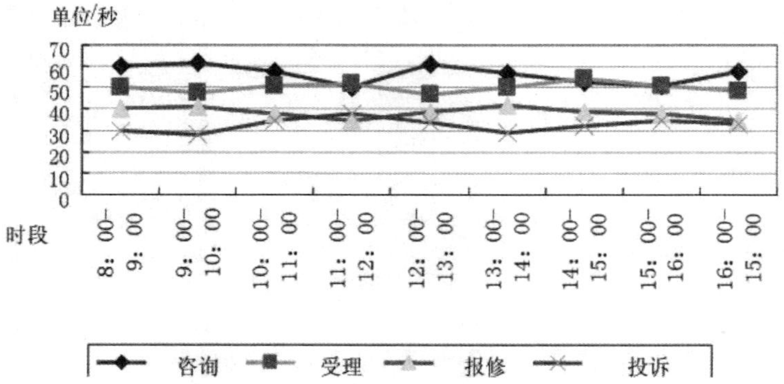

图 18 . 各技能组平均等待时间

接通率

指 IVR 终级服务单元的接通量与人工座席的接通量之和与进入呼叫中心的呼叫总量之比。

对于呼出式业务来说，接通率是指座席呼出电话后接通量与呼出电话总量之比。

数据来源：这些数据可以从呼叫中心的 CTI 中全部提取出来，进行分析统计。

行业标准：呼入式业务的接通率为≥ 80%，呼出式业务的接通率≥ 60%。

建议标准：呼入式业务的接通率≥ 85%，呼出式业务的接通率≥ 65%。

改进措施：呼入式业务是影响客户满意度的一个重要指标，与接通率相对应的是呼叫中心的客户丢失率，如果接通率过低，说明有很多客户无法接入呼叫中心，这会造成客户的抱怨。此时，管理者和质量管理者应该立即寻找接通率过低的原因，并采取改进措施。接通率过低一般由两种原因造成：一是呼叫中心的通信系统出现问题，导致系统丢失客户数据而使客户无法接入到 IVR 或是人工座席；另一个是相对呼入量来说，呼叫中心的座席资源过少。呼叫中心为了尽可能节省人工成本，会牺牲一部分客户，允许有一定时长的客户等待或丢失。但是管理者应该随时关注接通率状况，通过灵活调配座席资源，使其保持在规定的 KPI 值之内。

而对于呼出式业务来说，接通率是数据质量的一个重要体现，如果接通率过低的话，说明数据中有大部分数据的电话是错误的。接通率过低会浪费呼叫中心的时间资源，从而会浪费呼叫中心的人力资源。当呼叫中心的呼出接通率过低的时候，管理者应该立即分析接通率低的原因。如果可以排除呼叫中心技术系统的问题，管理者就需要关注数据质量，分析数据质量，安排对数据库进行更新和维护，尽可能地保证数据的正确性，从而节省呼叫中心的外呼成本。数据更新的工作可以跟随每个项目的呼出任务同时进行，也可以安排呼叫中心的剩余人员进行数据核实，以保证数据质量。

阻塞率

指受到阻塞信号阻滞，没有到达 IVR/ACD 的呼叫电话的百分比。

该数据记录报告可从电信公司获得，应该每天检查一次。

建议努力将目标控制在 1% ～ 3% 之间。

关联因素：呼叫中心容量、业务开展。

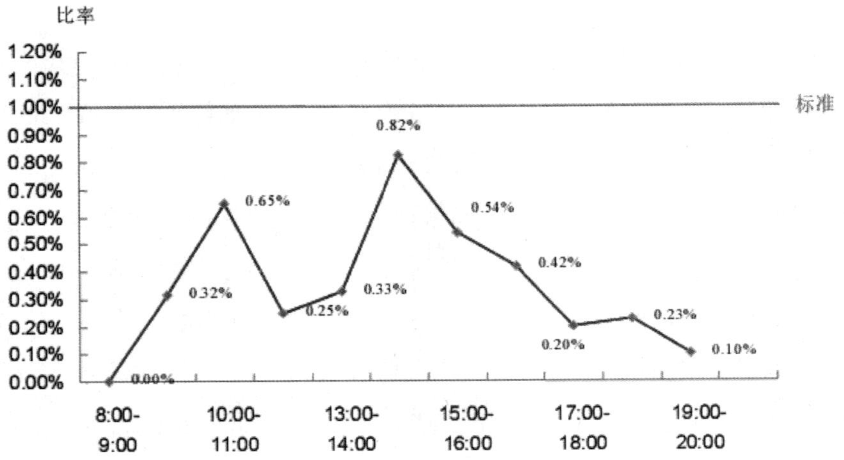

图 19. 各时段阻塞率对比图

一次解决率

统计周期内，客户服务代表不需要转交后台（其他部门）或再次回复客户的电话数量与人工接听量之间的比率。

关联因素：人员技能、业务开展。

有四种测量方法：

①系统决定：这是成本最低的测量方法。方法是从报表中计算客户没有重复来电的比率，一般是用三天内客户没有重复来电的比率，例如要计算 1 月 10 号的一次解决率，分母是 1 月 10 号这一天的客户来电数，分子比较复杂，是在 1 月 10 号这一天的来电客户当中，剔除掉 1 月 11、12、13 号这三天又再度打来的客户，例如 1 月 10 号打来了 1000 个客户，这 1000 个客户当中，其

中有 100 个在 1 月 11、12、13 号这三天又再度打来，一次解决率就是 900 除以 1000。

②客户决定：借由客户满意度调查，直接询问客户。通常我们在客户满意度调查中会问三种问题：你对这次服务满意吗、你对这次客服人员满意吗、你的问题被解决了吗。第三个问题就可以测量到一次解决率，例如你问了 100 个客户，其中有 90 个说问题被解决了，那一次解决率就是 90%。

③质检决定：质检员在评分时，多记录下来一个数据，就是“客户问题被解决了吗？”

④座席员决定：座席员在话后整理时，记录下来这通电话是否一次被解决。

这四种测量方法都不够准确，各自有各自的问题，建议至少用两种方法来测量，并且交叉比对，因为这一指标非常重要，却又很不容易测量，值得大家花功夫来详细调查。

改进措施：一次性解决问题率是影响客户满意度的重要指标，如果客户需要多次致电呼叫中心或是电话被多次转接后才能解决问题，客户就会对呼叫中心的工作能力和工作效率产生疑问，影响客户对呼叫中心的信任度。如果呼叫中心受企业委托为客户服务，客户也会对企业的服务能力和服务态度产生怀疑。另外，大量的回呼和转接会使呼叫中心成本大幅度增加。如果该指标过低的话，管理者需要对问题进行分析，并采取相应措施。指标过低一般有几方面原因：①座席业务知识或工作经验不足导致不能一次解决客户问题，此时管理者需要加强对座席的培训。②呼叫中心问题解决流程不能支持座席员一次性的解决问题，此时，管理者需要对流程进行分析并进行改造。

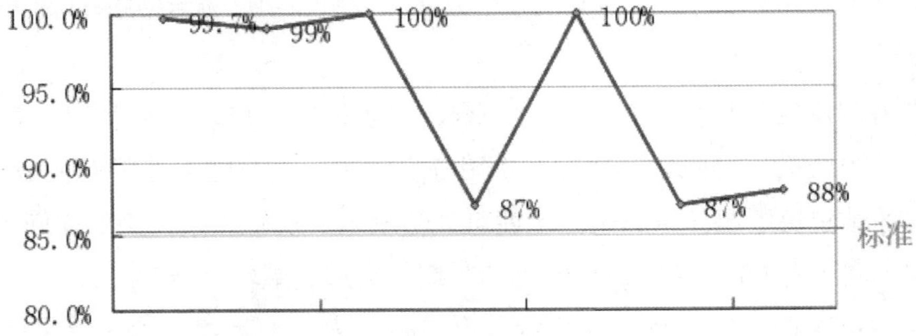

图 20．周一次解决率对比图

呼叫升级率

统计周期内，由接到电话的最初客户服务代表转给更高级人员受理事件的电话数与接听的电话总数的比率。

关联因素：业务技能。

看图 22，我们需要做什么？

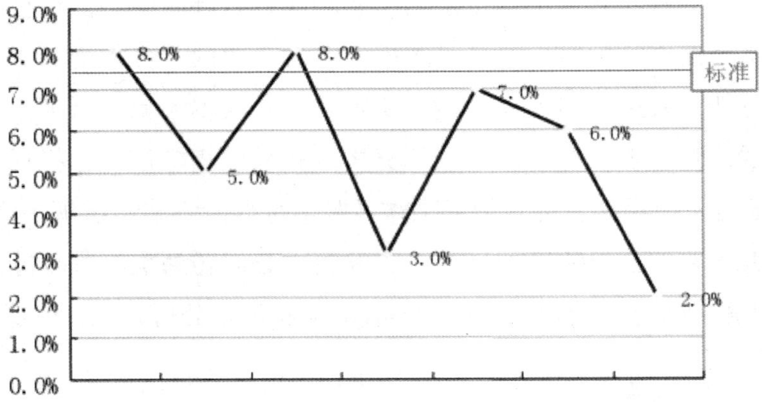

图 21．周呼叫升级率对比图

平均质检成绩

全部客户服务代表质检总分之和与客户服务代表总数的比值。

关联因素：人员技能、业务开展。

可评估的内容：开场白、倾听能力、引导能力、亲切感、礼貌/禁用语、提供正确信息、获得有用信息、确认资料的能力、控制能力、语音语调语速、记录准确性、有无虚假成分、改进意见、操作系统能力、背景知识、结束语。

请分析图23，哪些是优秀员工？

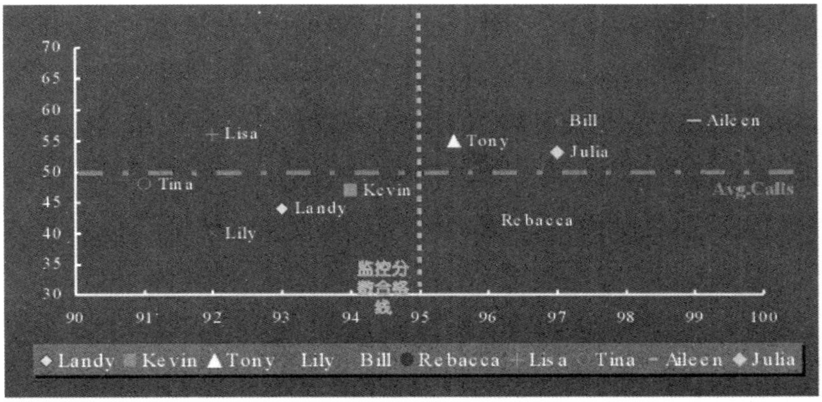

图22. 座席员质检成绩与接听量

客户满意度调查

呼叫中心是否有专门调查收集客户的满意度？

使用何种方式进行客户满意度调查呢？有信件、电话呼出调查、市场调研、IVR电话调查等方式。

客户给出的对服务满意或非常满意的比例。

一般设置的问题列表：

您是否接受过我们的服务？

您觉得与我们联络方便吗？

我们的接听速度还让您满意吗？

您觉得我们解决问题的速度如何？

总之，您对我们的服务满意吗？

您对我们公司/产品还有其他满意或不满意的方面吗？

建议：

调查要即时，抽样比例适当；

抽样时注意区别大客户和代理商；

问卷要简短明了；

提供的选择项要平衡，不可有误导；

一般设置五个选项：非常满意、满意、一般、不满意、非常不满意；

允许客户描述具体细节；

对于客户的抱怨，要注意区分是否为偶然事件；

如果客户表示满意，感谢他就可以了；

如果客户表示不满意，则要重点分析和评价。

改进措施：如果出现客户对于服务结果不满意，质量管理者需要与客户进行深度的访谈，对客户的服务需求进行再分析和设计，制定严格的项目执行计划和控制方案，确保项目保质保量保时地完成。客户的满意度对于呼叫中心来说尤其重要，是呼叫中心的主要收益来源，呼叫中心的管理者和质量管理需要努力使服务超越客户的期望，深度开发客户的业务需求，提高客户的忠诚度。

2）呼出话务报告

工号	姓名	共呼	成功联系	成功联系率	完成量		个人总工时
					数量	效率	
XXXX	Name1	395	321	81%	289	5.9	49
XXXX	Name2	477	286	60%	212	5.3	40
XXXX	Name3	445	235	53%	222	5	44
XXXX	Name4	290	184	63%	151	5	30.5
XXXX	Name5	526	326	62%	268	4.8	56
XXXX	Name6	485	288	59%	246	4.7	52
XXXX	Name7	426	317	74%	259	4.6	56
XXXX	Name8	427	255	60%	223	4.6	48.5
XXXX	Name9	342	241	70%	197	4.5	43.5
XXXX	Name10	362	228	63%	210	4.5	46.5

图 23．外呼人员效率表

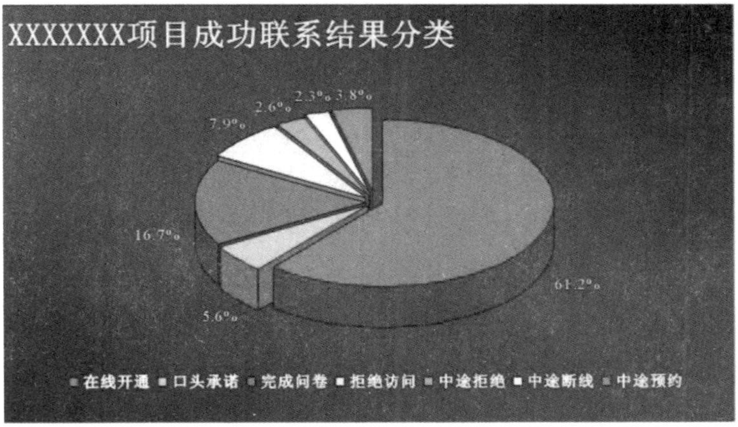

图 24．呼出成功联系分类图

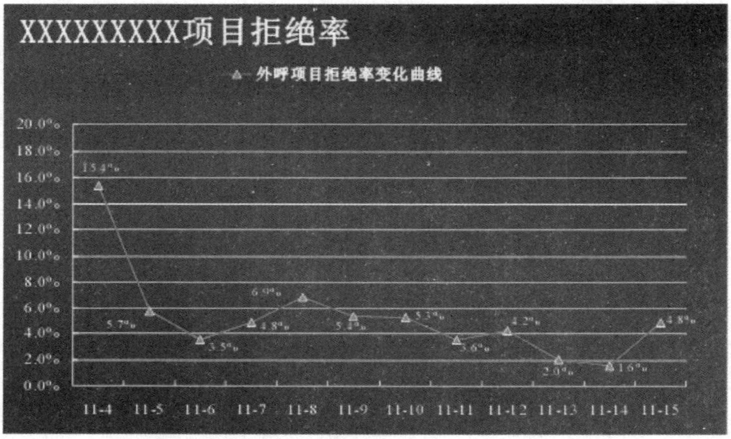

图 25. 外呼项目拒绝率分析图

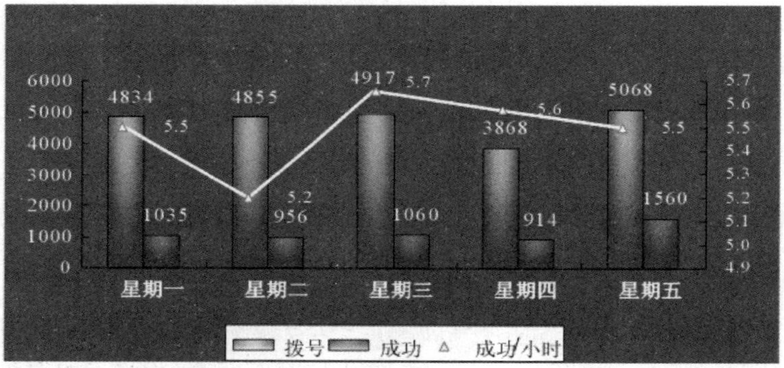

图 26. 呼出量和成功量及通话时长统计图

3）非语音业务报告

非语音业务包含的内容有：Email、信件、传真、短信、网络

对于非语音业务，最重要的度量指标为：

☆ 及时（On–Time）

☆ **积压**（Backlog）：已经收到的但是在定义的周期时间内还没有处理完成的业务。相对于准时率从广度（延误项目的数量）上衡量业务的延误情况，积压是从时间深度上衡量延误。对于电话交易，积压可以指已经收到但是还

没有处理的电话量。对于非电话交易,积压必须对积压项目的延误期分类计算。

☆ **准确度**（Accuracy）：又称为“业务准确率”，特指呼叫中心运营机构业务的整体质量，通常以正确率或缺陷率来衡量。准确率是影响最终用户满意度的重要因素,也是质量管理中的重要概念。它可以通过抽样的方式来衡量,以正确百分率、缺陷百分率或百万分缺陷率来表示。

对及时和处理周期的要求

☆ 必须对处理周期做明确的定义。

☆ 对及时的考核，必须收集全部数据。

☆ 对及时的数据必须进行每日检测和每月分析。

☆ 对及时的测量，必须关注两点：是否处理和处理的内容。

☆ 对及时中所考核的数据的结束时间必须做清晰的定义。

对积压的要求

☆ 对于非语音业务的处理，该测评必须包括滞留时间 Aging，使用适当的 Bucket（木桶）来为未完成工作的滞留时间分级。

☆最先的木桶不能比处理周期的要求更长。例如，如果处理周期的要求是 2 天，积压的第一个木桶必须是“晚了 0 ～ 2 天”。

☆ 积压数据必须从收集的全部数据中得来，不允许使用抽样。

☆ 所有积压必须每天管理，用“平均延迟天数”衡量，并进行每月分析。

☆“平均延迟天数”可以用月末小结衡量，或对每日小结累计进行每月平均衡量。在该计算中不包括“没有延迟”的项目。

对准确度的要求

☆ 对准确度的相应指标是“正确比例”、“误差比例”或“每百万误差部分”。

☆ 准确度数据可以抽样；所有准确度数据必须进行每月分析。

☆ 可以根据以下两点记录错误。

◎ 机率：如在一封电邮中可能有 10 次机会出现误差；

◎ 单位：如在一封电邮中存在一个错误意味着所有电邮有误。

非语音业务处理周期的国际标准：

交易类型	完成的最低时间标准	完成的最高时间标准
电子邮件	几天到无限期	1 小时以内
传真	3 天	3 小时
语音信箱	第二天	1 小时以内
邮件	3 天	同一天
微博		
Web 实时聊天		

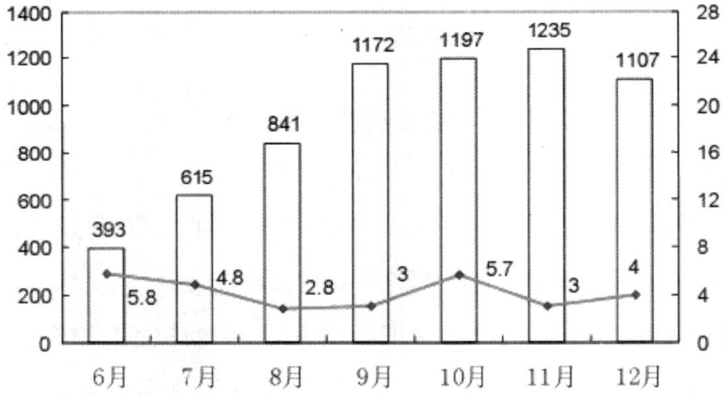

图 27 . Email 数量与平均处理周期图（示例）

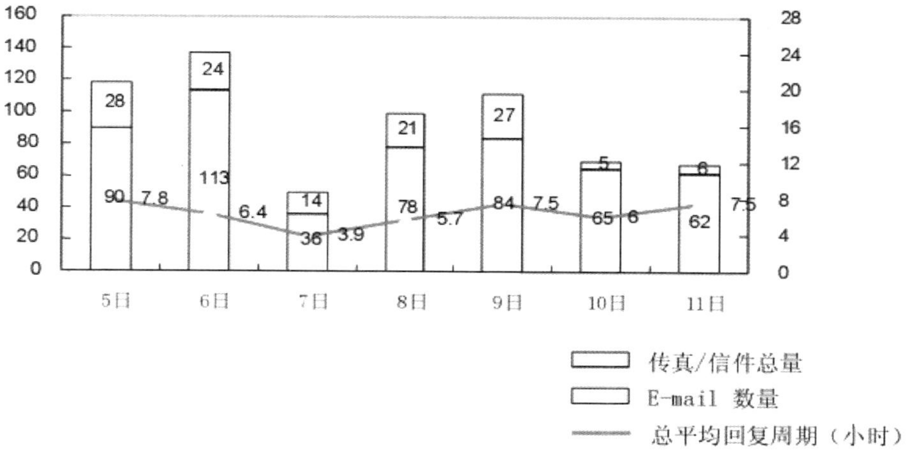

图 28. Email、传真和信件数量与平均处理周期图（示例）

4）**业务评估报告**

作为客户关系管理的接入口，呼叫中心的数据报告可以作为公司运营状况的晴雨表。业务评估涉及公司业务的方方面面。

业务评估人员需要有资深的行业背景、敏锐的数字洞察力和逻辑推理与问题追踪能力。

☆ 呼叫中心内部报告：业务量和业务趋势监控、业务品质评估。

☆ 阶段性总结报告：业务状况总结、业务趋势预测。

☆突发事件报告。

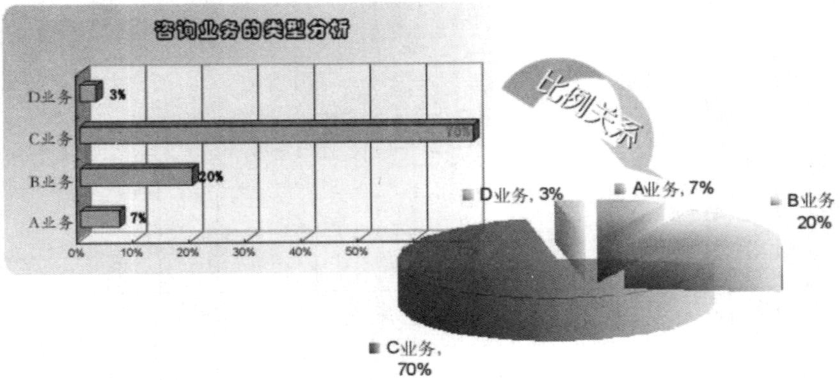

图 29 . 咨询业务分析图

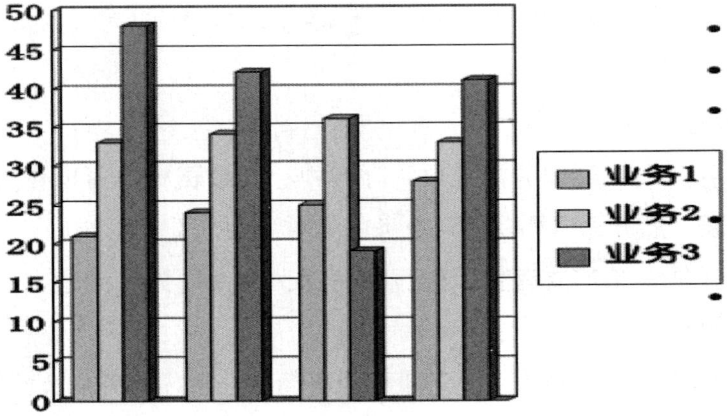

图 30 . 季度业务量变化趋势图

从图 33 可以分析得出：

☆ 业务 1 呈持续增长态势。

☆ 业务 2 保持稳定。

☆ 业务 3 第三季度受季节性影响大幅下滑；目前已经恢复到正常水平。

☆ 业务 2 与业务 3 之间是否有关联，尚待观察。

☆ 预计下一年中期，业务 1 将超过业务 2。

5）技术评估报告

系统：异常情况、维护情况。

座席：利用率。

设备：设备数量（电话、电脑等）、维护情况。

6）财务分析/人事变动报告

平均单呼成本：某段时间内中心的全部费用除以这段时间接听的所有电话数，包括座席员和IVR接听的全部电话。

关联因素：人力成本（工资、福利等）、接听电话数与呼出电话数、固定资产摊销、办公费用摊销、营业费用摊销。

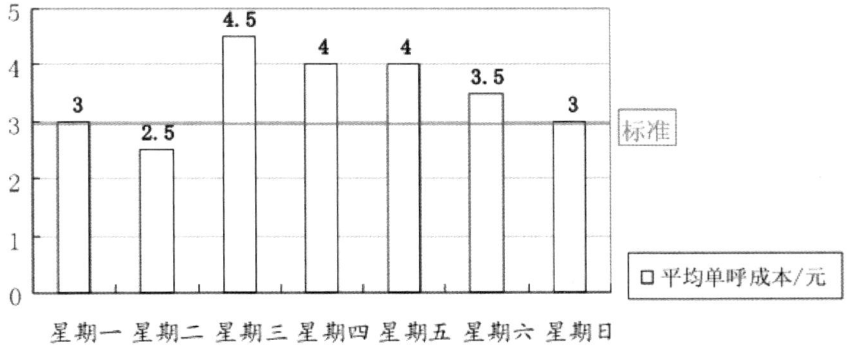

图31. 平均单呼成本周报（示例）

	一组	二组	三组	备注
辞职	2	1	1	
辞退	0	1	0	严重违反流程
转出	1	0	0	转往三组
转入	0	0	1	转自一组
招聘	7	2	0	6月5日上岗
升职	0	0	0	
总变化	10	4	2	

图 32. 人员变动分析图（示例）

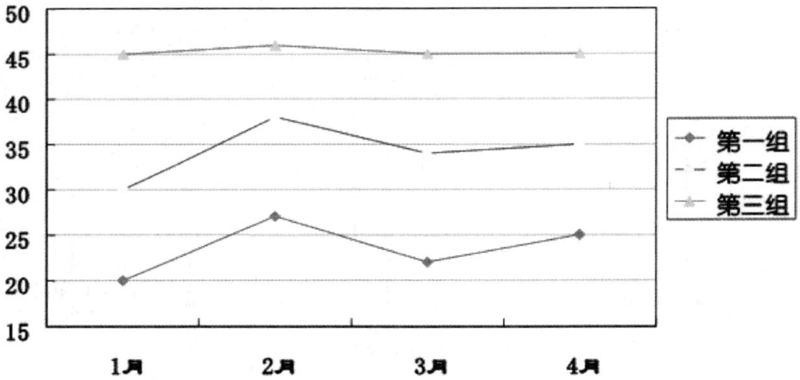

图 33. 工作组人员变动图（示例）

(2) 各类报表要求

1) 日报

日报内容包括：

☆ 日来话量及主要生产率数据报表

☆ 服务水平

☆ 日来话量分析图

☆ 人员在岗情况及工作表现

注意事项：

☆ 日报要每日定时提交

☆ 及时反映当日来话及生产率情况

☆ 对重要指标实时监测

☆ 保证呼叫中心正常运作

☆ 对意外 / 非正常情况第一时间发现并处理

	数据
总呼入量	843
ACD	523
IVR	319
放弃量	9
放弃率	1.1%
服务水准（20秒钟）	99%
平均应答速度（秒）	5.2
平均通话时长（分）	2.3
平均后处理时长（分）	1.2
单一Agent每日接听量	96

图 34. 日报（示例）

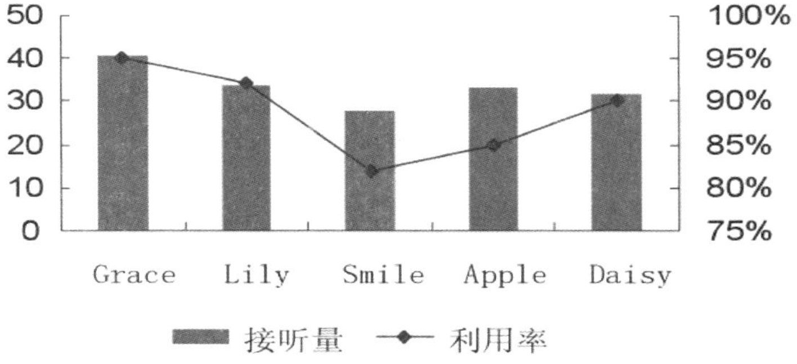

图 35. 人员在岗情况（示例）

2）周报

周报内容包括：

☆ 来话量周统计图

☆ 应答率周分析图

☆ 业务受理分类图

☆ 客户满意度 / 投诉分类图

☆ 问题提交率周分析图

☆ 客户服务代表接听来话准确率分析图

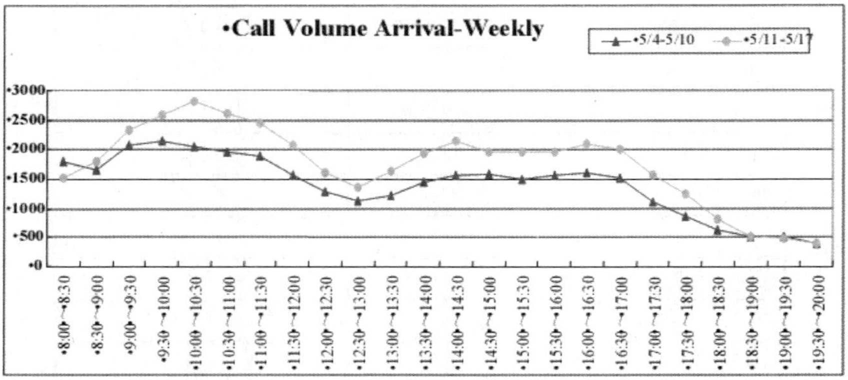

图 36．周来话量分析图

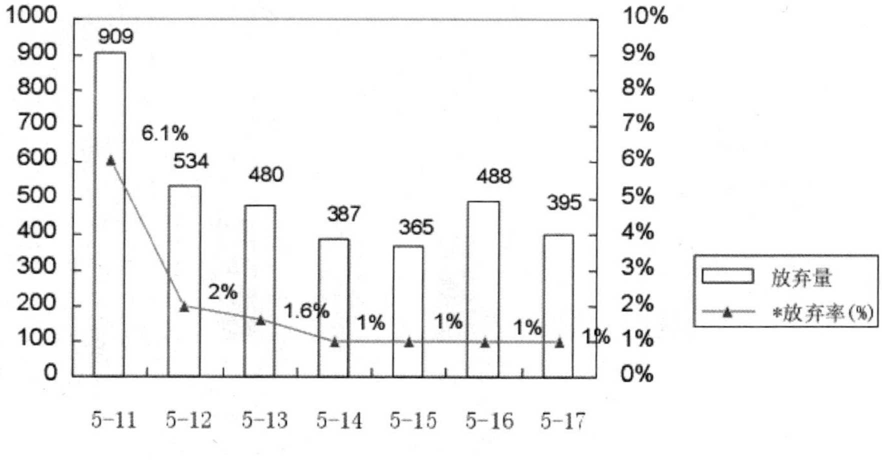

图 37．周放弃率分析图

业务分类	小灵通	IP业务	长话业务	固话业务	SP运营商	合计
投诉量	323	288	277	196	201	1285
所占比例	25%	22%	22%	15%	16%	
回复量	277	250	240	177	182	1126
回复率	86%	87%	87%	90%	91%	88%
满意度调查用户量	220	160	140	100	120	740
满意度调查投诉量	24	19	19	11	11	84
满意度	89%	88%	86%	89%	91%	89%

图 38. 周投诉情况分析图

3）**月报**

月报内容包括：

第一部分，呼叫情况与热点问题分析，包括：

☆ 呼叫量数值分析

☆ 日来话量分析图

☆ 周应答率月分析图

☆ 周 ACD 呼叫量与投诉量分析图

☆ 业务分类分析图

☆ 投诉分类分析图

☆ 本月热点问题分析

第二部分，CSR 表现与培训分析，包括：

☆ CSR 表现月评估

☆ CSR 考核月评估

☆ 现场管理情况报告

☆ 再培训情况报告与分析

☆ CSR 考核成绩表

第三部分，系统运行情况报告，包括：

☆ 系统运行情况月报告

☆ 前台日常工作异常情况报告

☆ 后台日常工作异常情况报告

☆ 加班情况报告

4.5.3 要素三：考评体系与考评标准

(1) 什么是基准测试

根据国外专业的研究报告分析，导致呼叫中心失败的一个主要原因就是服务水平和质量检测结果缺乏一个科学的参照系。作为参照体系的核心，服务的基准测试是呼叫中心日常管理中最重要的一个环节。那么,什么是“基准”，基准测试的作用又是如何体现的呢?

基准（Benchmark）是一种性能的标准或一个参考点，采用基准测试，可使呼叫中心运营管理者获得相对性能或指针的一个理解基点。基准明确描述出为了达到目标所需要的基于知识的行动计划。

基准测试通过大量收集各行各业的呼叫中心运营的性能参数指标，给出这些参数指标的平均值和最佳值。任何一个参加测试的呼叫中心可与之比较，从而知道自己的呼叫中心的运营处于何种状态，与同类型呼叫中心的最佳水平相比存在的差距。基准测试的最终目标是制定出在今后的运营中改进和提高的方法。对一个产业而言，基准测试是确定产品或服务在产业中的位置，并找到改进方法的最佳实践，它能够最终为那些提供产品或服务的企业带来杰出的性能。

对呼叫中心而言，建立基准不是一个科学过程，而是一种方法学，它帮助你确定和描述呼叫中心的工作流和过程。然后与其他呼叫中心类似的行为进行比较，获得关键指针，如哪些工作正常，哪些需要改进。对于复杂的系统，如果单独评价，很难定量描述它的性能或工作状态。通过基准测试对各种相似的系统进行比较（针对多种采集到的数据），可以了解系统的相对性能，发现存在的问题。

（2）为什么要进行基准测试

基准测试的理念相对比较简单：即通过学习其他呼叫中心（包括国内和国外）的先进经验，对照自身的运营状况而进行有效的调整。

通过基准测试，可以使呼叫中心运营管理者对呼叫中心产业有更深、更专业的理解，可帮助其清晰地寻找到可以改进的地方；寻找哪些方面还可以节省成本并进一步提高效率；同时对呼叫中心运营各方面的表现进行客观的评估并测试先前改进的工作是否成功。

基准测试，是呼叫中心管理重要的一环，它可使呼叫中心在最短的时间内把不同范畴的问题、缺点找出来，更可借鉴其他呼叫中心的成本和效益管理的指针，结合改善服务表现和生产力，使之能在最低的成本下，提供最专业、最高效益的客户服务，为发展呼叫中心产业打下坚实的基础。

呼叫中心基准测试方法有两种是最广泛使用的，分别是竞争化基准测试和过程化基准测试。如果我们希望确定自己的呼叫中心在同一领域中的性能比较和级别排名，可以采用竞争化基准测试的方法。使用竞争基准测试，就可以将本企业呼叫中心的性能与同类的竞争对手直接比较。过程化基准测试则是在全产业范围内测量对呼叫中心性能起着重要作用的过程和实践。这类基准测试只是确定出最优化的实践，而不考虑在同类产业中的排名，它着重于进行彻底的过程性研究，并且在呼叫中心中将最优化的实践加以应用。

基准测试不是简单地复制或获取呼叫中心日常运营中的一些片段，更不是带有间谍色彩地去“窥测”企业的商业秘密。此外，基准测试也不是一种能够快速和简单完成的任务。

在呼叫中心基准测试中经常会提到的“最佳实践”的概念，是指在特定行业内，一种商业实践胜过其他所有商业实践的意思。换句话说，就是没有其他的企业或组织能够做得更好。最佳实践可以通过在企业或组织的内部创新中获得，但是在很多情况下，很可能这些创新已经被发现并在其他地方实践过。

因此，为了在呼叫中心中获得最佳实践，我们都会希望能超越自己的企业或组织，看看其他人是怎样做的。这就如同一个人长期呆在房间里，忽然有一天推开房门发现外面的世界其实很精彩。基准测试就是一种帮助我们完成这一工作的方法学。值得注意的是，当进行基准测试时应尽可能选择那些好的同类型企业进行基准比较，因为如果我们与一般性的合作伙伴做基准测试时，可能会改进一些性能，但是永远不会达到最高的境界。这一概念最早是源自于对竞争对手的产品和流程做反向工程，它是施乐公司在影印机市场上增加国际竞争能力的一个主要战略方法。难能可贵的是，随着时间的推移，施乐公司不但自己进行基准测试，而且还愿意与其他公司共同分享他们在基准测试上的成功经验，这使得基准测试的概念逐渐得到了认可和推广。因为通过正确的实施，将可以使企业取得杰出的效果和业绩，在竞争中立于不败。

(3) 基准测试的范围

1）呼叫中心成本

☆ 人力资源的成本，如客户服务代表的工资、福利、招聘、筛选及培训

☆ 系统集成成本

☆ 系统设备和软件

☆ 通信设备

☆ 场地租金及各项开支

2）呼叫中心效率表现的指标

☆ 平均排队时间

☆ 平均通话时间

☆ 平均事后处理时间

☆ 平均呼叫放弃率

☆ 平均放弃时间

3）呼叫中心效益表现的指标

☆ 客户满意度

☆ 无需转接的“一站式解决”服务百分比

☆ 投诉率

☆ 成功销售率

☆ 平均呼叫销售价值

☆ 客户服务代表平均销售总额 (每年 / 每月计)

4）人力资源管理表现

☆ 主管与业务代表比例

☆ 业务代表流失率

☆ 招聘业务代表费用

☆ 业务代表工作效率

☆ 业务代表出勤率

☆ 新入职业务代表的培训费用及时间

5）呼叫中心技术支持程度

☆ 自动排队 (ACD)

☆ 自动语音应答 (IVRS)

☆ 自动电话集成 (CTI)

☆ 自动数据化录音 (Digital Voice Logging)

☆ 预拨功能 (Predictive Dialing)

☆ 来电号码显示 (ANI)

☆ 呼叫电话号码识别 (DNIS)

☆ 自动服务路由分配 (Skill-based Routing)

☆ 智能路由

对于以上的每一个区域，都会有许多相应的具体测试指标。通过这种综合性的评测，可以全方位地显示出呼叫中心的总体运营水平。然后可以将自己的这些指标和世界级的或特定行业中最优秀的呼叫中心进行比较，明确地知道自己所处的级别和状态。

对于国内大多数的呼叫中心，基准化评测目前还是一个空白。人们还远远没有意识到要定期地对呼叫中心进行全方位的测试，以便知道自己的差距并获得宝贵的经验。也许现在这一概念还略显超前，但相信在不久以后，它会被人们逐渐接受并采用。因为呼叫中心毕竟不是仅靠技术设备就能完成的，它需要的是正确的运营和管理，而采用基准化评测确定出最好的实践方法将是一种必不可少的手段和技能。

(4) 基准测试的10个步骤

1）确立基准测试的范围和目标值

这样，可保证在整个基准测试过程中研究和关注的都是最重要的问题。在基准测试中容易忽视的一个常见错误就是在测试过程中同时研究的因素或参数过多，产生大量的数据，从而无法得出最后的、可实际操作的结果。从时间跨度上说，最好是能将基准测试的范围限制在90天内完成。因为如果测试的过程拖得很长，容易使人产生厌烦的心理，并且所收录的数据也不会精确地反映出某个时期的情况。

呼叫中心的基准指标有很多种，它们分别反映呼叫中心不同方面的情况。基于运营管理的不同要求和行业、应用的差异，管理方面的侧重也有所不同。如客户服务中心关心的主要是客户的满意度，而一个外包呼叫中心运营商所关心的也许就是每次呼叫的成本。根据呼叫中心的管理目标设定基准项目是一项至关重要的工作。它需要对呼叫中心的管理有丰富的经验，对应用有深刻的了解，而且考虑到数据的采集及执行的可行性，还要对技术平台有一定了解。

标准值的设定是为呼叫中心的管理定好一个目标，一般来讲，这个目标的设定要结合自身的需要，符合管理层的经营理念，同时可以以行业的平均值作为参照，结合呼叫中心的自身状况，确定呼叫中心的标准指标。做好了这一步，就可以保证呼叫中心的运营管理朝着既定的方向运作，也就保证了每一项措施都符合整体营运目标。

2）确立基准测试的参考呼叫中心对象（除了国内的，可包括一些国外的，视其数据的参考性和适用性）

在组建了一个专门负责基准测试的小组后，应该首先列出所有可能的公司清单，并且彻底研究这些公司，逐渐缩小清单的范围，做出选择，这也是一项真正的挑战。实际上在很多时候，我们也许不想或不能与自己的直接竞争对手做基准比较，作为替代，可以与类似的同类型公司做基准测试。例如，一个柴油发动机制造商可能想与一个芯片制造商做基准测试，因为每一家公司都在生产和销售“引擎”，它们都是其公司产品的核心。

3）收集参考呼叫中心对象的数据

数据收集汇总就是针对已经确定的基准指标的项目在实际的呼叫中心运营管理当中进行逐项的数据采集，并通过统计计算等方法做成各种统计报表，可以表示呼叫中心的运营状态。这一过程可以同时在企业内部和外部进行。利用商业数据库，可为我们带来方便的检索和竞争对手资料，诸如公司的历史信息、产品发展和工业信息等，都是需要重点收集的。

在这项工作当中，最重要的是要进行数据格式的转换。要知道，每个呼叫中心的运营管理的参数指标都不尽相同，那么就需要将现有的指标和已确定的基准指标进行比较，取得我们需要的数据。

4）分析数据

通过分析所收集到的数据，会使我们看到自己企业的呼叫中心运营状况与所在行业中最好的企业之间的距离。

5）估计未来的表现趋势

在当前市场经济不断发展的环境下，企业间的竞争不再是静止的，而是随时都在发生变化。这意味着一个企业要想在竞争中立足，取得成功，就必须对企业的发展战略进行超前性规划。它需要分析和理解产业发展的趋势，了解自身和竞争对手的变化速度。基准测试的这一步骤，可以使我们得到的结果不致过快失效。

6）向相关管理部门传达测试结果

能够使得通过基准测试得到的结论被企业的其他部门所接受，在一定程度上是一项挑战。因为经过基准测试后，肯定会得出一些今后需要改进的结论，而这些改进光靠呼叫中心部门的努力是不够的。当我们把这些测试结果与其他部门进行沟通时，可以增加获得其他部门相关主管人员认可的可能性，并且更重要的是，那些被要求做出改进的其他部门的员工也会变得容易接受。

7）确立未来目标

在获得基准测试的结果和改进策略后，测试小组必须能够提出要达到改进目标的建议和具体的改进措施，以最终使得呼叫中心运营上台阶，达到一个新的性能等级。

8）建立改善行动计划

对于需要完成的改进目标任务，要制定出详细的计划，在每一项中都应该包括指定人员和实施期限。负责每个过程的所有人员，都应参与改进计划的制定。

9）实施改善计划

这一步通常由一个实施小组和其管理人员共同执行，这是一个关键性的步骤。主要的工作包括在新的性能等级下采集数据，调查问题，并且在目标不能达到时，及时地对改进计划和过程进行调整。

10）重复第 1 步骤

在我们完成原先设定的指标，并通过改善对策达到预期效益后，在管理能力相对提高的同时，自然能将原先的标准值进一步提高。只有这样，呼叫中心的管理才能够保持一个持续的发展，从而达到管理效率不断提高的目的。在所有指标都达到标准值时，我们会看到，呼叫中心的管理水准会比前一阶段有了整体的提高。长此以往,呼叫中心的管理就会在不断提高的道路上走下去。

呼叫中心处在一个不断变化的市场经济环境中，其所处理的业务或服务的客户也可能在日新月异地变化着，就基准测试来讲，不是做一次就行的，而是要根据实际的变化不断地进行。至于多长时间做一次基准测试，则取决于所处的环境变化有多快。

(5) 分析基准测试数据

当呼叫中心得到基准测试数据后，加以分析和定下改善的计划才是整个基准测试的意义所在。以下是 Purdue 大学 1999 年基准测试研究报告的部分内容，显示了美国分布在 15 个不同行业的呼叫中心的基准测试数据。

量度项目	中位数值	平均数值	标准分布	被测呼叫中心
排队时间（秒）	25.0	36.0	40.5	×
通话时间（分）	3.3	4.3	3.2	×
等候处理时间（分）	1.2	3.2	8.8	×
呼叫放弃	4.3%	5.4%	5.1%	×
“一站式解决”呼叫	83.0%	78.3%	20.3%	×
CSR 工作效率	80.0%	76.0%	16.7%	×
出勤率	92.0%	86.2%	19.7%	×

4.5.4 要素四：考评、评定与考评表、考评过程

考评的整个过程，包含了绩效数据的来源、指标评估以及成果。

反映呼叫中心运营机构在特定的时间里的绩效，通过与适当的参照物进行对比来评估取得的绩效。这些参照物通常包括以下的一项或者多项：

在相应领域里著名的杰出的公司；

行业或跨行业的平均水平或业界的高绩效指标；

呼叫中心的绩效目标，但目标必须按照客户的要求以及适当参照物来设立。

（1）绩效数据的 CRUCIAL 原则

☆ 可采集性（Collectable）：有相关的数据采集流程，并在实际工作当中数据采集负责人是按照定义的流程及字段进行数据的采集及处理的。

◎ 呼叫中心必须对所有收集的绩效数据有明确定义，定义内容包含数据收集方式、数据收集周期、数据计算公式、数据收集人员。

◎ 呼叫中心对每月收集的绩效数据要以一种便捷的方式汇总，例如数据汇总表、平衡计分卡等。做得好的呼叫中心会建立自己的数据库，将每月的数据统一存放在系统中，便于管理人员调用和查找。

◎ 呼叫中心管理人员必须能证明数据的有用性，证明被使用到了日常管理中。

☆ 可报告性（Reportable）：数据及绩效都是以通用简单可读的格式来汇总进行报告的，并进行相关的数据分析及改进行动记录。

☆ 实用性（Usable）：数据与绩效应用于管理，实际上帮助到运营管理人员明确绩效现状与目标的差距。

◎ 呼叫中心的绩效数据实实在在，可以证明和观察。由于考核需要费用，而企业本身却是利益驱动性的，很多企业内部 KPI 体系设计者为了迎合企业希望尽量降低成本的想法，对于企业内部一些需要支付一定费用的关键业绩指标，采取了舍弃的做法，以便减少考核难度，降低考核成本，而他们的理由（或者说“借口”）往往是依据现实性这一原则，提出指标“不可观察和证明”。

◎ 如果由于企业内部的知识资源和技术水平有限暂时无法考核这一类指标，而这类指标又正是影响企业价值创造的关键驱动因素，那么，可以寻求外部帮助，比如聘请外部的专家或咨询公司进行 KPI 系统设计，不能因为费用问题阻止 KPI 指标的正确抉择。

☆ 频率性（Cyclical）：数据的采集及分析都是按照业务性质的周期来进行的，例如小时、周、月。每月统计与分析客户类指标、运营支撑指标和财务性指标，针对所有没有达标的指标，至少是以月为分析周期。

☆ 改进性（Improvable）：绩效数据是可以证明是运营机构采取了实际行动而有所改善的，反映出业务能力的提升，分析的对象包含了个人与部门。

◎ 呼叫中心在实施改善时需要使用包含以下的问题解决流程：定义问题→分析问题并制定解决方案→执行解决方案→如果问题解决，将案例记录存档 →如果问题没有解决，重新分析、制定、执行新的解决方案，直到问题解决。

◎ 设计的改善方案需要得到个人和业务实体的认可和充分了解。

☆精确性（Accurate）：数据与绩效准确客观地反映业务团队整体状况，不允许人为修改，且至少每年审核一次采集及定义的准确性。

☆逻辑性（Logical）：数据结果与业务流程输出具有逻辑相关性，能证明数据分析结果的逻辑性与有效性。

◎ 呼叫中心要能证明绩效提升是因为通过数据分析、相应的改善行动所致。

◎ 绩效数据要根据预先定义的流程来收集，不能随意更改。

◎ 针对不同岗位的考核指标，需要与该岗位的实际工作产出相挂钩。

（2）绩效指标评估

数据收集的目的是为了分析数据找出提升绩效的方法，不要将数据收集视为额外工作，某些关键数据指标能反映呼叫中心运营机构在特定时间里的绩效，通过与适当的参照物进行对比来评估取得的绩效。关键指标法符合管理原理——“二八法则”。在一个企业的价值创造过程中，存在着“20/80”的规律，即 80% 的工作任务是由 20% 的关键行为完成的。因此，必须抓住 20% 的关键行为，对之进行分析和衡量，这样就能抓住业绩评价的重心。

（3）绩效成果

要获得认证，必须满足以下两个条件：

☆ 要求采用的服务、质量、收入、成本、客户和客户满意度相关方面的全部指标中，在过去一段时间跨度内至少有 50% 的时间指标是达到或者超过目标绩效水平的。

☆ 要求采用的服务、质量、收入、成本、客户和客户满意度相关方面的全部指标中，在过去一段时间跨度内合计至少 75% 的指标达到或者超过目标绩效水平，或者显示持续改善。

达到绩效目标要求和达到持续改善要求的百分比，是根据指标数量来衡量的。举例来说，某呼叫中心需要衡量 20 个指标，要符合标准要求，在衡量的时间段内，呼叫中心至少需要有 10 个指标在 2/3 的时间段内达标，同时至少有 15 个指标在 2/3 的时间段内达标或者持续改善。

持续改善不要求每个数据都高于前一点，只需要做到最后三个月每个月的数据高于前三个月的平均值。举例来说，衡量时间段是 1 月到 6 月，要做到持续改善，4、5、6 月的数据高于 1、2、3 月的平均值即可。

第5章　高绩效呼叫中心的打造魔方——人员管理

在呼叫中心的运营管理中，人员管理历来是一个重点和难点。我们一直说，人员管理，需要讲究科学和艺术，这是一个有挑战又很有趣的课题。

对于任何岗位来说，决定或影响绩效的无非就是员工的知识技能和工作态度。对于呼叫中心的一线服务人员来说，同样由这两点一起决定了其服务的质量和效率，决定了客户的体验和满意度。对于高绩效的表现，两者缺一不可。

呼叫中心要达到绩效目标并提高绩效水平，需要的是一支有合格技能和士气高昂的队伍。在呼叫中心，人员管理的目标是使所有员工有效率地提供有效和有质的服务。凡追求高绩效的呼叫中心，其人员管理的课题需要同时关注两个方面：员工知识技能和员工士气精神。

下图是呼叫中心人员管理图示：

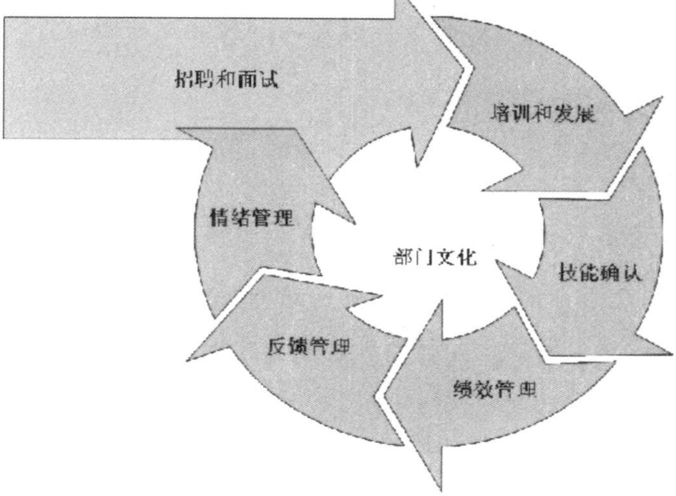

从员工招聘和面试的环节开始，呼叫中心的管理人员就需要开始关注这两个方面。所以在准备招聘前，我们就需要一份岗位知识技能要求列表和性格心态要求说明。知识技能方面，例如对于电话服务人员来说，需要电话沟通技巧、行业相关背景和知识、电脑操作技能等；性格心态方面，由于呼叫中心工作的特殊性，一般要求乐观开朗、积极向上、有服务的意识和热情等。只有这两方面都合格的候选人，才有可能胜任今后的一线服务岗位。

当严格把关挑选后的候选人被成功录用，就开始进入呼叫中心的员工培训、发展和技能确认阶段。新员工的培训必须覆盖其岗位所要求的所有最低技能和知识，并需要经过考核确认后员工方可开始上线服务。这主要覆盖了员工的知识技能方面，这也是此环节的重点。对于员工的心态精神方面，在新员工培训时无需反复强调，但可以通过培训企业文化、部门制度等相关课程予以涉及。员工在职培训在呼叫中心也一直备受关注，我们提供的培训必须帮助员工在发展变化的环境中迅速适应，及时满足其不断提高的岗位要求。在职培训的侧重点一般也会放在业务知识和技能方面，例如新增的产品业务、新的系统软件使用等，但同时，在职培训可以根据不同呼叫中心的情况和状态，适时安排员工心态调整、鼓舞士气的相关培训，例如压力释放、职业人素养等课程。对于基本技能的相关培训，必须有相应的确认考核。同时呼叫中心为了保证优质服务的持续性，也会安排定期的技能重新确认，例如每年安排一次技能考核。

呼叫中心的人员管理离不开绩效管理。绩效的设计需要符合企业和部门的战略目标和要求。很多呼叫中心都会安排定期的绩效考核，而绩效考核的开展要做到切实有效，设计环节和执行环节尤其重要。设计考核指标时，需要保证数据的可采集性、绩效的针对性，并且要突出重点，就最主要的几项指标进行考核即可。一般呼叫中心放入绩效考核的指标有客户满意度、质量控制成绩、排班遵守率、工作效率等。执行绩效考核时，不能流于形式，而需要切实地向员工反馈，让员工理解其进步和不足，并对于下一步的努力方向达成一致，以此推动员工的个人绩效，也推动部门的总体绩效。

呼叫中心是人员集中的部门，所以人员的沟通非常重要。有时候员工会主动提供反馈，会通过各种方式反馈涉及各个方面的问题，这个时候就需要管理人员做到有心，敏锐地发现反馈中隐含的信息，并及时采取措施给予回复。这会加强员工对管理层的信心，信任也由此点点滴滴开始积累。有时候员工不一定会主动反馈，这就需要管理层畅通沟通的渠道，甚至特意设置一些方便沟通的通道，便于员工反映心声，也需要定期主动收集员工的满意度等反馈信息，并及时响应相关反馈。

呼叫中心的工作很多不仅是脑力劳动，更是“情绪劳动”，处理每一个来电都需要保持恰到好处的友善，这个时候员工的情绪管理就特别需要重视。当员工出现正面情绪时，要给予及时的表扬和鼓励，帮助其保持好这样的工作状态；当员工出现负面情况时，要根据情况进行判断。如果是细微的负面情绪，在不影响工作的情况下，适当关注即可，可以选择机会了解原因，加以引导；而当细微的负面情绪开始升级时，需要特别留意了，如果可能影响到正常的工作，要立即干预，及时地把这样的员工领到休息区域与其沟通，了解其负面情绪的原因，让其理解情绪的破坏力、改善的方法等，帮助员工改善情绪。员工的情绪千变万化，多种多样，这里就可以体现管理的艺术性，需要管理人员发挥自己所长，有效地进行情绪疏导、干预和引导。这时候需要掌握的原则就是信任、支持和激励。信任员工，需要坦诚地与员工交流；支持就是在员工需要帮助时，给予协助；激励就是当员工情绪低落时，根据其兴奋点给予激励。

呼叫中心的人员管理是一个很大的课题，这里只是从招聘、培训、发展、绩效管理、反馈管理和情绪管理几个角度来探讨的。从这些环节，把人员的技能和情绪都管理好了，呼叫中心的部门绩效也就不难实现了。

5.1 员工之声

一位呼叫中心的“老兵”在一次交流中说道：我从十七岁开始进入呼叫中心工作，这是我从学院人走入社会变成职业人的第一份工作。春华秋实，我已经在呼叫中心这个行当里干了近十年了，犹记得当年从新人培训再到业务带教，三个月后，当我正式进入小组成为一名座席代表的时候，我深感这过程的不容易。一年后我开始做班组长，再后来就是运营管理人员、内训师等，几乎所有呼叫中心的岗位工作我都干过。如今回头看看，仍觉得充满挑战和激情，因为呼叫中心是“以人为本”的工作，只要关乎人，就永远有着做不完的事情。例如有的员工情绪不好了、绩效异常了、有离职倾向了等等，人员管理的工作始终也无法做到极致,用句玩笑话形容就是“没有最好,只有更好”。近十年的光景，呼叫中心的人和事都变化了很多，但始终有一拨老同志仍在坚守着，我很感恩也很感触，我的整个青春都在这儿了。在这儿我学会什么是敬业和专业，敬业是为客户提供全年式、全天候二十四小时的一站式服务；专业是不论身体不适还是情绪低落，只要电话接通那一句永远亲切不变的“您好，很高兴为您服务，请问有什么可以帮您”……如今，呼叫中心座席扩张越来越大，渐渐地，流程不断优化，信息系统也逐渐趋于智能自动化，座席代表就变成了这个流水线上的某个按钮或环节，对于“人”的关注难免就削弱了一些。但是我想说的是，在呼叫中心运营管理中，要做到所谓高效卓越，一定少不了回归“人本主义”的人员管理。

正如这位“老兵”所说，对于呼叫中心的运营而言，最核心的元素一定是“人”。即便在信息技术高速发展的今天，微信、微博、在线、QQ 以及语音机器人等服务争相上线，但这些新媒体服务渠道始终还是无法代替“语音人工座席”在呼叫中心业务承载中的重要地位。回归到呼叫中心的“人本主义”来看，几乎没有哪个企业或单位的某个部门像呼叫中心一样——人多、声多、情绪多、辐射多。在呼叫中心业务运营中，断电了我们有 UPS，宕机了 IT 部门可以应急修复，但是如果当“座席代表”这个看似不可控的大群体出现了问题，就极可能陷入困顿。所以，我们常常看到运营管理人员始终在奔忙着。随着“客户时代”的全面来临，各个企业和单位都在强调倾听“VOC”（voice of customer）——客户之声，似乎围绕着“客户体验”开展工作一定不会错。可是还有一句话叫“没有满意的员工就没有满意的客户”，想想员工由于各种原因为客户提供了不良服务从而导致企业和单位信誉受损、客户流失，长此以往公司业绩下降、员工福利降低，那么员工心情一定不爽，工作状态和服务质量必定会受损,这就是不良客户服务的恶性循环。企业和单位要发展得更好，呼叫中心要做到高绩效运营，不妨也从倾听“VOC”（voice of csr）——员工之声开始，想员工所想，给员工所需，相信美好心情的传播一定会造就真正优质的客户体验。

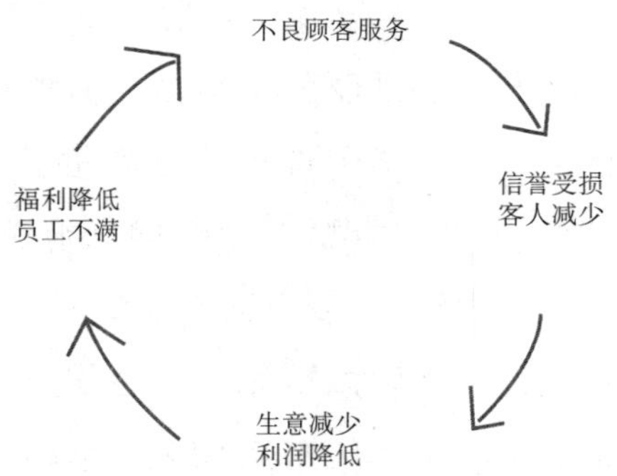

图 39．不良服务恶性循环

5.2 沟通从“心”开始

5.2.1 说句心里话

马云曾说过，员工的离职原因林林总总，只有两点最真实：一是钱，没给到位；二是心，受委屈了。这些归根到底就一条：干得不爽。员工临走还费尽心思找靠谱的理由，就是为给你留面子，不想说穿你的管理有多烂，他对你已失望透顶。仔细想想，真是人性本善。

在呼叫中心这个人员与智力密集型的群体中，每天都上演着各式关于“人”的故事，各种冲突和异常背后有多少是沟通不畅导致的，又有多少问题可以通过有效的沟通解决，值得我们思量。每个人的双眼有五亿七千万的像素却还是看不透人的内心，大多运营管理人员能很自信地说：我经常和员工沟通。事实上，我们在现场看到的所谓“沟通”是这样一幕：运营管理人员指着数据报表煞有介事地问员工，你自己说为什么数据差，业绩这么低？我很想问问这些运营管理人员，如果员工全都清楚了，那么你做什么？运营管理人员不是应该了解员工然后帮助员工成长么，运营管理人员“说一不二”，对于员工的想法“举一反三”，如此“沟通”不如不要。很多管理人员以为和员工一来二去说话，一问一答就是沟通，然而沟通的目的是为了了解员工想法从而改变现状、不断提升，正反验证一下，我们现在的沟通是否真的实现了它的初衷，你以为的就是真实的情况吗？其实不然，当我们没能得到员工的信赖、走进员工的内心，我们听到的、看到的、甚至感受到的都不一定是真的。

作为呼叫中心的管理者，有时候听录音也需要一种勇气。这种勇气就是面对现状，面对满意的和不满意的表现，接受良好的和糟糕的结果。

每每遇到表现欠佳的录音时，管理者总要找到原因。很多时候，这个原因被归结为员工的倾听能力、表达能力、理解能力、控制谈话过程能力等方面未达到标准的水平。总之，是需要提升沟通技巧。

从工作到现在，我听过很多次沟通技巧的培训课程，其涵盖内容非常广泛。从沟通的定义，到每个要素的详细分析；从沟通的重要性，到名人名言；

从说话的技巧，到阳光的心态；从沟通方式的选择，到换位思考的习惯……可以说的太多太多了。但是，又有多少次沟通课程能带来真正的显著改观呢？

很多人上完沟通课以后，会惊叹老师的魅力，会记住很多故事，会感慨沟通的学问之多，但是往往看不到他们行动上有多少不同的表现。当然，培训就像是埋下一粒种子，遇到合适的时机总会发芽、长大、成才。但切记：是种子也并不是百分之百能存活的。而呼叫中心的时间资源又如此有限，也容不得员工慢慢去选择性“发芽”。

那怎样的管理行动才能有成效、有控制的去提升呢？我想这里的关键是“培养”，切记不仅仅是“培训”。这一字之差却代表着很多不同。

从不知道到知道，其实是一件非常简单的事情，而从知道到做到却很难。任何一项沟通技巧的提升，都需要很多的精力去反复练习。就拿倾听来说，讲明重要性是很容易的，但要养成倾听的习惯，就需要经常帮助员工把令人不满的录音拿出来进行分析；把个别人遇到的困难拿出来让大家讨论，从而做到预见和避免；还要不断地进行关于对不同客户表述方式的模拟演练。这就是练习。

在练习中，有的人顺风顺水，有的人则异常艰辛。从培训课程本身来说，课上的体系化与精彩程度，是学员当堂满意的重要因素。但是从实际效果而言，真正的瓶颈在于“做到”，而不在于课上的“知道”。成人学习的基本原理中，很重要的一条就是“说得越多、记得越少”。一般来说，很少人能做到短时间记忆超过 7 件事情，大多数员工能记忆 3 件左右的事情就挺好了。记忆尚且如此，何况做到呢？！那么一股脑地灌输沟通技巧，就不如从“后续练习精力投入情况”倒推回来的“减肥餐”更有效。什么是“减肥餐”？就是少食多餐，避免积食难消化。

这样看来，培训其实只是培养中的一个步骤，而且并不是资源的瓶颈。那就千万不能把培训作为目标，把培训课堂满意度当成业绩，不能将培训沦落为“看上去很美”，更不能追求完美到“一个都不能少”。要让员工真正做到“提升”，就要像“减肥”，做到精简得不能再精简。当然，精简不是简陋。精简内容释放出的时间资源，应该使培训过程更加活跃和充分。那问题来了，到底要留下哪些部分呢？如果只有精力提升一个方面的技巧，我们又会怎样选择？这就要具体情况具体分析了。

员工沟通技巧的提升就像是开车上路，选择了路径，就等于选择了沿途遇到的各种地标。有的是提供综合动力的加油站，比如换位思考的意识和 FAB [FAB 法则：即详细介绍所销售的产品如何满足客户的需求，如何给客户带来利益的技巧。Feature（特性）、Advantage（作用）、Benefit（好处）] 的掌握；有的是标准化训练的工厂，比如语音语调和发音技巧；有的是充满分类货架的商店，就像倾听训练，要与不同业务密切关联。

而不同类型的员工，也需要不同的起点和不同的路径。客户服务的员工首先要认同换位思考，然后从语音语调开始训练。电话营销的员工可以从起步就培养对 FAB 的认知和掌握，接着就训练鉴别需求的本事。这每一个地标都完全可以单独成一次课程，而且可以安排后续的跟进去持续练习提升。

随着沟通技能的修炼，员工们会一步一步前行。需要特别注意的是，务必投入足够的精力确保每一步都有良好的消化，这样继续行进才有意义。也许，他们会有所交叉，有所并行。也许他们会遇到沟沟坎坎，因此需要保持阳光心态面对风雨。

总体来说，沟通技巧的最佳培训不是“金钱豹”的一顿高级自助餐，包罗万象，眼花缭乱。沟通技巧的培训应该融入到培养的过程中，分阶段进行。每一次都需要精简和具体，最好贴近实际应用，与练习和辅导的程序紧密结合。就如同路要一步一步地走，饭要一顿一顿地吃。

有了计划，还要有分角色的执行人。培训课程往往有个讲师，顶多再配上一两个助理。这用于一天或几天的培训是可以的。但要想得到有成效的培养，就远远不够了。在员工沟通技巧的培养中，到底应该有哪些角色呢？

首先是讲师。讲师在课程中负责帮助员工意识到沟通的重要性，并且对“什么是良好的沟通”达成共识。通过“启示钟”一类的游戏可以帮助他们意识到哪些技巧需要提升。如果有更多时间，可以做些“传送带”的练习或游戏，让员工对技巧的要点有所感悟。就上述的每个地标而言，这大约需要 2 ～ 4 个小时。在我的经验中，2 小时左右的培训是效果最好的。

其次是辅导者。培训作为意识和技巧的导入,会让员工处在“兴奋”状态。这时候他们大多跃跃欲试，希望有所实践。如果实践过程完全交给员工自己去进行，那就容易陷入“一盘散沙”的局面，缺少对“见效时间”的控制力。无人指导的员工，也很快会因为找不到门路、看不到效果，而失去了兴趣。

有些呼叫中心会要求讲师做跟踪指导，可是仅仅“跟踪”是不够的。这个“从知道到做到”的过程,应该投入更多的管理精力。因此,除了讲师以外,还需要一个“辅导者”的角色，去带领员工实践。而承担这些角色的人，自身也需要有良好的沟通技巧做保证，并且对讲师的授课重点非常清楚。

有了辅导者的角色，还需要有人去关注他们与讲师之间的衔接。讲师根据认真的分析调查进行判断，主导近期沟通技巧的侧重点，也就是确定前面说的某个“地标”。辅导者要按照讲师的安排去组织管辖内员工的实践过程。遇到问题，及时反馈，形成闭环，不断改进。

那么，上述完整的培养过程中到底应不应该由外聘讲师来主导呢？这取决于讲师和企业的关系、能投入精力的持续性和分散性，以及每次课程的成本等几方面因素。一般来说外聘讲师最好还是只承担其中分阶段培训的工作，或者干脆负责培养内部讲师，因为最了解员工，能投入大量精力去细致分析、跟踪指导、不断修炼的，还是呼叫中心自己的管理队伍。

5.2.2 不只是聊天那么简单

沟通不是一种本能，而是一种能力，从沟通的几个要素来看，最基本的问题是心态。有这样一篇文章：

在古时候的一个冬天，一位秀才想买柴过冬。

这天，秀才看到一位柴夫便说“荷薪者来”，柴夫听不懂继续前行。

无奈，秀才只好上前拉住柴夫问“其价如何”？

柴夫听懂了一个“价”，便说“三十文钱”。

秀才遂说：“外干而内湿，烟多而焰少，请损之。”

这次柴夫完全不明白秀才的话，扭头便走了。秀才就这样错过了冬天来临前最后一次买柴取暖的机会。

这个故事形象而生动地告诉我们“心态”在沟通交流中的重要。很多运营管理人员秉承着“居高临下”的心态去找员工进行“沟通”，然而带着“陛下倾听民声式的傲慢与偏见”去与人交心是无用而愚蠢的。放下冷冰冰的职级，以共事的老友、导师般温和平等的心态去交流，相信你和员工都会感到舒适和放松。

沟通中还有一个基本原理是关心。关心是人类最基本的需求和供给，与员工的每一次交流都是与其产生心灵共鸣的绝佳时机。从精神分析的角度而言，如冰山原理一样，在海面上显露的其实只是冰山一角，这些就是我们所看到听到的，海底那个庞然大物就像潘多拉的盒子，这需要我们通过各种“手段”找到走向员工内心的藏宝地图；然而海面上的水平线就是每个人的防御机制，出于各种原因，为了保护自己抑或是不愿面对，此时运营管理人员就需要通过关心来降低员工的防御机制，取得信赖，方能敲开员工的心门。首先地点你就得选对，聊绩效成绩、工作表现等可以在工作现场找个私密的地方坦诚相待，以事实数据说话；然而如果运营管理人员想要更加走进员工的内心，尤其对于已经成家有子或是家庭特殊的员工，来自生活的各种原因往往更大程度地影响着员工的工作表现，任你如何铺垫，在工作环境内员工很难放下那一层防御机制来跟你说点实话，不妨在下班之后，通过新媒体（QQ、微博、微信等方式）或是班后活动来进行沟通交流。此外，对于班后活动总有着这样的尴尬：为了工作表现或是个人爱好等因素，有些运营管理人员特别乐意组织班组活动，团队里面总有那么一两位员工由于个人喜好或是经济问题等各种原因不愿意参加，此时运营管理人员就不高兴或是对员工施压。这样就造成了要么员工心不甘情不愿地参加，要么运营管理人员耿耿于怀的局面。对于这种情况，运营管理人员请释怀，班组活动员工自愿参加，但是一定记得拍照片，每次活动回来做个图文并茂的PPT，叫上没参加班组活动的员工，组织引导员工聊聊班组活动中各种趣事，越是精彩便越是富有感染力。人是离不开群体的，内心也是渴望共享欢乐的，时间一长，那些没参加班组活动的员工总会满是好奇，蠢蠢欲动，这个时候运营管理人员就“胜利”了。再来谈谈沟通中的交流方式。运营管理人员常常感到在和员工对话中总是出现冷场的状况，要么总是运营管理人员滔滔不绝，员工沉默不语；要么一个问题抛出来，员工的回答非好即坏，不知如何往下进行。人嘛，也就考量两件事：一个是“近忧”，一个是“远虑”。先从“近忧”开始，谈谈当下的情况，如果细分，身体好不好、吃饭好不好、心情好不好、生活好不好、工作好不好等等。当“近忧”没问题时再看看“远虑”，也就是对未来的期待，聊聊这个月、说说今年抑或更长久的以后。此外，开放式和封闭式的提问也是不错的工具，别老给员工框死了，给些开放式问题让员工去说，积极倾听，找些为你所用的内容进一步推进；对于一些特别善于夸夸其谈而又不愿推进承诺的员工，你得给些“枷锁”让其给出靠谱的答案。一些封闭式问题，让他给出非 A 即 B 的答案，帮助沟通产出成果。当然，封闭式问题要问得巧。有过这样一个故事：

有两家面馆，装修、服务、食品所有都一样。

一家店在点餐的时候总是问客户“加不加蛋”，客户都回答不加蛋。

另外一家店点餐的时候却是问客户“加一个蛋还是两个蛋”，客户多是回答两个蛋。

如此一来，两家店的经营状况不言而喻。

同样的道理，运营管理人员在向“狡猾员工”要求行动时，不应该是行动与否，而是选择计划 A 还是计划 B。

沟通还有一个基本要求就是主动，相信每个人都有排队的经历，人们总是焦躁不安，不停询问自己到底还要等多久。人之所以焦虑是因为未知抑或是看不到未来。有一个挺有意思的实验：

把一群人分成三组，需要完成同一个任务：从甲地走到乙地，距离都为两公里。

第一组出发了，走了一小段大家就开始躁动，开始质疑到底还要走多久，边走边问，花了很长一段时间走完了这两公里。

第二组人出发时被告知甲地到乙地路程两公里，所有人听罢觉得两公里不太远，很轻松地出发了，走了一段开始有人询问走了多远了，还有多少路？这时候就会出现有经验的人给予指导。如此一来，第二组人完成任务所花的时间比第一组人少了很多。

第三组人出发时被告知甲地到乙地路程两公里，并且每到两百米会有一个路标，最后第三组人士气高昂地完成了任务并且耗时最短。

从马斯洛需求理论来看，除了阳光、空气和水等生理需求外，人的本能就是希望安全，当面临未知焦虑时，人的安全需求就岌岌可危了。在和员工沟通中，环境等大方面，再到内心感知这样细腻的方面，都得给到员工，使其产生安全感。当出现某种情况时，别老是让员工自我反省，或是抛出一个问题猜来猜去——“你自己想想最近你表现怎么样，你觉得自己有什么问题”。信息主动反馈是必要的。安全之外，做到以上三要素，心态平和一些，给足员工面子，切实关心员工的“近忧”和“远虑”，社会需求、尊重需求以及自我实现自然也就有了。

图 40.“人本主义”马斯洛需求理论

总体来说，沟通真不是聊天那么简单。沟通过程之中肢体语言也很重要：目光笃定、看向员工眉宇中间，身体前倾、头部左偏适时点头，别太严肃给点微笑，结束时拍拍员工后背，你会让员工很舒适。同样你也得学会看看员工的肢体语言，当员工勇于直视你的眼睛，手势和眼神方向一致时，相信他说的是实话；当员工不经意摸摸鼻子或颈部，眼光看向右下角，脚尖朝外的时候他紧张了,可能在说谎。所谓“已所不欲勿施于人”,你希望别人怎么对你,你就怎么对别人;而现代的沟通活动中更应该是别人希望怎么对他,你就如何对他。话多不如话少,话少不如话好,话少不如问得好,懂得倾听,巧妙交流,善于提供,你会成为懂得沟通艺术的运营管理人员。此外,还有一些你必须要记得而不能忘的事情:

☆和老员工和大龄员工沟通不要忘了他的自尊

☆和男性员工沟通不要忘了他的面子

☆和女性员工沟通不要忘了她的情绪

☆和年轻员工沟通不要忘了他的直接和个性

5.2.3 建立沟通机制打造无障碍交流平台

呼叫中心里的沟通现状大多属于两极化,沟通活动的触发大都由于员工出现问题了、表现不错鼓励一下或是班组会一起交流下,然而事发性的沟通只会让交流布满障碍和困阻,当员工已经出现问题要解决必然是更加被动和困难的。此外,关注两头的员工则会让中间这个阶层的员工感到不被关注,而这个部分却是呼叫中心里极大的一个群体,多沟通关注、推他们一把可能就上去了,而缺失关注或许就下来了。一些呼叫中心的沟通都是零零散散的,这很难实现沟通的功能性和员工感召性。对于一个高绩效的呼叫中心而言,必定要建立一套双向的沟通机制,实现自上而下、从下至上以及平行通畅的无障碍交流,从而确保信息传递,建立良好氛围和提升员工满意度。具体应注意以下几点:

第一,树立强烈的沟通意识,以尊重对方为前提主动实施内部沟通。企业在进行员工职业化培训时,做任何事情首先都要尊重对方。与下级沟通不能用权力来压人,要多了解情况,多询问细节,提供必要指导方法,紧盯工作的过程。跟同级沟通要有诚心和肺腑之言,不推诿扯皮,积极主动,谦让平和,体谅对方的难处,培养一种广阔的胸怀和真诚的协作精神。主动沟通更能赢得对方的信任和支持。

第二，努力在组织内部营造鼓励相互交流的民主氛围，使员工一方面能够积极主动为企业提出意义与建议，另一方面对自身的疑问也能有渠道反映并得到答复。我们可以充分利用职业素养培训课程里的信息技术实现组织的有效沟通，如BBS论坛、内部邮箱及OA系统等，使员工有问题和建议可以随时提出。任何事情不管有多大的意见和想法，只要把问题讲透讲通，赢得对方的理解，事情就能成功。矛盾都是在猜测误解当中形成的，把意见交流透彻，大家相互理解了，矛盾也就消失于无形。

第三，让员工随时了解企业情况和政策。管理人员应该努力使企业内的每一位员工都知道企业的目标、经营业绩以及前景。如通过内部会议、下发文件、网上讨论等，让员工了解企业动态的方式及管理层的目标。这里要注意一个沟通渠道的问题。比如，领导要让下属知道公司的发展前景、经营管理措施以及用人机制等方面的基本目标和规划，可以采用大会小会由不同的人来层层传达的方式，也可以通过全体员工大会直接向员工传递。显然，后一种方式的失真率更小，而且对员工的影响力更大。而每年职工代表大会上公司领导直接回答职工的提问，更是一种积极的双向沟通方式。为了更好地给员工提供学习机会，企业内部可以培养各个类型的企业培训师或培训讲师，跟踪式地培训全体员工。

第四，可以对员工做定期的匿名调查，了解员工对公司、管理层以及工作生活的看法。通过对调查结果的汇总分析，明确员工的关注点，找出解决问题的办法，同时将这些方法公布并征询员工的意见，再加以完善并付诸实施。

第五，针对有些非决策性的，如改进管理效率方面的问题，还可以采用“点子大赛”等形式，鼓励员工自己提出好的建议，并对被采纳者给予一定的奖励，以此鼓励其他员工的参与。

最后，对于员工表现一定要进行反馈。反馈必须是及时、明确、无偏和连贯的。反馈必须针对于员工的具体行为表现。反馈一开始就必须对其明确此次反馈的目的，同时提出改进的建议或给予继续进步的鼓励，同时在反馈后的一定时间对该员工表现做再次观察评估。对于员工好的行为，要有及时的嘉奖或承认。对于表现一般或是较落后的员工，要定期对其有个以激励为目的的反馈，激发其工作热情。同时，反馈过程中关注员工的意见，给予其发言的机会。

在新员工进入培训带教组后，内训师需要在员工完成学习前跟新员工进行一次交流，了解新员工进入企业或单位的想法和感受，适时给予一些干预和帮助，同时告知新员工其工作现状以及下一阶段的情况。在员工进入班组之后，呼叫中心需要明确定义沟通活动、沟通频率、负责人、参与者与沟通活动记录要求。班组长要确保至少每个月与每位员工完成一次一对一的正式沟通以及团队的例会交流并用文档记录，这都将作为员工的职场记录，同时作为其职位晋升或变动的佐证。

沟通对象	入职日期	沟通类型（绩效、情绪、工作等）	内容	行动计划及意向	沟通人	沟通日期

沟通纪要示例

呼叫中心总是不缺乏各种会议，然而对于会议的有效性和高效性的考量却有所缺失。大多的会议都是流水账式的通报会，所以就会出现在各种会议中与会人员懒散、参与度不高的情况，根本的原因在于与会人员觉得这个会议内容没用，对其自身没有益处和帮助，用个玩笑的例子来说，如果以后开会都聊怎么增加员工福利、如何分房子分资源，那么参会人一定万分亢奋。因此，每次会议通知需要明确会议起始时间、会议议题以及产出，此外还要将呼叫中心和企业的发展动态、大事记与员工分享交流。会议沟通之外，呼叫中心的沟通自上而下往往是通畅的，但是由于位差损耗，自下而上的沟通却会遇到阻碍，所以应该建立至少一年制的员工大会、总经理信箱等渠道，倾听员工的声音并实现呼叫中心上下联动的沟通交流平台。

沟通渠道	周期	负责人	参与者	沟通方法	沟通目的	产出物
上行沟通（员工与领导）	1次/月	各组长	一线员工	民主生活会	达到双向沟通	意见反馈
	不定期	管理室	一线员工	“知心信箱”	建立一线员工反馈渠道	意见反馈
	1次/月	主管人	一线员工	满意度调查（定向）	客观评价服务支撑保障	意见反馈
	1次/年	主管人	全体员工	满意度调查（多维）	评估管理中需改进的工作	分析报告
	随机	主管	离职人员	面谈	进行挽留	离职面谈表
下行沟通（领导与员工）	每月	各层领导	员工	绩效沟通	绩效改进	绩效面谈表
	每日	班组长	一线员工	班前/后例会	传达业务通知及要求	工作日志
	半年/一年	部门领导	部门员工	部门年中/终工作会	总结部署	年中/终工作报告
平级沟通（员工与员工）	每周/月	部门领导	各组长及主管	部门周/月例会	沟通推进工作	会议纪要
	1次/月	主管	员工	刊物	创建一线员工交流平台	《心连心》

图 41．沟通机制示例

5.3 知行转化——辅导与成长

5.3.1 不同时期的差异化辅导

卓越完美的员工不会自然天成，优秀员工的塑造过程离不开他的领导给予的辅导和帮助，在呼叫中心更是如此。呼叫中心有一个很重要的文化，那就是传承，“传、帮、带”已经成为呼叫中心在人员成长中十分重要的环节与手段，关注员工在不同时期的成长状态，并提供适时对应的辅导帮助，是必不可少的工作之一。

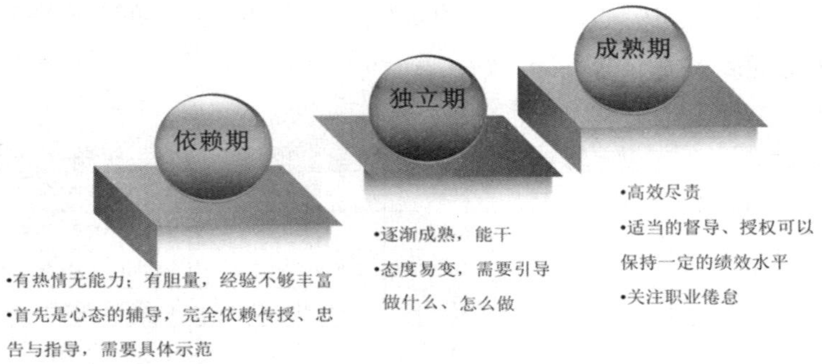

图 42．员工成长周期

员工在不同时期有着不同的外显表现和心理状态，运营管理人员需要把握员工成长的脉络，了解不同时期的员工状态，然后实施差异化的辅导帮助。

依赖期：大多数员工在刚刚进入企业或单位的前 3 到 6 个月属于依赖期，相信每一个人在进入一家企业或单位的初期都是抱有一定期待的。此时的员工有着对工作的满腔热情和胆量，同时又由于知识和技能的匮乏存在一定的胆怯。对于依赖期的员工在进行知识技能辅导时，要尽可能详尽地说明操作步骤和方法，并且给予多一点理解和尝试的时间，适时给予鼓励和肯定。此外，新员工刚刚进入一个崭新的环境，也有着适应性的焦虑感，担心自己做得不够好，得不到认可和接纳，有着患得患失的孤单感。此时的运营管理人员需要主动将这个时期的新员工引入团队，介绍新员工老员工相互认识，介绍工作场所及周边环境，主动告知企业和单位的相关规章制度和奖惩办法以及各类活动，同时还需要在吃饭、小休等环节主动引导员工。有产业权威数据表明，处于依赖期的员工在离职周期中十分活跃，对于员工的心态干预辅导也十分必要。随着现代呼叫中心的不断发展，对于如此人员密集型的工作种类，呼叫中心从业人员这个人群必然有它特殊个性化的心理特征，所以心理学在呼叫中心的应用也在悄然地开展中。有这样一个围绕新员工的特殊心理特征开展的新员工项目：首先在招聘前期通过心理测评筛选适应力强、绩效预判卓越、抗压能力强的员工，在新员工培训期间提供结合业务知识、技能技巧、增值干预三部分内容的培训课程，并根据学习吸收规律科学排课，极大地推进了员工的迅速成长。明确内训师、带教师傅、班组长等各个关键辅导者应完成的工作和流程，随后再在员工成长若干周时，根据不同心理困扰预判进行培训和辅导干预，最后实现加快员工成熟度和胜任力，并减少人员流失率的目的。

独立期：进入企业或单位3到6个月后的员工基本可以定义为逐渐步入独立期的员工。怀揣着初到时的期待和迫切崭露能力的热情，加上慢慢沉淀下来的业务知识和技能技巧，他们工作十分努力，同时在这个时期也是销售冠军和卓越员工崭露头角的时候。此时的员工业务知识基本没什么问题了，但是由于实践经验毕竟不多，技巧时常不得要领，总觉得欠点火候。所以，对于独立期的员工技能技巧的引导和帮助就尤其关键了。一方面，运营管理人员需要提供给该时期的员工一套行之有效的办法来提升产能，同时也要给予一定的指导，如录音分析、案例共享、情景练习等；另一方面，该时期的员工渴望绩效的突出表现，极可能跟某些所谓“老油条”员工学习一些不良“小手段”，打着流程与制度的擦边球，只求产出优秀的绩效表现。所以，独立期的员工就好像青春期的叛逆少年，渴望被关注就有可能误入歧途以不恰当的办法寻求关注，在这个时候需要尤其关注员工的工作动态，对一些异常数据加大抽检和监控，并且适时给予惩罚等负强化，引导并传授正确的工作流程和方法，避免员工养成不良工作习惯。

成熟期：已经持续稳定工作超过两到三年的员工基本进入了职业的成熟期，这些员工业务知识熟练，同时也摸索实践出了一套较有效的工作技巧和方法，绩效表现也趋于平稳。呼叫中心的工作虽也是充满挑战，但经验是一种可能将呼叫中心工作推向固定模式化和常态化的东西，成熟期的员工慢慢会感觉日复一日，工作游刃有余缺乏挑战，进入到一个职业倦怠期。坦白来说，所有企业和单位对于新员工的资源和关注的投入都是极大的，而对于成熟期的老员工却有所“疏忽”，殊不知老员工才是企业或单位最宝贵的财富。运营管理人员总觉得老员工知识技能都好了，对工作也有了一定认知，懂得自觉，不需要太多的关注了，但其实成熟期的老员工长期处于职业倦怠感的茫然和焦虑中，会导致其绩效表现退步，甚至离职。有人说过，人之所以感到焦虑是因为对未来的未知，不知道以后在哪里，而成熟期的老员工却可能存在另一种焦虑是来源于从早上就知道晚上，从今天就能知道明天、本周、本月，甚至这一年将会重复进行毫无新意的工作。所以对于呼叫中心从业人员职业倦怠感，首先需要进行专业的心理干预和帮助，为员工建立职业发展路径，建立轮岗学习、团队授权、培训提升等人员成长机制。

成长类型	成长路径	年限	绩效	通过培训	考试	多维度打分	面试
横向	质检及培训专家	呼入/回访专员入职超过2年或主管推荐	全年绩效前20%	质检方向需要通过质量控制与管理、客户服务的沟通与投诉艺术、冲突与差异化管理、超级营销术、服务营销、如何让客户买单－成交心理学、卓越的服务意识；培训方向需要通过TTT、高能培训技巧、客户服务的沟通与投诉艺术、冲突与差异化管理、超级营销术、服务营销、如何让客户买单－成交心理学、卓越的服务意识	/	平均3.5分以上	质检方向通过试听面试测评；培训方向通过试讲面试测评
	人力资源专员	入职超过2年或主管推荐（同时具有HR轮岗学习经验）	全年绩效前50%	招聘管理与技巧、文化建设、冲突与差异化管理	/	平均3.8分以上	通过面试测评
	排班师与数据分析专岗	入职超过3年或主管推荐	全年绩效前40%	基础数据分析、排班与预测	/	平均3.5分以上	通过面试测评
	回访专员转呼入专员	入职超过1年或主管推荐	全年绩效前10%	呼入所有呼入业务知识、卓越的服务意识、呼叫中心职业化素养、沟通技巧	/	平均3.5分以上	通过面试测评
	服务营销专员	入职超过2年或主管推荐	全年绩效前30%	所有产品培训、超级营销术、服务营销、如何让客户买单－成交心理学、卓越的服务意识	/	平均3.5分以上	通过面试测评
纵向	呼入/回访专家	呼入/回访专员入职超过1年或主管推荐	全年绩效前20%	卓越的服务意识、沟通与投诉艺术、服务营销	/	平均3.5分以上	通过面试测评
	呼入/回访组长	呼入/回访专员入职超过2年or呼入/回访专家任职超过半年或主管推荐	全年绩效前30%	现场管理、员工辅导带教	通过人才库测评	平均3.5分以上	通过面试测评
	呼入/回访主管	呼入/回访专员入职超过2年或主管推荐	公司绩效对应	呼叫中心运营管理、冲突与差异化管理、高绩效团队管理、高效的数字化办公	通过人才库测评	平均3.8分以上	通过面试测评
	绩效支持主管	入职超过2年或主管推荐、从事一线业务超过1年	公司绩效对应	质量管理与控制、培训体系搭建与管理、差异化沟通、高效的数字化办公、高绩效团队管理	通过人才库测评	平均3.8分以上	通过面试测评
	业务支持经理	入职超过3年或主管推荐、从事一线业务超过1年半以上	公司绩效对应	流程管理与控制、ACE高级认证分析师、呼叫中心运营与管理、时间与能量管理、呼叫中心关键绩效与KPI管理	通过人才库测评	平均3.8分以上	通过面试测评
	业务运营经理	入职超过3年或主管推荐、从事一线业务超过2年以上	公司绩效对应	ACE高级认证分析师、呼叫中心运营与管理、时间与能量管理、呼叫中心关键绩效与管理培训	通过人才库测评	平均3.8分以上	通过面试测评
	呼叫中心总监	企业定义					
异动	基于员工能力、外部门考核通过以及呼叫中心审核同意员工可以异动到其他职能部门任职						

图 43．人员成长机制示例

5.3.2 到底要辅导什么

在运营管理人员实施辅导中有一句金玉良言叫“授人以鱼不如授人以渔”，而现代辅导中对于“授人以 yu”则有新的定义：

①授人以鱼——给员工养家糊口的钱

②授人以渔——教会员工做事情的方法和思路

③授人以欲——激发员工上进的欲望

④授人以娱——把快乐带到工作中，让员工感到幸福

⑤授人以愚——告诉员工做事情扎实、稳重，大智若愚，不可走捷径或投机取巧

⑥授人以誉——帮助员工获得精神层面的赞誉，为成为更有价值的人而战

⑦授人以宇——上升到灵魂层次，领悟宇宙运行的智慧，乐享不惑人生

七条“授人法则”也是辅导之法，这就是运营管理人员要做的辅导内容。

(1) 针对不同阶层的员工，建立完善的培训体系

对新入职员工。面临的最大心理问题是现实工作技能的提升、企业价值观的融入、积极心态的培植、适度期望值的树立、新工作环境的适应等混合压力，这个群体的员工对提升工作技巧和业务能力的渴求大于对物质条件的追求。因此，要依托内部培训资源力量，建立以内训师队伍为主、外部专业培训机构为辅的初级培训机制，对新入职员工进行企业文化、积极心态与压力管理、业务知识、电话沟通技巧、商务礼仪等基础培训，使之尽快融入工作氛围。该阶段主要解决新入职员工的融入与适应问题，帮助度过试用期，减少流失率，降低招聘与培训成本。

对工作一年以内员工。应着手引导员工订制职业生涯发展规划，为员工提供成长和锻炼的机会，建议筹划个人成长行动计划、推动骨干或班组长培养计划、展开客户服务岗位资格认证和星级评定，为员工职业生涯发展提供更多的接口。该群体员工对个人业绩较在意、对个人职业发展有一定认知，因此，管理层应重视该群体员工的心理演变状态，减少压力，降低流失，帮助其度过“断奶期”，使之成长为组织的业务骨干与稳定力量。该阶段应以内外培训并重的方式，通过有针对性的个人发展计划，帮助员工熟练掌握完成客户服务工作所必须的各项技能，进行电话营销、客服技巧、投诉处理、压力缓解及业务知识等系列培训。

对工作一年以上员工。应制订明确的员工职业生涯发展规划，建立拴心

留人的职业晋升通道，满足自我实现的需求。该群体员工业务能力较强、综合管理能力有待提升、个人职业生涯目标明确；但也面临着整体素质提升、企业文化与价值观碰撞、个人职业发展通道满意与否、社会压力较大等成长问题。因此，管理层应关注该群体员工的心理需求与个人价值实现，避免“天花板现象”在组织内部的出现与蔓延。

(2) 为员工提供职业生涯帮助

培养良好的职业心态。通过对新、老员工的宣导，培养和提升员工对内部制度的认同、对本职工作的认知。尤其对一线的话务人员，鼓励他们做好本职工作，通过内部晋升机制，帮助其规划职业发展通路。向员工灌输“只有将能力很好地体现在本职工作中，才能证明自己有实力”的理念，树立一步一个脚印的踏实的职业心态。

建立内部交流机制。为提高一线话务人员对呼叫中心整体经营的认知，增强对其他岗位的了解，为其职业生涯发展提供帮助，可以尝试在呼叫中心内部开展人员跨班组交流。让前端人员有机会走到后台，换位思考，学习新领域的知识，还促进了内部交流合作，更为部门发现人才提供了捷径。

营造公平竞争氛围。内部要建立一种公开、公正、公平的内部岗位竞聘机制，除了内部临时性的交流学习外，有相对重要的岗位缺员，如班组长、后台支撑岗位等，要通过内部竞聘程序择优录取，鼓励员工积极参与，为他们打通职业发展通道，在新的工作岗位和专业领域提升自己、发挥专长。

(3) 员工关怀——尝试引入 EAP，做好员工情绪疏导，体现人文关怀

在持续推进呼叫中心文化建设工作的同时，可以尝试引入 EAP（员工援助计划）来帮助员工做好情绪管理，缓解压力，从而体现员工关怀。通过专业人员对组织的诊断、建议和对员工及其直属亲人提供的专业指导、培训和咨询，旨在帮助解决员工及其家庭成员的各种心理和行为问题，提高员工在企业中的工作绩效，降低企业运营成本，完善企业管理职能。

完整的 EAP 包括：压力评估、组织改变、宣传推广、教育培训、压力咨询等几项内容。具体地说，可以分成三个部分：第一是针对造成问题的外部压力源本身去处理，即减少或消除不适当的管理和环境因素；第二是处理压

力所造成的反应，即情绪、行为及生理等方面症状的缓解和疏导；第三是改变个体自身的弱点，即改变不合理的信念、行为模式和生活方式等。具体操作重点为：

①进行专业的员工职业心理健康问题评估。由专业人员采用专业的心理健康评估方法，评估员工心理生活质量现状及其导致问题产生的原因。

②搞好职业心理健康宣传。利用海报、自助卡、健康知识讲座等多种形式，树立员工对心理健康的正确认识，鼓励遇到心理困扰问题时积极寻求帮助。

③对工作环境的设计与改善。一方面，改善工作硬环境——物理环境；另一方面，通过组织结构变革、领导力培训、团队建设、工作轮换、员工生涯规划等手段，改善工作软环境，在企业内部建立支持性的工作环境，丰富员工的工作内容，指明员工的发展方向，消除问题的诱因。

④开展员工和管理者培训。通过压力管理、挫折应对、保持积极情绪、咨询式的管理者等一系列培训，帮助员工掌握提高心理素质的基本方法，增强对心理问题的抵抗力。管理者掌握员工心理管理的技术，能在员工出现心理困扰问题时，很快找到适当的解决方法。

⑤组织多种形式的员工心理咨询。为受心理问题困扰的员工，提供咨询热线、网上咨询、团体辅导、个人面询等形式，充分解决员工心理困扰问题。可以考虑通过引入外援、内外结合的方式，先由咨询公司负责前期方案策划，并协助部门组建内部 EAP 专业化团队，在 EAP 专家的指导下，初步掌握心理健康知识、心理学基本知识、团体辅导技能、个案咨询指导能力等。配合专家实施整个 EAP 全过程，协助解决普遍问题，提交严重问题给 EAP 专家，提醒做好预警工作；在 EAP 外部资源工作完结时，能够承担内部 EAP 相关工作。

(4) 加强人员流失风险管理意识，建立人力资源危机管理系统

作为呼叫中心来讲，保持一定的流失率并无坏处，但一定要尽力控制失能性离职（即员工自愿离职，而企业会因其离职而遭到损失）给部门带来的负面影响。以下从人员需求预测和储备、人员流失过程管理两方面来谈谈人员流失危机管理。

第一，一定要根据企业和部门年度或者更长一段时间业务发展目标和工作

安排，做好人员需求量预测，保证人员的及时补给。如新业务或新系统上线，将加大现有人员工作量，考核压力和工作强度所带来的双重压力可能导致员工情绪不稳，提出辞职。应该在事前预测需要补充的人员数量，及时做好人员补充，将招聘和培训工作前置。在补充人员时还有两点值得关注，一是在某次招聘时由于名额限制没有被录用的合适人员的信息管理，在急需人员时，应该及时通知到这些人员，给予再次面试的机会；二是欢迎那些曾经离开，但各方面成绩还不错的人员，愿意返回工作岗位的也应该给予考虑，降低我们对人员重新筛选的时间和精力。

第二，关于人员流失过程管理，要分事前防范、事中管理、事后处置三个阶段开展相应的工作。

事前防范。利用劳动合同和专项协议（如禁业协议、保密协议或培训服务期协议等）来约束随意性的离职行为。作为管理者，要随时注意辞职苗头的捕捉，如某员工的情绪低落、突如其来的假条等，加强沟通，真心为员工排忧解难，帮助其克服困难，稳定工作情绪。

事中管理。首先，要加强学习型组织的培育，积极开展培训，促进员工之间的相互学习和交流，使优秀的管理经验、企业文化等无形资产固定在组织内，不因个别员工的离职而流失；其次，通过建立健全各项人力资源管理机制来帮助员工准确定位、不断提升，让他们看到自身发展的希望，如工作3～5年的优秀员工才可能被推荐到企业其他部门和岗位工作等；最后，做好员工关怀，让员工体会到大家庭的温暖，要注意营造一种公平竞争、和谐共处的文化，增强员工凝聚力和归属感。

事后处置。一旦员工提出辞职，应真诚地同其交流，了解他们离职背后的真实原因，是因为薪酬待遇还是公司制度管理有问题，寻求挽回的可能。如果去意已决，应予以体谅，并真诚感谢他们曾为公司做过的努力。对于员工的离职，我们一定要做好流失数据汇总统计，从多维度对流失进行分析，如流失原因、流失时点等，不但为我们今后进一步改善部门管理指明方向，也为人员需求预测和储备提供依据。

5.4 从“善用”到“巧用”——赞美与激励的力量

5.4.1 卓越的绩效表现离不开赞美与激励

《投资学》一书的作者弗朗西斯说过这样一段话：“你可以买到一个人的时间，你可以雇一个人到固定的工作岗位，你可以买到按时或按日计算的技术操作，但你买不到热情，你买不到创造性，你买不到全身心的投入，你不得不设法争取这些！”

从员工绩效产出的公式来看，绩效表现 = 能力 × 意愿。能力可以通过技能技巧的辅导实现，而意愿则需要赞美和激励来推动，从某种意义上来说，激励意愿的达成可以使得辅导能力的工作得到提升和更好的表现。从意愿和能力两个维度来看，我们把员工分成低技巧、高意愿（沙僧型）；低技巧、低意愿（八戒型）；高技巧、低意愿（前期孙悟空型）；高技巧、高意愿（后期孙悟空型）。其中，对于低技巧、高意愿和高技巧、低意愿尤其需要关注，同时也是绩效创造潜能最大的群体。

低技巧、高意愿（沙僧型）：对每件事情充满新鲜感，热心，积极，对每件事情都表现出极高的学习意愿，是此阶段的人最大的特色；可事实上一个满腔热情的人在不断的残酷现实打击之下，其意愿一定也会受到不同程度地影响。所以，对于他们要给予及时的肯定和鼓励，精神激励对这样的群体尤其有效。此外，在对这个群体进行赞美时一定要在团队面前公开进行，因为他们除了残酷现实的打击外还会受到来自同事的质疑和不认可，同事的改观也会让他们得到极大的鼓舞，当这个群体在某一个小模块已经做得十分不错的时候，不妨可以将该模块进行授权，比如小组业务抽查等。

低技巧、低意愿（八戒型）：这个看起来貌似无药可救的群体则表现为工作新鲜感消失，工作表现与自我期许出现差距，绝对的利益驱动群体，他们缺乏主观意愿极大的原因是由于没有尝到甜头，所以放任自己，听之任之。对于这样一个群体你需要使出“利诱”这一招了：从精神层面来说，真诚赞美必不可少，但夸人也得有技巧，过于直白的赞美会显得不真实，他们并不受用，不妨可以试试借第三人称之口去赞美他们，如“他们都说你搞定客户有一手，我听了你这个录音确实不错嘛，我在班组会上播放一下，你来传授传授经验如何？”如此一来，让他们有一种成为大家口口相传的“传奇”的飘飘然感觉。此外，对于他们的跟进也十分重要，绝对的礼仪驱动群体很可能由于缺乏监管而松懈懒散，所以，当定下目标时，需要分解到每天，甚至每小时来看，当数据显示不太好时，别说你还差多少，请说你已经完成多少了。

高技巧、低意愿（前期孙悟空型）：这样一个高能低产的群体心态不稳定，对任务缺乏兴趣，属于自我感觉不错，并且内心认知高于现实。对于他们肯定和赞美尚不是最好的办法，因为在他们看来自己本身就很优秀，他们把赞美当成事实陈述。对于这样一个“心高气傲”的群体，记得多听听他们的声音，使用授权，因为他们或者对自己的成绩不那么在意，但是当授权发出，把他们推到一定的高度，爱面子又“心高气傲”的他们可是下不来的，所以会不愿意辜负这份期待或者说是“崇拜”。

高技巧、高意愿（后期孙悟空型）：他们是胜利的成功者，对自己要求甚高，做所有事情都抱有一份期望值和目标，他们享受运筹帷幄、掌控一切的“王者地位”，充分予以授权，并且给予职级和称号上的肯定，他们感知会更好。

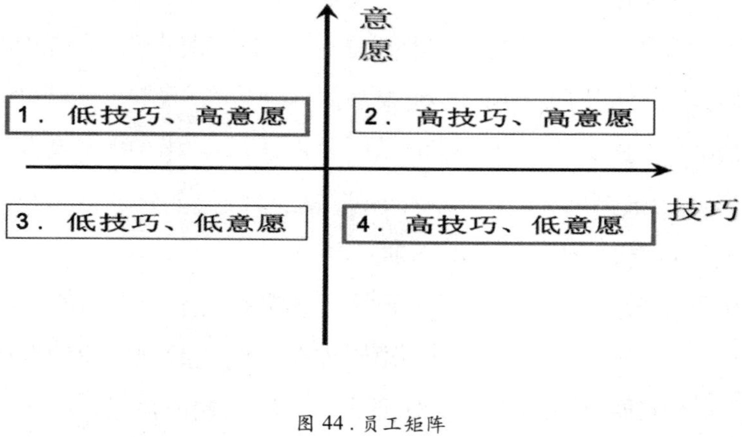

图 44．员工矩阵

5.4.2 激励制度让正强化恰到好处

首先，从人力资源的角度来说，呼叫中心是一个典型的“劳动力密集型”产业，但与传统意义上的“劳动力密集型”产业相比，呼叫中心的人员管理又有所不同。呼叫中心的客户服务代表既不同于写字楼中的“白领”，又不同于流水线上的“蓝领”；从某种程度上来说，既是劳动力密集型人员，又是知识密集型人员；既需要较高的IQ，也需要较高的EQ；既要规范化管理，又不能抹煞个性化的特点。

对于劳动力密集型员工，传统的管理手段是赏罚分明的制度，也即“胡萝卜加大棒”。正向激励往往被理解为奖励，具体做法是根据员工的绩效，给予一定的工资、奖金、福利；而负向激励，就是扣奖金、扣工资、罚款等。这种偏重借助物质手段的激励方式确实简单易行，有利于提高工作效率，但是物质激励不总是灵验的。根据马斯洛的需求层次理论，人们的需求不只是为了物质，物质的最大局限是后劲小、持久性差。

而对于知识密集型员工，激励变量的重要性程度却发生了变化，原来是激励的关键性变量——物质要素的重要性已经逐步有被精神因素替代的倾向和趋势，如认同感、自我价值实现等正在逐步替代经济报酬的重要性。尽管经济报酬仍然是衡量员工自身价值的一个重要指标，然而在一定程度上，它已经不是唯一、甚至不是关键性的指标。

基于以上分析，兼有劳动力密集型和知识密集型特点的呼叫中心员工，其激励机制的设计当然是要在物质激励和精神激励之间寻求一个最佳平衡点，以达到最佳的激励效果。按照《全国呼叫中心运营绩效标准》的要求，呼叫中心应该努力创造和保持一个能激发员工全部工作热情和潜力的工作氛围和环境，实现最大程度上的员工激励。呼叫中心的员工认可与激励应该包括精神与物质、定期与即时等不同的类别和形式。常用的激励与认可手段可包括表彰表扬、职位升迁、培训机会、岗位匹配、信任授权、薪酬提升、即时奖励、职业生涯规划与发展、工作环境及员工服务改善等等。

按照赫兹伯格提出的保健——激励双因素理论，保健因素是指工作的环境因素，即属于工作自身因素之外的工作环境条件，包括作业条件、工资水平、社会地位、同事关系、监督方式、公司的政策和管理等。这些条件必须维持在一个可以接受的水平上，否则，就会引起员工的不满。但是，这些因素不会对员工起激励作用，不会激起员工的工作主动性和创造性，因而不会引起生产效率的提高，而只能防止因员工不满而出现的怠工现象。因此，这类因素的作用如同对人体的保健一样，它只是消除环境中有害于人体健康的东西，起到预防疾病，维持人体健康的作用。

而激励因素是指与工作本身的性质有关的因素。例如，工作能否发展个人的兴趣与特长，工作是否具有挑战性，能否得到他人的承认和提升，能否取得成就等。这类因素得到满足，对员工会起到强烈的激励作用，激发员工的主动性和创造性，从而促进工作效率的提高。

上述两类因素中，保健因素是基础，如果基础不牢固，如工资过低、工作条件恶劣、监督十分苛刻等，就会引起员工的不满，只有使保健因素维持在员工能接受的水平，保证基础牢固，激励因素才能够充分发挥作用。

为达到上述要求，要做到以下四点。

(1) 创建优秀的呼叫中心组织文化

管理在一定程度上就是用一定的文化塑造人，文化作为核心价值观、使命、愿景等抽象理念的载体，在激励员工成长等正向行为上，产生着巨大的基础作用。当积极向上的呼叫中心文化能够真正融入每个员工个人的价值观时，就会产生极大的激励作用，成为促进他们努力工作永不枯竭的动力之源。比如说，著名的“惠普之道”就是强调关怀和尊重每个人并承认他们的个人成就，使每个人的尊严和价值得到承认，从而对员工产生激励作用；再比如说，盛田昭夫着力在索尼内部培育职工之间的健康关系，在公司中产生一种大家族的整体观念，以形成企业内部友好合作与互相帮助的“团队文化”，这种文化驱使着每个职工自强不息，并对企业产生信赖感、归宿感和主人翁责任感，最终达到了群体激励的作用。

（2）制定精确、具体的激励制度，在实际运行中遵循公平公正公开的原则

要在广泛征求员工意见的基础上出台一套大多数人认可的制度，并且把这个制度公布出来。在日常工作中严格遵循公平、公正、公开的原则来推行制度并长期坚持，最大限度降低“因无法抗拒因素”而不能兑现承诺的几率。只有这样，才能确保激励制度的严肃性和激励效应的长期性，并防止出现由于执行中的不公平现象而导致不但没有起到激励作用，反而打击了员工积极性的情况。

（3）激励制度要和绩效考评制度相结合

这样能激发员工的竞争意识，使这种外部的推动力量转化成一种自我努力工作的动力，充分发挥人的潜能。

（4）多种激励方式综合运用

管理层可以根据本呼叫中心及员工的特点而采用不同的激励方式：

①竞争。在市场旺季举行一次服务竞赛，优胜者将获得一份额外的奖励——奖金、探亲机会等等；设立一些单项奖，如客户满意奖、新市场开发奖、管理最优奖，鼓励员工积极创新，全面发展。

② 晋升或加薪。晋升及加薪对员工的激励作用不用多说，除了物质上的满足外，更多的是给其带来了成就感、责任感、被组织的认同感等多方面的满足。

③ 表达赏识和认同；管理者可以采用亲笔写信或发电子邮件的方式来恭贺员工的优良表现；而对于需要公开认可与肯定的员工，则可以利用公共场合给予表扬；若是为了加强团队的凝聚力，管理者还可以在适当的场合举办庆典，或在全体会议上特别表彰做出突出贡献及取得特殊成就的个人。

④ 信任。对表现佳的员工，授予其处理业务更大的权利。当下属的业务遇到一些困难时，要相信他一定能处理好并给予其必要的指导和帮助。

⑤ 工作扩大化和丰富化。在可能的条件下轮换一下工作，以增加员工的新奇感，从而赋予工作以更大的挑战性，培养员工对工作的热情和积极性。

⑥ 负激励和行为矫正。所谓有奖有罚，对呼叫中心员工在工作中出现的

疏漏和错误，除了帮助其改正行为方式外，有时候还要给予其一定的惩罚，并矫正其行为。

⑦ 情感激励。比如在员工生日的时候，组织团队为其庆祝；在员工生活碰到困难时，给其力所能及的帮助和方便；做员工的兄长和朋友，以诚相待，做他们的知心朋友和生活顾问。

有两点需要特别指出的是，在物质激励时切忌为了避免矛盾而采用平均主义的原则，平均等于无激励，平均主义只会挫伤员工的积极性，带来不公平感，不利于呼叫中心的健康发展。而在精神激励时一定要重视对员工个人职业生涯的规划，并依此给员工提供相应的发展契机。如职位上的升迁、更多的培训机会等。因为，对于一个工作发奋努力、对公司贡献巨大的员工，没有什么比能让他的付出转化成一个终身收益的投资资本更重要更持久了。这就是所说的“内在式激励”。

呼叫中心的人员管理的另一个特点来自于呼叫中心在企业中的定位。如果把研发部门、销售部门比作企业这只“足球队前锋”，那么作为客户服务部门的呼叫中心就是“守门员”。

在激烈的市场竞争中，对于“前锋”来说，十次甚至百次进攻中只要有一次成功就可以成为英雄；而对于“守门员”来说，不管成功多少次，一次失误就会给企业带来重大的打击。因此，从组织行为学的角度讲，研发部门、销售部门的整体绩效取决于组织这只“木桶”中最长的那块“木板”——明星员工；而呼叫中心的整体绩效却取决于最短的那块“木板”——落后员工。

基于这个特点，呼叫中心的认可与激励措施应面向所有员工，及时关注每个员工一点一滴的进步表现。因为与其他任何组织一样，在呼叫中心中优秀员工总是少数。所以在激励机制的设计上，要充分考虑员工的个体差异，使奖励尽可能做到“人人有份”，尽管每个人的“份”可能大小不一。这就要求衡量指标要多样化，并建立多条“激励跑道”，避免在一条跑道上拥挤不堪。对于呼叫中心中的所谓“落后员工”，应该专门考虑一下他们的特长、能力及发挥的条件环境，尽可能用正面奖励让他们振奋起来，以确保呼叫中心的整体服务水平。

在呼叫中心里，必须建立一套面向各个层级和业务模块、覆盖权限人员的激励制度，并且让员工清楚地了解相关信息。基本上，人走入社会工作即是为了一个目的就是得到，为了当下的得到是工资和精神感受，为了未来的得到就是职业生涯的发展和个人能力的提升。整套激励制度可以从依靠领导、健全制度、营造文化、给予机会四个方向来进行。

①依靠领导：

• 做出榜样（梳理员工心中的偶像目标，激发员工向标杆靠拢的意愿）

• 充分沟通（与员工建立积极的沟通活动，给予员工心理维系，让其感知组织的存在感和向心力）

• 善用表扬（以精神满足推动主观能动性）

• 真挚情感（动之以情，晓之以理，以感情的维系，造就员工的情感努力）

②健全制度：

• 考核制度（以公平、公正、公开的考核制度，给予员工同一起跑线的基本需求）

• 分配制度（虽是能者多劳，也请多劳多得）

• 晋升制度（成熟完善的职业发展路径和人员成长机制）

• 奖励制度（面向一线、支撑以及管理岗全面的奖励制度，并让员工熟悉知晓）

③营造文化：

• 企业精神（以自上而下的传道，给予精神和文化的雇主维系）

• 企业目标（将企业或单位的目标与员工分享，了解努力的方向）

• 企业氛围（通过软硬件的宣导，保持内外一致的行事风格与方式）

• 企业活动（结合文化的各类企业活动）

④给予机会：

• 职业发展（每一位员工绝不只是企业的能手，而是具备行业竞争力的人才）

• 持续培训（培训与学习提升，让员工感受一直在路上）

• 参与管理（充分授权，让员工成为公司的主人翁）

• 公司事业（将公司事业与个人事业结合）

5.5 关注呼叫中心生力军——“80、90后”员工管理

我们来谈谈不同年代的员工。“70 前”的员工，总是满腔热情，恨不能把自己的青春和热血奉献，反正先努力工作，如果干得好老板就多给点或是表扬，没有也没关系；“70 后”的员工是先跟老板谈好，谈多少做多少；然而“80、90 后”员工则是可以先谈，但是具体表现看心情。随着呼叫中心的迅猛发展，新生部队不断加入，“80、90 后”员工管理已然成为奋斗在一线的运营管理人员的一个大难题。我们常常听到这样哭笑不得的故事：比如员工没有来上班，打电话询问，答曰“外面在下雨，我等雨停了再来”；再比如前一天还干得好好的，第二天就不来了，打电话还关机根本就找不到人了。如此啼笑皆非的事件屡见不鲜，让“80、90 后”这个群体备受争议。但是首先我们得肯定这个群体的能量是不容小觑的，呼叫中心里的销售冠军或是卓越员工多是“80、90 后”员工，他们理解能力、沟通能力、学习能力、电脑操控能力都是极强的，当然个性也是“极强的”。要和他们相处好，请先分析心态了解他、敞开胸怀迎合他、教练技术带好他、细分类型管理他。

5.5.1 “80、90后”的个性特征

独生子女的家庭环境和优越的经济、教育环境，导致“80、90 后”的新新人类与“60、70 年代”的人相比更加讲求享受和享乐主义，往往以自我为中心，爱出风头，爱表现，同时控制力差，不能受委屈，非常容易有挫败感，且自我保护意识强，注重个人利益。同时，网络时代的大发展，又使这两代人生活在网络中，不善于沟通，社交能力下降，容易用激烈的方式表达自己的情绪，攻击性强。

但是，我们也要看到“80、90 后”的另外一面，他们大多心地善良，本色率直，敢于说出自己的真实想法，不掩饰，不虚伪，而且他们有激情、有目标就勇于挑战，不墨守成规，反应迅速，思维活跃，注重平等、自尊和公平。从管理者的角度出发，就是要制订措施进行正向的沟通、引导和激励，积极发扬他们好的一面，遏制不好的一面，挖掘他们的最大潜力。

“80、90后”员工个性鲜明并且叛逆、外向，但情绪不稳定、结构性思维差、思维相对单一、意志力薄弱、抗压能力比较差、较欠缺责任心和独立意识。对他们而言金钱重要，但不是全部也不会为之“玩命”；对未来他们不愿意讲太远的事情，更乐意活在当下、忠于内心；与人相处至少要求人人平等，更甚就是“我想主宰你”了。对于工作而言，没受过什么挫折教育，挨批评就容易导致辞职，不会自主工作，需要人监督催促，同时在团队中也缺少交心的朋友，很少主动与组员或班组长沟通。看看他们的独白，如此一来，也造就了他们“六高六低”的职业表现：

每天工作都很机械，有时一个差错，班组长一顿臭骂，自己也没心情接电话了，不一会差错又来了，三四个月下来，我已经对这份工作极度厌恶，每天上班都是心不甘情不愿，从周一开始倒计时周末。我现在就盼望时间能快点到，我想辞职，虽然有人劝我，现在的这份工作很不错，但是班组长居然说：“你怎么这么蠢！”我爸妈都没说过我“蠢”！也从来没其他人这样形容我，这么小的事情犯得着骂我蠢吗？

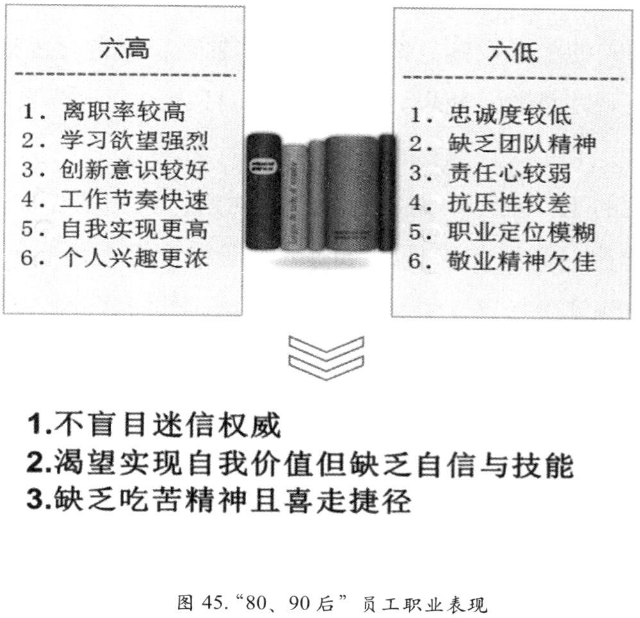

图45.“80、90后”员工职业表现

5.5.2 “80、90后”管理

“80 后”的人比较个性化，不喜欢束缚，而且压力对他们来讲，可以轻易说不怕，但却不愿意主动承受。所以传统的单向的压迫式管理对他们来说收效甚微，其实物质对喜欢新鲜刺激的“80 后”来说并不是非常重要，而被大家认可，友善宽松的氛围对他们来说尤其重要。所以，对他们的管理，一定要从“要我做”向“我们一起做”来转变。先通过鼓励，像老师一样循循善诱引导他们认可组织的工作目标，然后大家一起努力，在工作中时刻帮助他们并及时给予反馈，不足的地方给予改善，好的地方给予认可。

对“80、90 后”的各类特征进行剖析之后，我们发现，要做好现阶段呼叫中心的管理，管理者必须扮演好教练、朋友以及家长的三个关键角色，不仅要帮助员工在业务技能、工作方法上有所提升，还要帮助他们在思想、心态和价值观上不断成熟，找到实现自我价值的出路和方法。因此我们就要从以下几方面入手考虑进行人性化的激励管理：

①创造有利的工作环境。“80 后”的人比较看重工作的场所及相关环境设施，通常第一眼的印象会让他们记忆深刻。因此，无论是工作大环境、团队小环境，甚至相关的配套设施，例如餐厅、休息室、宿舍、包括主管的形象，他们都会比较主观地评价。所以，我们要努力打造一个能够激发“80 后”热情的环境。

②提供弹性的工作制度。如实行弹性工时制、压缩工作周、轮班制等新兴工作模式，请假时间账户管理，鼓励员工获得个性发展空间的休假管理、社团活动、运动与健康指导，引导员工成长的职业生涯咨询、员工协助计划、企业社会责任教育等，这些都将是受到“80 后”员工欢迎且令他们感受到被尊重和理解的管理政策。

③让他们参与到现场管理机制当中。给予他们充分的知情权和建议权，发挥他们敢想敢说敢做的个性，让他们感觉到在这里可以实现他们的梦想。以前的呼叫中心强调企业为大，领导为尊，严格执行自上而下的直线制管理机制，不可越权，员工只要无条件地执行与服从就是一名好员工。但这种管理制度和行为习惯显然不适应新时代的员工要求，我们必须通过有效的沟通，让他

们认识到为什么要这样做、这样做对企业和个人的意义和价值是什么、对于个人未来的发展有什么积极的影响，他们才会发自内心地去执行落实，否则再好的措施都会事倍功半，甚至南辕北辙。

④关注“80、90后”的生活。对于“80、90后”的新人类，生活和工作同样重要，尤其对于部分人来说，工作是为了更好的生活。因此，我们对“80、90后”人员的管理，不能将生活和工作两方面割裂开来，要将他们的生活信息、个性特质、兴趣爱好融入渗透到日常工作管理当中。例如：建立呼叫中心内部的兴趣小组，充分发挥“80、90后”人员的兴趣特长，让他们感受到自己在这里工作能够用其所长，才能激发工作的热情；组织纯粹性质的集体活动，适当关心他的亲友与生活，等等。

⑤打造温暖的团队氛围，营造和谐的人际关系环境。让“80、90后”感觉到工作环境对于他们是平等、自由、公正的，可以畅所欲言，是他们尽情表达和发挥自己的地方。要营造团结一致、积极向上的团队氛围，可以通过建立团队特有的人际规则（例如称谓、招呼方式等），倡导团队的特定仪式和活动以及多种方式鼓励并随时共享资源、信息、经验等措施建立。

⑥提供有趣的培训计划。“80后”的员工普遍对能帮助了解自己心理、性格的工具感兴趣，这就不难解释为什么星座文化在他们中那么流行。可广泛利用这点好奇心，借助有针对性的性向测试工具让“80后”认识到自己的长处与劣势。然后根据他们的个性，结合能力与意愿程度的强弱，制定个性化的培养方式。如喜欢刺激、好奇心强的员工，可以在工作中引入一些有趣味的激励游戏。例如，让两个人同时拨打一个电话，你打完后再让其他人接着拨打，比赛看谁一天下来打的电话多；引入抽奖机制，每天达到规定指标的员工可以抽奖，达标的次数越多，抽奖的次数就越多，获奖的机会就越大等等。这些都是非常好的选择。至于在能力培训方式上，据统计67%的知识或能力都是在和主管或同事一起工作时候学到并掌握到的。所以，在战争中学习战争，这是一个基本的培训原则。在学习方式上，由于“80后”普遍接触了电子化的学习工作和方式，所以引进一些网络或多媒体的教育方式是非常重要的，包括视频学习，远程会议这些新兴的沟通方式也同样会引起他们对于业务学习

和工作的兴趣。

⑦制定精准的工作目标，并给予及时的激励。针对“80、90后”人员不稳定、不持久、抗挫能力弱的特性，管理人员必须对他们进行精准的目标管理以及及时有效的激励措施。目标的制订要有员工的参与，通过引导让员工自己决定可以做到什么程度。在这个过程中我们要注意，我们必须要以员工过去的行为数据以及同类人的合理数据作为标准，控制员工既不要好高骛远，目标制订遥不可及，也不要畏畏缩缩，不敢大步向前走。同时要将回报也根据目标分解情况进行细分，对于员工的分步目标实现情况及时给予激励。激励要避免使用背后、口头等不显著的方式，要即时激励、当众激励，必要时可以采取仪式激励，以增强员工的成就感，满足其短期眼光。

⑧通过考核、指导来推动其积极性。针对“80、90后”人员喜欢表现、爱做表面功夫，以及不注重细节、责任心不强的特性，管理人员要将关键点管理与突击性检查有效结合起来，严格过程管理，把握好每一个关键时间点、关键环节，提前给予提醒和建议，帮助他们认识到工作上的难度和可以采取的有效措施，告知他们有更好的方法和建议必须要先跟管理者进行有效的沟通和协调，避免事后出现问题才进行批评和责骂，让他们感到在这里工作很孤立，没有协作，失去工作的积极主动性。

从管理技巧上，可从以下三个方面对“80、90后”进行管理：

敞开胸怀迎合他：一个2.4亿人的群体，可以不理解，却不可以视而不见；可以不欣赏，却不可以回避。所以，你最好是迎合他们。他们宁愿失业也不容忍自己的价值被忽略，崇尚参与而不是从外自内的命令和灌输，多听听他们怎么说，少一些说教，尽量使用正向激励避免批评，即使你无法苟同也少用“但是”，换个说法来表达，比如“同时考虑到×××所以×××”。

教练技术带好他：好员工是夸出来的，对他们别吝惜你的赞美之词，他们绝对是一个热爱听好话的族群。充分地信任，给他们传达的想法是“你来做，我负责”，“80、90后”不喜欢蜜蜂型亲力亲为的领导，相比而言，海豚型领导更受这个年轻群体的欢迎。给他们一些小小的压力，这是一种给他们躲不开的期待，不妨对他们说“我知道你可以的”。

细分类型管理他：

周瑜型特点：

①有比较强的嫉妒心理

②本身有极不安全感

③喜欢挑毛病，试图从中获得某种安全感

解决方案：

①在工作上事先与其协商

②言语中尽量用“咱们”

③以称赞杜绝挑毛病

张飞型特点：

①爱冲突，吵闹，制造事端

②情绪爱激动，破坏性大

③直率

④重感情，讲义气

⑤喜欢听好话

解决方案：

①表示理解对方的情绪，让员工稍稍平静

②提出试探性的问题，了解是否是合适的时机

③以支持性的语言让员工进一步的平静

④确认双方发生的实际情况，调查清楚

⑤共同讨论解决问题的方法

⑥说明自己的立场和方法

司马懿型特点：

①业务能力较强

②心高气傲

解决方案：

针对服从者的管理

①不吝惜夸奖他

②学会赞扬，不要泼冷水

针对不服从者的管理

①经常沟通，肯定业绩，要求他遵守规矩

②建立系统，分派团队合作和需要辅导的工作

华佗型特点：

①业务及学习能力一般

②没有明显的性格特征或有其他角色的某些特征

解决方案：

①确定存在的问题并达成共识

②确定问题产生的原因

③确定需要采取的行动并达成共识

④监督并及时反馈

综上所述，呼叫中心的人员管理工作复杂，管理难度高。主要原因有三个：一是管理对象复杂，既有上世纪70年代且工作多年的老员工，又有大群体的“80、90后”的新入职员工，两者都必须要重视，不能出现偏颇和不公平的现象；二是管理种类繁杂，包括前台客服代表、后台投诉处理、业务支撑以及综合管理，哪一块对于现场运营都是非常重要的；三是管理层级多，普通、中级、资深客服代表、班组长、值班经理及主管，每一层级都必须有明确、公正公平的奖惩制度，才能做到有效的优胜劣汰，营造积极向上、竞争有序的工作环境。

因此，呼叫中心的人员管理必须注重细节，把握好关键的人、关键的流程、关键的环节，才能真正起到提高员工满意度，进而起到提高客户满意度的作用。

5.6 小结

高绩效呼叫中心的人员管理是一种从心出发再回到心的运动。造成沟通不畅的六大绊脚石是:高高在上、自以为是、先入为主、不善倾听、缺乏反馈、沟通的位差损耗效应。沟通时记得放下所谓的“领导姿态”，对员工、尤其是“80、90后”这个年轻的群体多一些正向期待和目光，三分之一在倾听、三分之一在发问、三分之一在说服，滔滔不绝只会让员工抗拒，竖起高高的防御围墙。当对方在高声强调或是不断重复时，那就是他在意并关注的内容，多倾听才是沟通，发起沟通的目的是为了了解对方的想法然后对症下药来交流，让对方多说，沟通才能成功，如果运营管理人员一直在说，那么这是辅导不是沟通。沟通、辅导、激励是运营管理人员离不开的管理三要素，相互作用，善用、巧用才能听到员工之声。

第6章　把质量看作生命

6.1 质量管理理念

质量是一个不可忽视的问题，早期质量所描述的对象大多仅仅局限于产品，以后又逐渐延伸到了服务，而今则不仅包括产品和服务，而且还扩展到了过程、活动、组织乃至它们的结合。早期的一种颇有影响的观点认为，质量意味着对于规范或要求的符合。蜚声世界的美国质量管理专家朱兰博士从客户的角度出发，提出了“适用性”观点。他指出“适用性”就是产品使用过程中成功地满足客户要求的程度。

我们这里讨论的质量管理为评价呼叫中心运营成果的综合质量水平。呼叫中心建立起科学化的质量管理体系，才能最大限度满足客户对服务的要求，降低运营成本，提高竞争能力。质量不同于等级，是指“一系列内在特性满足需求的程度”。这里有两层含义，第一，特性的设计满足外在需求的程度，如客户满意、客户需要。第二，特性规格的符合程度。质量管理第二层含义，现实世界中最好视质量为诚信，即：说到做到、符合要求。产品或服务质量取决于对它的要求。而管理者的任务是带来符合要求的质量。

在质量管理百年历程中，先后经历了传统质量检验、统计过程控制全面质量管理、精益质量管理几大阶段，而以六西格玛管理为核心的精益质量管理正成为质量管理新的发展趋势。

现代质量管理经历了四个阶段，分别是：

图 46. 现代质量管理发展阶段

第一阶段：传统质量检验

科学管理之父——泰勒。

20 世纪前，产品质量主要依靠操作者本人的技艺水平和经验来保证，属于“操作者的质量管理”。20 世纪初，以 F.W. 泰勒为代表的科学管理理论的产生，促使产品的质量检验从加工制造中分离出来，质量管理的职能由操作者转移给工长，是“工长的质量管理”。随着企业生产规模的扩大和产品复杂程度的提高，产品有了技术标准（技术条件），公差制度（见公差制）也日趋完善，各种检验工具和检验技术也随之发展，大多数企业开始设置检验部门，有的直属于厂长领导，这时是“检验员的质量管理”。上述几种做法都属于事后检验的质量管理方式。

从观念上看，把质量管理理解为对产品质量的事后检验。

从方法上看，是对已经生产的产品进行百分之百的全数检验，采用剔除不合格品来保证产品的质量。

这一阶段又可分为三种不同情况：

由工人自己来完成对自己生产的产品检验：“操作者的质量管理”

由工长专门监督、检查对计划、商讨、产品标准等项目的实施：“工长的质量管理”

随着企业规模的扩大，专职检验人员、部门从工长完全脱离了出来成为一个职能部门："检验员的质量管理"

第二阶段：统计过程控制

1924年，美国数理统计学家W.A.休哈特提出控制和预防缺陷的概念。其重要著作《产品生产的质量经济控制》（Economic Control of Quality of Manufactured Product）1931年出版后被成为公认的质量基本原理的起源。休哈特宣称"变异"存在于生产过程的每个方面，但是可以通过使用简单的统计工具如抽样和概率分析来了解变异，将质量领域的研究成果推向统计学、科学界。他关于抽样和控制图的著作吸引了质量问题领域工作人士的兴趣并对这些人产生影响，其中包括最杰出的W.E.戴明和约瑟夫·M.朱兰。

约瑟夫·朱兰博士在1986年提出了"质量三部曲"，这三部曲被质量界人士奉为经典，并称之为"朱兰三部曲"，以纪念朱兰博士的贡献。朱兰三部曲包括：

第一步：质量计划过程

☆ 必须从外部和内部来认识客户；

☆ 确定客户的需求；

☆ 开发能满足客户需要的产品；

☆ 制定质量目标，并以最低综合成本来实现；

☆ 开发出能生产所需要产品的生产程序；

☆ 验证上述程序的能力，证明它在实施中能达到质量目标。

第二步：质量控制过程

☆ 选择控制对象；

☆ 选择测量单位；

☆ 确定质量目标；

☆ 测定实际质量特性；

☆ 通过实践与标准的比较，找出差距；

☆ 根据差距采取措施。

第三步：质量改进过程

☆ 证明改进的需要；

☆ 确定改进的对象；

☆ 组织诊断，寻找原因；

☆ 提出改进方法；

☆ 证明这些改进方法有效；

☆ 提出控制手段，以保持其有效性。

第三阶段：阿曼德·费根鲍姆博士的“全面质量控制”（TQC）

20世纪50年代以来，随着生产力的迅速发展和科学技术的日新月异，人们对产品的质量从注重产品的一般性能发展为注重产品的耐用性、可靠性、安全性、维修性和经济性等。在生产技术和企业管理中要求运用系统的观点来研究质量问题。在管理理论上也有新的发展，突出重视人的因素，强调依靠企业全体人员的努力来保证质量。此外，还有“保护客户利益”运动的兴起，企业之间市场竞争越来越激烈。在这种情况下，美国A.V.费根鲍姆于上世纪60年代初提出全面质量管理的概念，他在1961年出版的《全面质量管理》一书中，提出了全面质量管理的原理和方法，指出：“全面质量管理是为了能够在最经济的水平上并考虑到充分满足用户要求的条件下进行市场研究、设计、生产和服务，把企业各部门的研制质量、维持质量和提高质量的活动构成一体的有效体系。”

全面质量管理是指全体员工共同改进绩效的集体努力，即通过组织各阶层人员，同心协力持续改进绩效，以提升客户满意水平。一个组织以质量为中心，以全员参与为基础，目的在于通过让客户满意和组织所有成员及社会受益面达到长期成功的管理途径。

全面质量管理强调通过改善流程、客户与供应商的参与、团队合作以及培训，来完成符合客户要求且低成本、高效益、零缺陷的工作。所以，全面质量管理的两大目标和理论基础是客户满意和精益求精。

全面质量管理的基本方法可以概况为四句十八字，即：一个过程，四个阶段，八个步骤，数理统计方法。

一个过程，即企业管理是一个过程。企业在不同时间内，应完成不同的工作任务。企业的每项生产经营活动，都有一个产生、形成、实施和验证的过程。

四个阶段，根据管理是一个过程的理论，美国的戴明博士把它运用到质量管理中来，总结出“计划（plan）—执行(do)—检查（check）—处理（act）”四阶段的循环方式，简称“PDCA 循环”，又称“戴明循环”。

八个步骤，为了解决和改进质量问题，PDCA 循环中的四个阶段还可以具体划分为八个步骤。(1) 计划阶段：分析现状，找出存在的质量问题；分析产生质量问题的各种原因或影响因素；找出影响质量的主要因素；针对影响质量的主要因素，提出计划，制定措施。(2) 执行阶段：执行计划，落实措施。(3) 检查阶段：检查计划的实施情况。(4) 处理阶段：总结经验，巩固成绩，工作结果标准化；提出尚未解决的问题，转入下一个循环。

在应用 PDCA 四个循环阶段、八个步骤来解决质量问题时，需要收集和整理大量的书籍资料，并用科学的方法进行系统的分析。最常用的七种统计方法，他们是排列图、因果图、直方图、分层法、相关图、控制图及统计分析表。这套方法是以数理统计为理论基础，不仅科学可靠，而且比较直观。

以一家大型呼叫中心运营机构为例（如图 52），全面质量管理需要由上至下的全体参与，即由中心领导层面制定质量管理策略，质检室负责质量总目标的落地，并交到各个职能部门进行质检标准的设定，通过质检室的牵头，各职能部门分别进行质量测量与监控，最后进行质量评审，完成纠错，循环改善。从体系建设，到规划职能、建立模型、推动执行，完成整个质量管理的闭环。

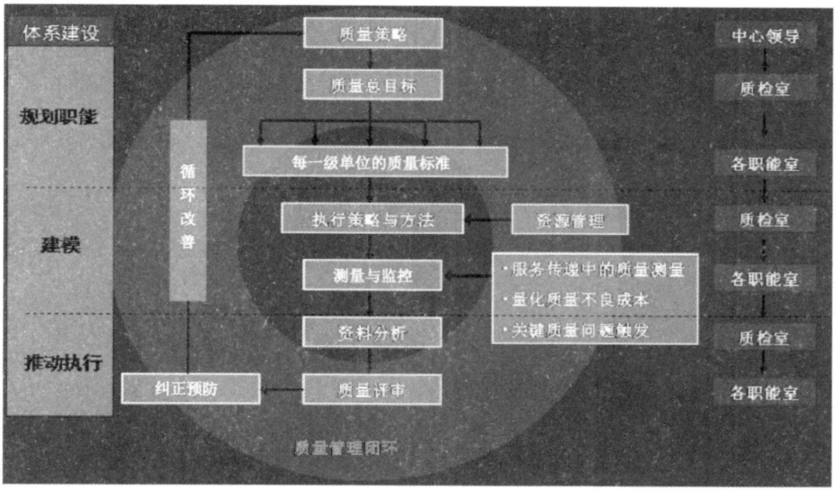

图 47. 全面质量管理闭环图

从管理原则上，无论实施的架构如何变化，都必须符合如下原则：

☆ 以客户为关注焦点；

☆ 领导作用；

☆ 全员参与；

☆ 过程方法；

☆ 管理的系统方法；

☆ 持续改进；

☆ 以事实为基础进行决策；

☆ 与供方互利的关系。

与传统的质量管理相比较，全面质量管理的特点是：把过去的以事后检验和把关为主转变为以预防为主，即从管结果转变为管因素；从过去的就事论事、分散管理，转变为以系统的观点为指导进行全面的综合治理；突出以质量为中心，围绕质量来开展企业的工作；由单纯符合标准转变为满足客户需要；并强调不断改进过程质量，从而不断改进产品和服务质量。

全企业的质量管理可以从两个角度来理解。

一是从组织管理的角度来看，每个企业都可以划分成上层管理、中层管理和基层管理，“全企业的质量管理”就是要求各管理层次都有明确的质量管理活动内容。当然，各层次活动的侧重点不同。上层管理侧重于质量决策，制定出企业的质量方针、质量目标、质量政策和质量计划，并统一组织、协调企业各部门、各环节、各类人员的质量管理活动，保证实现企业经营管理的最终目的；中层管理则要贯彻落实领导层的质量决策，运用一定的方法找出各部门的目标和对策，更好地执行各自的质量职能，并对基层工作进行具体的业务管理；基层管理则要求每个职工都要严格地按标准、按规程进行生产，相互间进行分工合作，互相支持协助，并结合岗位工作，开展群众合理化建议和质量管理小组活动，不断进行作业改善。

二是从质量职能角度看，产品质量职能是分散在全企业的有关部门中的，要保证和提高产品质量，就必须将分散在各企业各部门的质量职能充分发挥出来。但由于各部门的职责和作用不同，其质量管理的内容是不一样的。为了有效地进行全面质量管理，就必须加强各部门之间的组织协调，并且为了从组织上、制度上保证企业长期生产出符合规定要求、满足客户期望的产品，最终必须要建立起全企业的质量体系，使企业的所有研制、维持和改进质量的活动构成为一个有效的整体。建立和健全企业质量体系，是全面质量管理深化发展的重要标志。

戴明博士的“十四要点”及深刻知识体系是：

第一条 要有一个改善产品和服务的长期目标，而不是只顾眼前利益的短期观点。为此，要投入和挖掘各种资源。

第二条 要有一个新的管理思想，不允许出现交货延迟或差错和有缺陷的产品。

第三条 要有一个从一开始就把质量造进产品中的办法，而不要依靠检验去保证产品质量。

第四条 要有一个最小成本的全面考虑。在原材料、标准件和零部件的采购上不要只以价格高低来决定对象。

第五条 要有一个识别体系和非体系原因的措施。85% 的质量问题和浪费现象是由于体系的原因，15% 的是由于岗位上的原因。

第六条 要有一个更全面、更有效的岗位培训。不只是培训现场操作者怎样干，还要告诉他们为什么要这样干。

第七条 要有一个新的领导方式，不只是管，更重要的是帮，领导自己也要有个新风格。

第八条 要在组织内有一个新风气。消除员工不敢提问题、提建议的恐惧心理。

第九条 要在部门间有一个协作的态度。帮助从事研制开发、销售的人员多了解制造部门的问题。

第十条 要有一个激励、教导员工提高质量和生产率的好办法。不能只对他们喊口号、下指标。

第十一条 要有一个随时检查工时定额和工作标准有效性的程序，并且要看它们是真正帮助员工干好工作，还是妨碍员工提高劳动生产率。

第十二条 要把重大的责任从数量上转到质量上，要使员工都能感到他们的技艺和本领受到尊重。

第十三条 要有一个强而有效的教育培训计划，以使员工能够跟上原材料、产品设计、加工工艺和机器设备的变化。

第十四条 要在领导层内建立一种结构，推动全体员工都来参加经营管理的改革。

第四阶段：精益质量管理

精益质量管理是对全面质量管理的继承和发展，在对关键质量数据的定量化分析基础上，综合运用多种知识和方法，对关键质量指标持续系统改进，追求达到卓越标准，如六西格玛标准，实现显著提高企业质量绩效及经营绩效的目的。精益质量管理关注对企业质量绩效有重要影响可以统计度量的工作或职能，精益质量管理通过度量指标波动性或称为“西格玛值”来衡量工作质量水平，精益质量管理借鉴 QC 小组活动经验与不足，引入项目管理理论和方法，形成了具自身特色的组织管理模式和项目管理制度，共同推动企业质量绩效的改善。

精益质量管理基本任务是利用相关质量工具分析实际质量状况，及时发现异常，并消除质量异常；精益质量管理第二层次任务是持续改进质量水平，持续降低质量波动，即减少样本的标准差。第二层次任务的实现依托于第一层次任务。要求企业改善原有一些质量管理习惯，增强指标度量意识，善于发现和运用统计方法进行度量和改进。企业应重视指标波动性对企业竞争力的影响，重视质量指标的持续改进。

田口玄一博士的“质量工程”,“完整性”的克劳士比,“追求卓越”的汤姆·彼得斯，摩托罗拉的六西格玛（six sigma）都是精益质量管理的代表。六西格玛意味着每百万次机会 3.4 个缺陷（3.4ppm）。六西格玛统计学概念如下图：

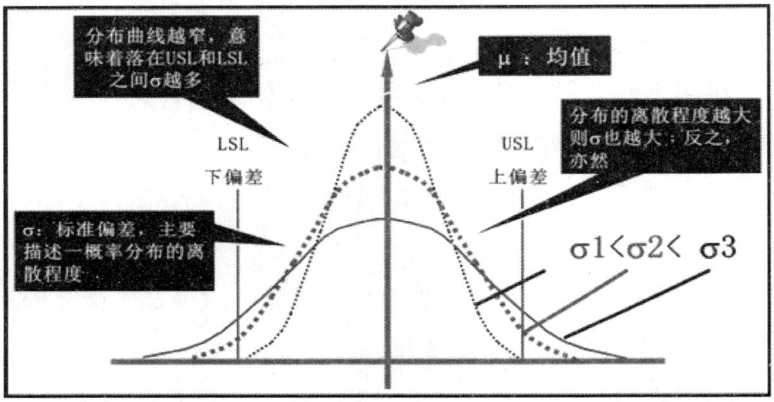

图 48. 六西格玛统计学概念

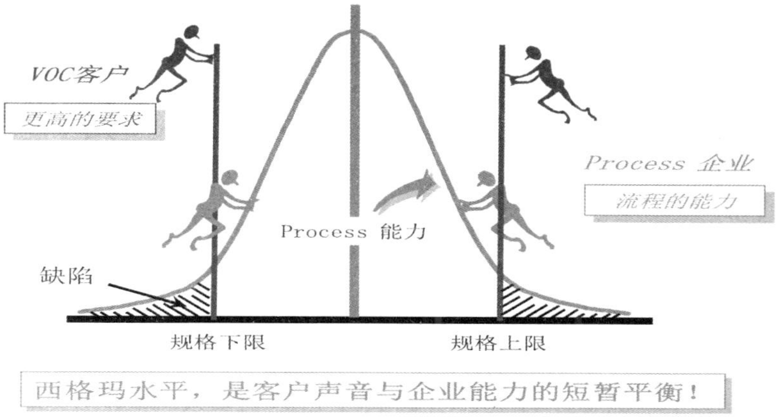

图 49. 六西格玛改善要求

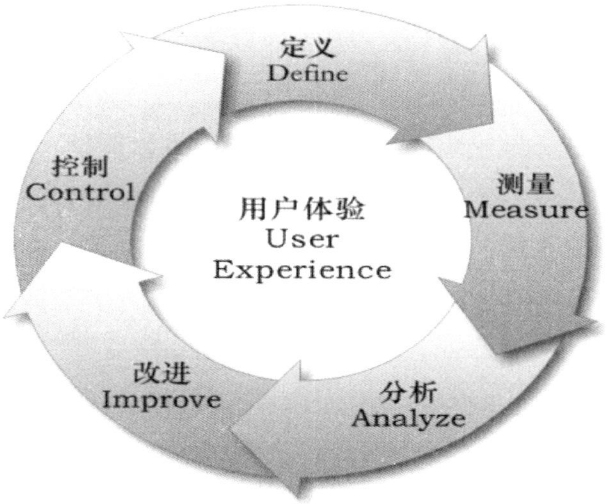

图 50. 六西格玛提升之 DMAIC

无论是哪门学科的理论，都认识到以下几方面的重要性：

①客户满意。了解、评估、定义和管理期望，以便满足客户的要求。这就需要把“符合要求”和“适合使用”结合起来，我们一般会通过 KANO 模型来进行客户需求符合度的分析。

②预防胜于检查。现代质量管理的基本信条之一是，质量是规划、设计

和建造出来的，而不是检查出来的。预防错误的成本通常比在检查中发现并纠正错误的成本小得多。

③持续改进。由休哈特提出并经戴明完善的“计划—实施—检查—行动（PDCA）循环”是质量改进的基础。另外，执行组织采取的质量改进举措，如全面质量管理（TQM）和六西格玛，既能改进管理质量，也能改进产品及服务质量。

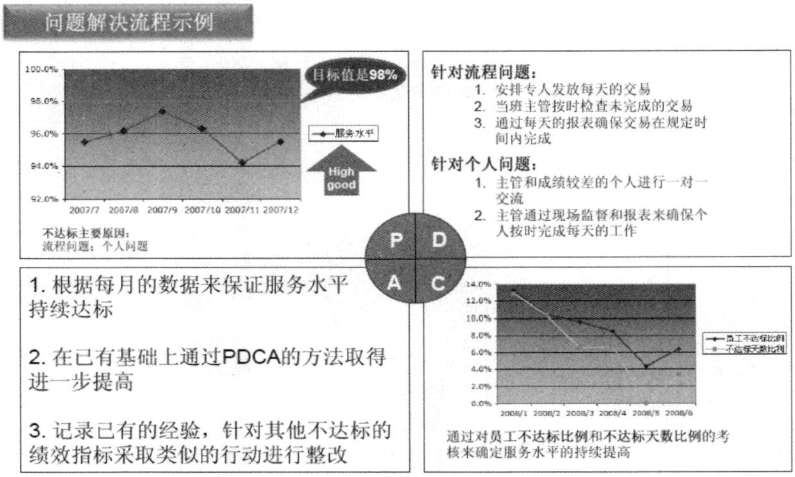

图 51 . 问题解决流程示例

④管理层的责任。企业的成功需要团队全体成员的参与，更需要管理层为企业及项目工作提供所需要的资源。质量管理是一种理念和哲学上的训练和纪律，它能把所有这些带入一种人们能欣赏和运用的“舒畅文化”中。质量是一种可以获得的、可以衡量的并且可以带来效益的实体。一旦你对它有了承诺和了解，并且准备为之付出艰苦努力时，质量便可以获得。质量管理强调通过系统的管理，确保产品或服务符合客户需求，达到持续的客户满意这一目标，包括计划、组织、控制 ；建立制度规范，员工辅导与激励、人员领导等过程。质量管理通过优化管理体系设计，进行过程控制，实现流程优化与管理变革，达到不断改善与提升服务质量的目的。

6.2 质量管理方法

6.2.1 服务监控三角平衡法

服务质量监控三角平衡法是指从外部监控、内部监察和数据管理三方面的数据来了解一家呼叫中心的运营情况，例如了解外部客户对企业产品或服务的满意程度来调查服务质量水平的高低，通过内部监察来了解员工服务能力以及企业管理能力，通过大量数据的分析，找出存在的规律，从而找出问题的预防措施。三个角度是互相平衡鼎立的关系：

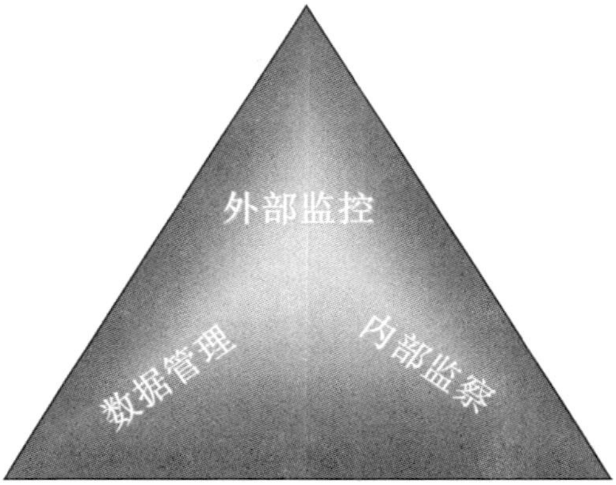

图 52. 服务质量监控三角平衡法测评模型

（1）外部监控

从外部客户的角度来内窥呼叫中心内部运营管理水平，主要考察三个维度：

客户进入呼叫中心难易程度。直接考察的是呼叫中心的接通率、服务水平，间接观察的是该中心的排班、现场管理和人员工作负荷，同时了解系统的稳定性。

与座席代表沟通的感受。座席代表是否认真倾听，是否快速理解客户表达的问题，是否使用同理心站在客户的角度和立场分析问题。

座席代表解答能力和提供解决方案能力。是否快速理解客户的意思，并按照客户的需求提出解决方案，或者推荐合适的服务或者产品。

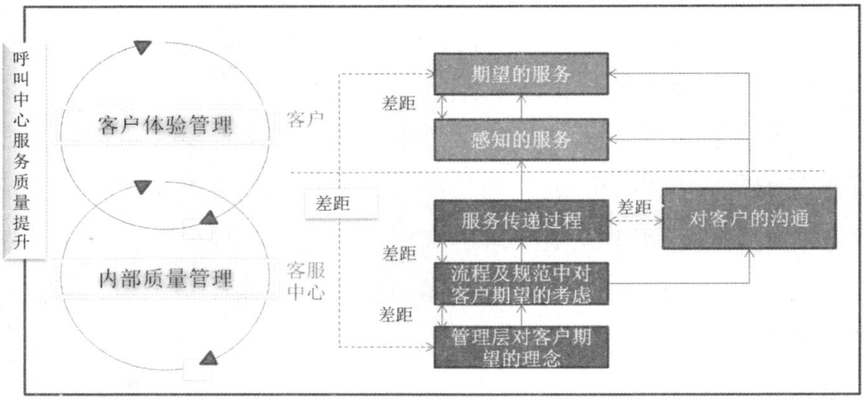

图 53．用户体验与内部质量控制

在进行外部质量监控的时候，企业需寻找客户真正重视的东西，要对客户进行调研，确定互动中对于客户而言最为重要的因素，因为企业重视的东西并不一定总是客户重视的东西。接着起草或修改评估表，使其覆盖所有客户渠道、电话、电子邮件和聊天，确保调查表中的每个分类和问题分配的权重能够恰当处理客户与企业优先级的关系。

在调查环节，可以采取的调查方法有很多，其中常见的是：

☆客户回访。针对企业满意度情况设计客户满意度调研问卷，通过对每位客户的回访了解客户的看法感受或建议。

☆神秘客户（Mystery Customer）。是由经过严格培训的调查人员在规定或指定的时间里扮演成客户，对事先设计的一系列问题逐一进行评估或评定的一种商业调查方式。了解客户服务情况、产品质量监控、现场环境及其他可能导致危害的因素。

☆上门回访。主动走出去，通过拜访客户的方式获得客户的意见反馈。

☆员工意见调查。内部员工接收到最多来自下游客户的声音，是企业内部最了解产品或服务的客户，向内部员工进行意见调查，也是非常有效的一个途径。

☆焦点小组（Focus Group）。又叫“客户意见召集小组”，依据群体动力学原理，邀请大约 6 ～ 9 名客户对某一主题或某一项服务体验进行深入讨论。通过对参与者的引导和思维发散，收集客户对问题的看法和意见。

调查形式从渠道来划分，常见的是：

☆电话。人工呼出回访或者系统 IVR 调查

☆现场接待。设定客户接待日，从与客户的交互过程中获得客户最真实的想法，或者通过接听呼入电话的形式受理客户的意见

☆网站

☆邮件

☆传真

☆新兴社交媒体，如微博、微信

以上调研方法常用来收集客户一般资料，调查客户满意度以及客户忠诚度等情况。

（2）内部监察

内部监察主要站在企业质检的角度，检验一线座席代表的服务能力，主要包括四个方面：

①座席代表工作态度。考核员工是否使用礼貌用语对客服务，是否维护企业形象。

②引导控制技巧。考核电话控制能力，是否引领客户，是否能控制电话沟通节奏。

③一次联系解决能力。是否能在一通电话里通过客户的沟通了解客户的需求和疑难，并给出正确的解决方案，解决客户的问题。

④呼入推介率。在做服务的同时，是否能推荐适合客户的产品或者给出客户正确的解决方案。

质量管理对于企业的作用是毋庸置疑的。当下的社会信任危机与诸多的食品质量问题不无关系，呼叫中心的质量虽然从表面上看还没到引起危机的地步，但实际上给客户的真正感受决定了呼叫中心的价值所在，而这份感受就是质检存在的价值。质检并不是为了挑座席代表的错误，而是要及早地发现问题，而发现问题更是为了使座席代表能够更好地学习，从而不断提高个人

与整体的服务水平与质量。如果质检的目的不是从公司、座席代表的角度去考虑，就可能成为一味地为找问题而找问题，而不是去分析问题。这样，质检人员容易与座席代表成为对立面，不仅不利于质检工作本身，更不利于团队的分工协作，破坏团队凝聚力。所以，正确的呼叫中心质量控制的目的是：从公司与客户的利益出发，以帮助座席代表改善服务质量为目的。

实际工作中，“流程管理七步成诗法”适用于我们在做的质量管理，从选题、收集与分析数据、寻找解决办法，到评估与实施落实，将质检中发现的问题进行定性，需要优化质检标准的，由质检组进行优化，需要优化流程的，提交流程负责人进行流程的优化或者标准化，待问题解决之后，继续寻找运营中发现的下一个问题，不断进行优化、改善。

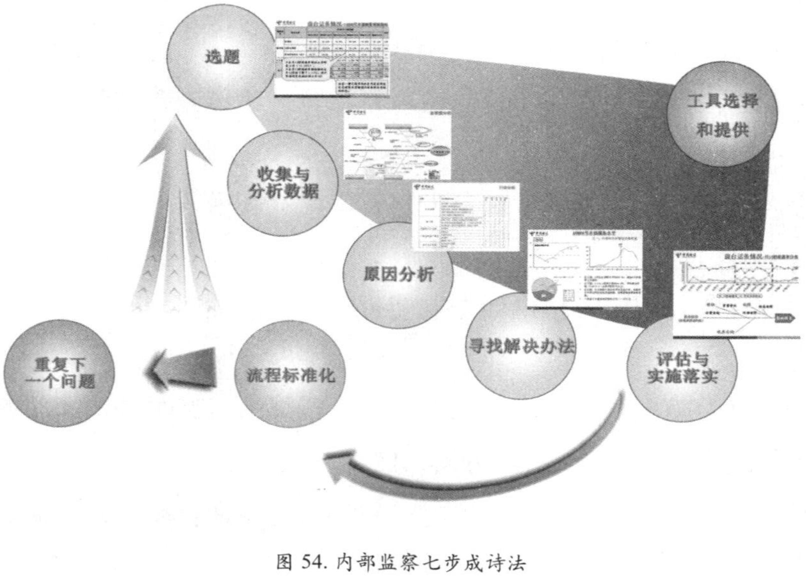

图 54. 内部监察七步成诗法

在整个质量管理当中，最关键的部分是在于第三步“改进流程”。在很多管理优秀的呼叫中心，流程定义得比较清楚，执行得也还不错，可是由于外部环境或业务的变化导致现在的流程不能很好地实现呼叫中心的目标，甚至如上述某管理人员一样遇到各种新的问题。因此，TQM 的着重点完全在于第三步：针对所遇问题如何改进现有流程。

为了更好地说明问题，举个呼叫中心实际的例子来说明如何来做“流程改进”：

这是一个为公司产品提供售后服务的呼叫中心，每半年该呼叫中心都会成立几个“项目小组”（target force）来对面临的问题做流程改进。本例是其中一个小组所做的工作，该小组主要由三部分人组成：负责人（公司的高层，副总经理，有相当的决策权，他可以不参与具体的讨论，但他是保证改进措施得以实施的重要力量）、组长（有 TQM 经验，负责项目组织工作）和组员（来自于相关领域）。

第一步：选题

小组成立后，面临的第一个问题是选取一个合适的要解决的问题。选题工作按照三个原则进行：呼叫中心要迫切解决的问题，“项目小组”可控的问题（即不能大大超过“项目小组”可控的资源、权限）和在时间上可控的问题——（不能是在遥遥无期后才能见效的问题）。最终经过头脑风暴，选定了一个问题——“如何提高客户对电话接通的满意度”，因为呼叫中心面临一个很重要的问题是客户对电话接通状况的满意度不高，只有 70%，有 30% 的客户感到“一般”、“ 不满意”和“很不满意”。

第二步：收集与分析数据

选题之后，项目小组严格按照统计理论组织了客户抽样调查来寻找原因。

第三步：原因分析

通过汇总的数据进行分析，他们发现客户不满意的原因很多，于是选取了最大的五个原因，用“柏拉图”做了分析，同时对于这最重要的五个原因又作了一次头脑风暴和“鱼骨图分析”。

第四步：寻求解决办法，计划和实施

项目小组接下来对列举的众多原因合并、归类并再次进行头脑风暴，并就“可控性”、“实施预期效果”、“ 实施费用”、“是否可以由项目小组作决定”、“优先级”等几个方面对可以采取的行动进行逐项分析，指定相应的实施负责人，制定相应实施时间表，实施时长为三个月。

第五步：评估实施效果

三个月之后，各项改进措施已经实施完毕，并运行了一段时间。项目组又组织了一次客户满意度调查，结果发现满意度大幅上升，达到92%，超过了呼叫中心最初定立的指标。

第六步：流程标准

通过对相关流程的调整，将新的流程添加到呼叫中心流程手册上，对相关的人员也作了说明和培训。

第七步：重复下一个问题

项目小组的工作表现得到了公司高层的高度赞扬，项目小组也总结了在整个TQM“改进流程”的过程中的经验和教训，确定下一步的改进目标。

至此，一个完整的“改进流程”的七步完全完成。这是整个TQM中最复杂也是最重要的一步。呼叫中心运用这种全面质量管理的方法和概念来进行管理，或许最终将发现它是一剂真正的“灵丹妙药”。

但是实际情况中管理者是否有这样的困惑，内部监控的结果得分非常好，但是用户投诉却在增多，或者通过第三方调查得到的满意度结果（外部监控）与内部监控结果存在着较大的差距。这中间会有样本取量等原因，有时也可能是由于内部监控的内容与用户的期望是不对应的，这样我们投入很大的精力进行业务改善，但并不能改变用户的感受，这岂不是很大的浪费？为了避免这样的事情，就要定期地将业务监控的结果与满意度调查的结果进行匹配分析。

（3）数据管理

在质量管理过程中，要坚持实事求是，科学分析，尊重客观事实，尽量用数据说话。真实的数据既可以定性反映客观事实，又可以定量描述客观事实，给人以清晰明确的数量概念，可以更好地分析问题、解决问题，纠正过去那种“大概”、“好像”、“也许”、“差不多”的凭感觉、靠经验、“拍脑袋”的工作方法。这样，用事实和数据说话，就可以树立科学的工作作风，把质量管理建立在科学的基础上。

质检（或者说内部监察）第一阶段是听录音，准确打分；第二阶段是能够分析出个性中的共性并找到提升办法；第三阶段是能够发现团队的共性问题并带领解决；第四阶段是能够从质量的角度发现运营的问题。质检价值的提升很多时候都要通过数据管理和数据分析得来。

首先在质检报表的简单分析中可看出每个人工作质量的发展趋势上升了还是下降了、变化的速度如何，从这些数据变化中可以看出什么问题、如何改善。其次，从个人的项目得分分析中可以看到个人的短板及长处，短板尤其需要引起现场管理及培训的重视,同样的分析自然可以延伸到整个团队。第三，人与人之间、团队与团队之间的比较，同比与环比都能够看到管理方面的问题及提升方向，从质检结果中分析出来的个人的问题、团队的问题、运营层面的问题都是质检价值的体现。

数据管理主要是通过对数据的监控与分析，运用数据分析的科学方法，来找出运营过程中的异常情况。绩效指标要包含客户类指标、运营支撑指标与财务性指标；且每个指标要有明确的定义、目标值与支持数据：

①客户类指标要涵盖质量、效率、可达性与满意度四个方面。目标值要与呼叫中心运营机构文化与战略、客户及市场要求相匹配。

②运营支持指标要涵盖质量、效率、可达性与发展四个方面。要为运营支持指标设定目标，并且能支持客户类指标的达成。

③财务性指标要能反映呼叫中心运营机构收入与成本支出的实际情况，通过财务性指标可以证明运营管理的有效性。

④具体监控指标值应该根据每个中心的情况和不同时期的考核重点而调整，通过数据管理做好质量监控的目的。

6.2.2 质量管理分析工具

服务质量管理的数据分析工具很多，常用的是质量数据分析七大工具，其作用主要是用较便捷的手法来解决一些管理上的问题，它们分别是:检查表，因果图，趋势图，排列图，散点图，控制图，直方图。

①检查表：调查表是为了调查服务各节点的工作质量，或为了分层收集数据而设计的图表。即把服务中可能出现的情况及其分类预先列成调查表，检查服务质量时只需在相应分类中进行统计。检查表设计的用途主要包括：

☆不良项目调查，如质检打分表

☆缺陷位置调查，如满意度调查表

☆频数调查表，如来电原因调查表

☆检查确认调查表，如工作计划表

在检查表的制作过程中，我们需要注意：

☆调查表格设计应简单明了，突出重点

☆应填写方便，符号好记

☆调查、加工和检查的程序与调查表填写次序应基本一致

☆填写好的调查表要定时、准时更换并保存

☆数据要便于加工整理，分析整理后及时反馈

序号	录音编号	非致命错误												致命错误	
		亲和能力				沟通能力				业务能力					
		开头语、结束语	语音语速	服务用语	主动服务	快速切入	正确引导	语言表达	推介挽留	系统操作	业务知识	解释到位	在线等待	服务致命	业务致命
1	10	1	1	0	1	1	0	1	N/A	1	1	1	1	1	1
2	12	1	1	0	1	1	1	0	N/A	1	0	1	1	1	0
3	14	0	1	1	1	1	1	1	N/A	1	1	0	N/A	1	0
4	17	1	1	1	1	1	1	1	N/A	1	1	0	N/A	1	1

图 55．呼叫中心检查表示例

呼叫中心检查表详细设计方法，我们将在后面一节进行讨论。

②趋势图：也称“折线图”、“运行图”、“走势图”，是一类在时间序列中表达数据变数的统计图形，它反映了在运营过程中描述 KPI 的时序走势情况与整体水平。趋势图的主要作用为：了解趋势；关注流程波动；追踪历史信息用于预测趋势。

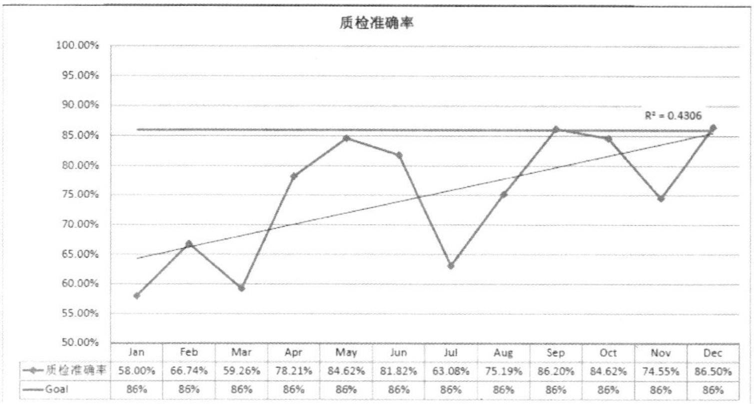

图 56 . 趋势图示例

③直方图:直方图法是对大量计量值数据进行整理加工，找出其统计规律。即分析数据分布的形态，以便对其总体的分布特征进行推断，对工序或批量服务的质量水平及其均匀程度进行分析的方法。

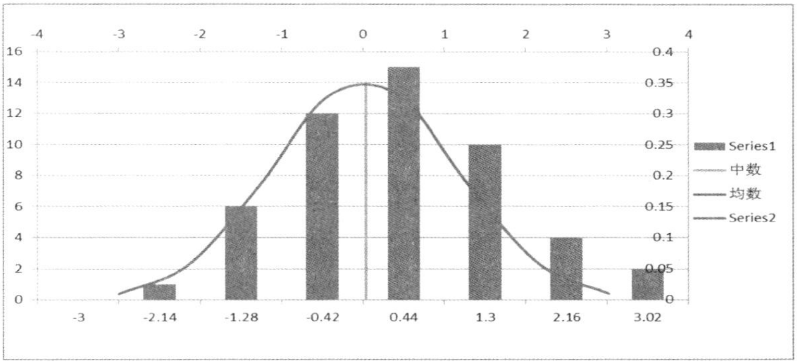

图 57. 直方图示例

直方图是经常使用的简便且能发挥很大作用的统计方法。其主要作用是：

☆ 观察与判断产品质量特性分布状态。

☆ 判断流程是否稳定。

☆ 当人们研究了质量数据波动状况之后，就能掌握过程的状况，从而确定在什么地方集中力量进行质量改进工作。

对直方图的观察，主要有两个方面：

☆ 分析直方图的全图形状，能够发现生产过程的一些质量问题。

☆ 把直方图和质量指标比较，观察质量是否满足要求。

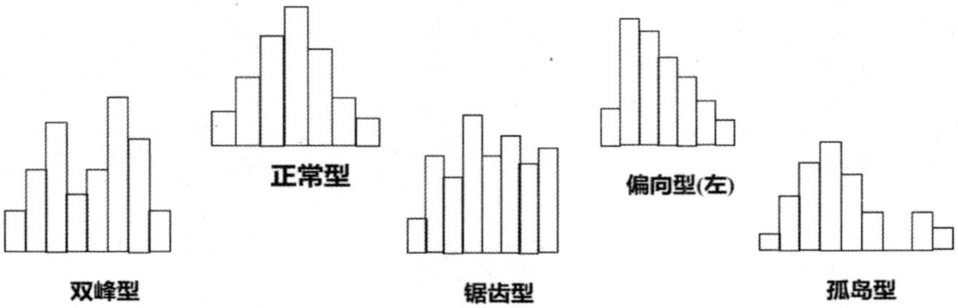

常见类型	图例	调整要点
理想型	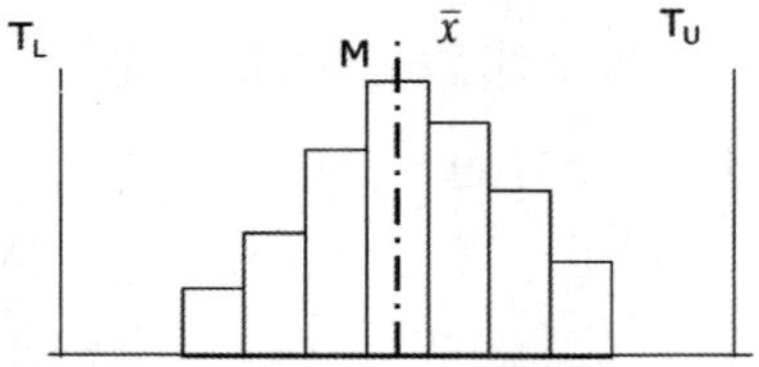	图形对称分布，且两边有一定余量，此时，应采取控制和监督办法。
偏心型	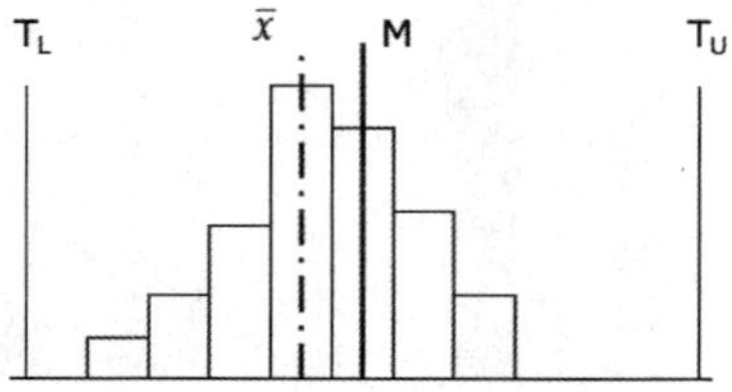	调整分布中心$\bar{x}$，使分布中心 $\bar{x}$ 与公差中心M重合。

常见类型	图例	调整要点
无富余型	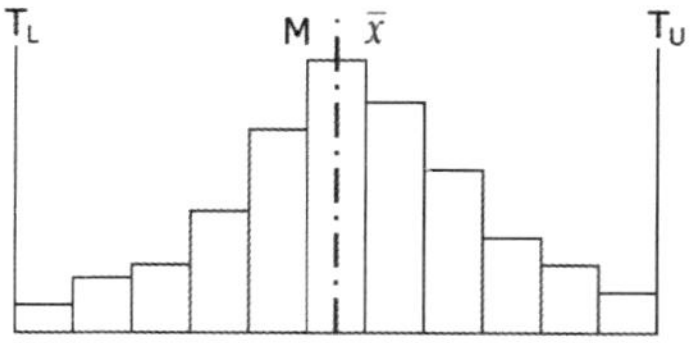	采取措施，减少标准偏差 S。
能力富余型	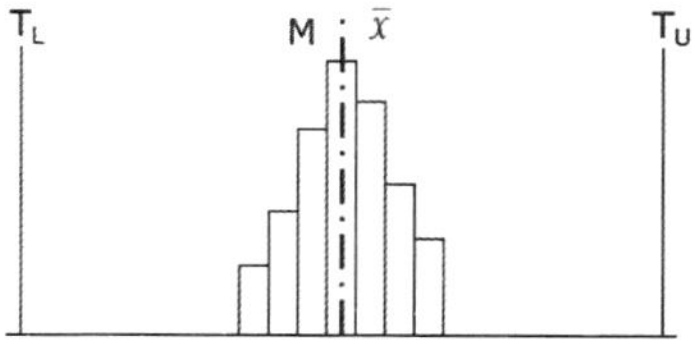	服务能力出现过剩，经济性差。可考虑改变要求，放宽精度或减少检验频次，以降低成本。
能力不足型	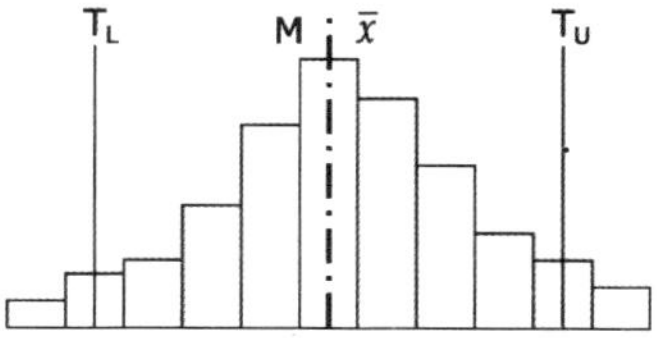	已出现不合格品，应多方面采取措施，减少标准偏差S或放宽过严的公差范围。

④散点图：又称“相关图”，是直观地展现两个变量之间关系的图。研究指标之间是否存在某种依存关系，并对具体有依存关系的现象探讨其相关方向以及相关程度。常用的线性相关分析，研究的是两个变量间线性关系的程度，用相关系数 r 来描述。

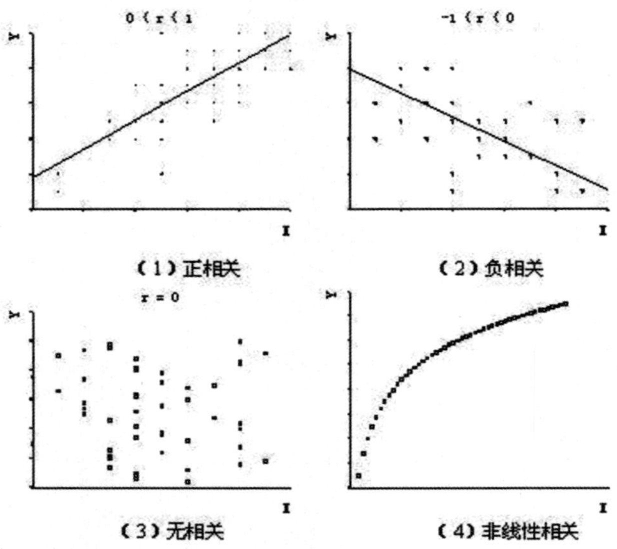

图 58. 散点图示例

⑤排列图：也称为“主次图”，这是按照事件发生频率大小顺序绘制的直方图。排列图运用 80/20 的原则，分析造成问题的主次因素，从而让管理者从主要因素入手解决问题。

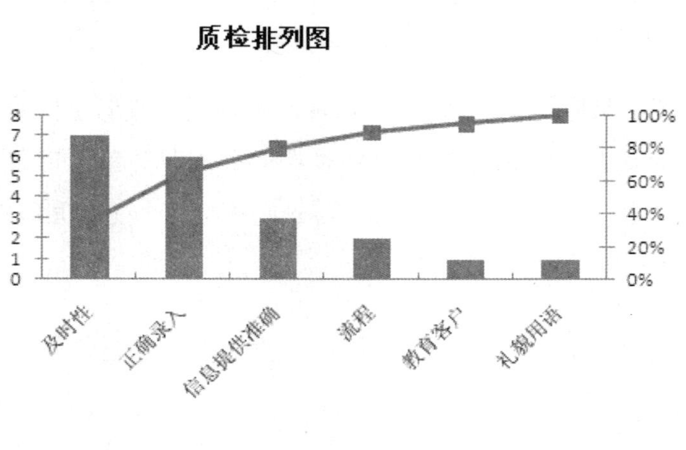

图 59. 排列图示例

⑥因果图：又叫“鱼骨图”、“石川图”。按照因素相互关联性整理而成的层次分明、条理清楚的图形。因果图有助于说明各个原因之间如何相互影响，也能表现出各个可能的原因是如何随时间而依次出现的，帮助管理者透过现象看本质。

因果图是将造成某种结果的众多原因，以系统的方式图解之，即以图来表述结果与原因之间的关系，分析某一质量问题发生原因时所用的定性图示，其形状似鱼骨，也称“鱼骨图”。

一个质量问题的产生，是由错综复杂的多种原因共同作用的结果，这些原因中有关键原因，也有非关键原因，因果图可以帮助质量管理从纷繁的原因中查到真正的原因。制作因果图首先要确定分析的问题,然后进行原因分类，再收集记录各项原因制图。因果图是从产生问题的结果出发，先找到影响质量问题的原因，然后再找到影响大的原因，以此类推，直到找到能直接采取措施的原因为止。

在制作因果图时，要集思广益，由表及里、追本溯源，确定主要原因，并到现场作调查，再制定解决措施。

鱼骨图主要有三种类型：

☆ 整理问题型鱼骨图（各要素与特性值间不存在原因关系，而是结构构成关系）

☆ 原因型鱼骨图（鱼头在右，特性值通常以“为什么……”来写）

☆ 对策型鱼骨图（鱼头在左,特性值通常以“如何提高 / 改善……”来写）

⑦控制图：又叫“管理图”（Control Chart）,是对流程质量的一种记录图形。通过数据的波动趋势来判定服务质量是否可控。控制图基于戴明的经典哲学，即大多数缺陷是由系统引起的，没有完美的系统和过程，它可以永远被改进。因此对于波动，它分为随机性波动和系统性波动。随机性波动是随机发生的偏差，无论采取什么手段始终会存在；系统性波动是不改变系统就无法改变的偏差，是可纠正的偏差。失控状态的判别一般有如下特征：

☆有一部分样本点超出控制界限

☆没有样本点出界，但样本点排列和分布异常

连续 6 点或 6 点以上出现在中心线一侧

连续 7 点上升或下降

样本点的离散度变大

☆ 3 个连续点其中有 2 个点落在 2 个标准差之外

☆ 5 个连续点其中有 4 个落在 1 个标准差之外

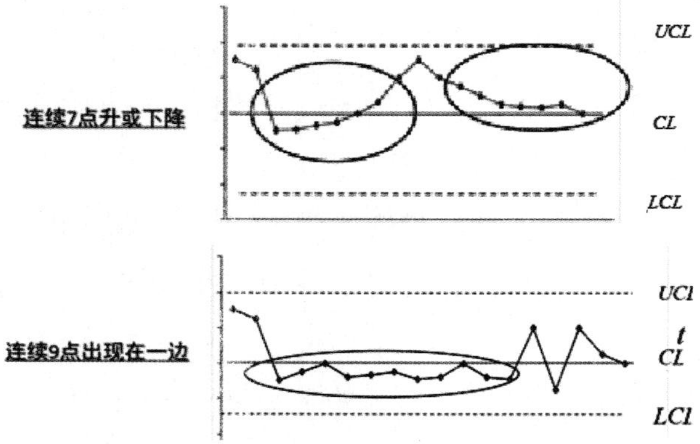

图 60. 控制图示例

6.3 质量管理FAQ

对于呼叫中心来说，质检、培训、现场是运营管理并驾齐驱的三驾“马车”。质检是其中非常重要的一环，作为质检的核心，如何制定一份合适的质检考核标准则是重中之重。

然而，不管是制定、执行还是修正完善质检标准，都需要考虑到质检工作的有效性和可行性，所以首先需要明确的是，质检工作的目的和意义。为什么要进行质检呢？对于质检实施人员来说，自己并不是严厉权威的监督者和惩罚者；对于座席代表来说，质检人员也不该是可怕或可恶的找茬者。其实，呼叫中心进行质检工作，最主要的目的是为了发现并改进流程层面的问题，不断提高整体服务质量。当然，在这个过程中，也可以帮助客服人员扬长避短，把服务工作做好。

通常来讲，质检要遵循“公平、公正、客观、及时、准确”等基本原则，这是对质检工作整体的要求，也是对每一位质检人员的要求。只有遵循这样的原则来开展质检工作，才能起到有效控制质量的目的。

根据质检的原则，对每一个项目、每一个座席代表的质量考核标准应该是一致的，此为“公平”；在质检过程中，要严格根据质量标准的要求来执行，此为“公正”；质检员在质检过程中，要以客观事实为依据，而不能靠个人主观判断，这是“客观”；质检工作必须及时，在项目启动时就需要深入开展，因为在项目启动初期，是最容易出现问题的，所以，质检工作需要“及时”；从事质检的工作人员，需要掌握熟练的业务水平，有能力准确判断出各种问题，对发现的问题要能够准确定位。

一份有效的质检方案，一般包括以下要素：样本、评分表、流程、校准和统计。

首先，样本的选择。质检打分的对象是什么需要明确，是电话、邮件，还是传真？质检，站在客户的角度考虑，就需要对座席员和客户的整个交流过程的方方面面进行监控。也就是说，如果一个事件包括电话沟通、邮件往来和传真服务的，那么原则上来讲，这个事件涉及的电话录音、邮件原件和传真件都需要被监控到，但并不是所有的情况都需要被监控。一般而言，只要是正常开展业务的呼叫中心都不会采用100%质检的方式，而是采用抽样。如何进行抽样，在什么范围内抽样，用多大的比例来进行抽样？对于抽样的比例和方式，每个呼叫中心不完全相同，可以根据自身的实际情况和需要进行。常用的方式是基于新员工、老员工的区别，历史质检成绩的情况，来区别设定抽样比例。同时可以考虑置信区间、置信比例来确定。

其次是评分表，评分表是需要花精力去设计的。不同行业，不同业务，评分表不尽相同，但评分条目、计分规则和评分尺度三个方面，都是必须考虑在内的。评分条目，具体是指打分的项目。打分项目的设定，有些呼叫中心会很细，有按照电话处理过程设计的非常细致的打分表，例如：是否在铃响三声内接起电话，是否在接起电话后使用客户称呼，是否与客户核对身份……

有些呼叫中心则会设计得比较粗，例如服务态度、服务流程等。其实，设计评分条目时，过多的项目容易分散精力，失去重点，太少则不能起到应有的作用。所以根据业务不同发展阶段和需要，适当地设定即可。计分规则也有不同的方式，有些采用百分制、5分制，有些则采用致命错误和非致命错误的方式。另外，为了便于不同的评分者尽量按照统一的尺度进行打分，需要在制定评分项目的同时，给出对每个评分项目的详细解释，以便后续的质检校准会议。

质检的操作流程，需要让每个质检者清楚按什么程序进行质检，也需要让客服人员明白会如何被质检。需要涉及到的主要方面包括：谁进行质检，如何进行，如何反馈，如何制定改进计划，等等。一般来讲，可以执行质检的人包括：班组长、运营主管、经理、质检团队成员等。对于电话监控来讲，可以采取的方式有录音抽取、身边即时监控等。对于个人的情况，反馈需要采用面对面的方式由质检者向被质检的客服人员及时进行，反馈的内容包括此质检中好的方面和不足的方面，对于严重的问题，例如致命错误，需要为其制定改进计划或行动方案。对于共性的问题,则可以采用例会分享等方式进行。对于流程层面的问题，则需要提交呼叫中心管理人员关注和采取行动。

质检的结果中蕴藏了大量有价值的信息。制定质检方案时，需要把发现并改进流程层面的问题作为最主要的目的，这一点，在质检结果的利用环节，可以得到充分的体现。大量的质检数据，经过专业有效地统计和分析，可以提炼很多有用的信息，例如服务质量的趋势、出错的集中范围等等。呼叫中心管理者如果可以充分运用质检的报表分析，则能轻松地找到持续提高服务质量的有效工具。

这些方面在初步制定质检方案时需要考虑到，在日常执行时需要贯彻到，同时在操作的过程中，需要积累经验，不断进行修正和完善。通过这些环节，呼叫中心的质检工作就能有效地发挥重要作用。

统一质检标准，我们常会问以下五个问题：

①质检标准由谁来定

②怎么制定质检标准

③质检标准是用来考核的吗

④如何领会统一的质检标准

⑤怎样有效开展质检工作

下面将从这五个方面展开阐述。

6.3.1 质检标准由谁来定

不论对于公司还是用户，质量还包括经济利益和实际效用。人们认为质量是一种状态，在这种状态下，供求双方被赋予了能对交易关系的任何方面都进行评估的权力。对质量的新定义的关键在于获得“评估权力”。在质量管理的世界里，这种权力是相互的。对公司而言，它意味着公司能合理地期望在利润最大的基础上向客户提供高质量的产品；对客户而言，它意味着客户能够合理地期望以最低的代价来购买最优异的产品和服务。因此，一家呼叫中心的质量做得如何，决定权应该交给客户，由客户来评估做得好不好，相应地，质检标准也应该是从客户的角度出发来拟定，考虑以客户满意为前提的原则。

在实际工作当中，质检标准由质量管理部门制定，质检标准是用以量化客户满意程度的工具，质量成绩的高低应该与客户满意度是正相关关系：质量成绩高，客户满意程度高；质量成绩低，客户满意程度也不会高到什么程度。因此，在工作当中我们要树立这样的观念：

☆ 质检的标准应该是符合客户需求，而不是符合规范要求的！

☆ 质量并不是从管理角度而言没有瑕疵，而是在客户眼中认为有价值！

注意：这里的客户同时包括上游客户和下游客户。

设定质检标准，关注的三个维度：

①企业发展需求；

②客户满意程度；

③员工分析解决问题的四个能力。

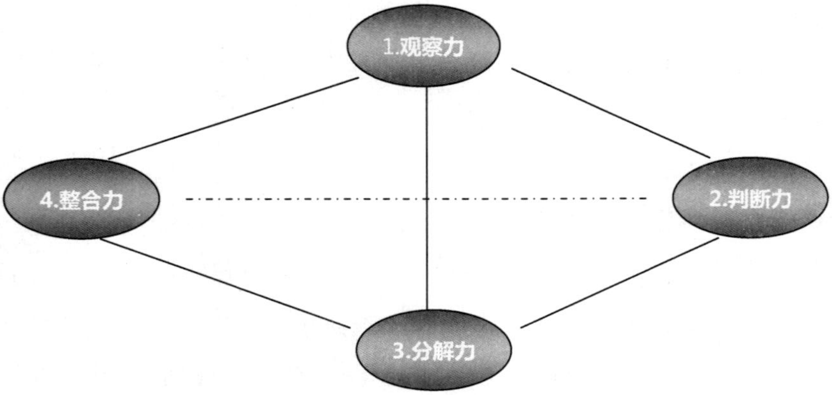

6.3.2 怎么制定质检标准

为了实现呼叫中心的数字化管理，对在服务质量监控中发现问题的座席代表需要结合个人绩效进行考评，这时就需要先制定一个质检评分标准，以便在质检过程中有章可依。

首先，在制定质检标准的时候，需要首先有一个中心思想，方向要把握清楚。在拟定标准过程中，请牢牢把握以下 6 个原则，在拟定之后，进行对照反思：

①是否符合公司的长远规划及短期目标的要求；

②是否适应当地民风及消费方式；

③是否可以量化；

④是否具引导性；

⑤是否正面推动；

⑥是否操作性强。

接着，我们再来看一份完整的适合使用的质检标准是如何设计出来的。

质检标准包括质检的主要方面、质检发现问题的处理办法等，这些标准是质检员在质检工作的依据。同时，座席代表也需要了解质检标准，以便在服务过程中“有法可依”。

第一步，汇集服务要求。汇总贯穿电话服务全过程的各项服务要求，包括从电话接起到挂机的每个环节（如下图），根据服务要求对话务影响程度进行重要性排序。

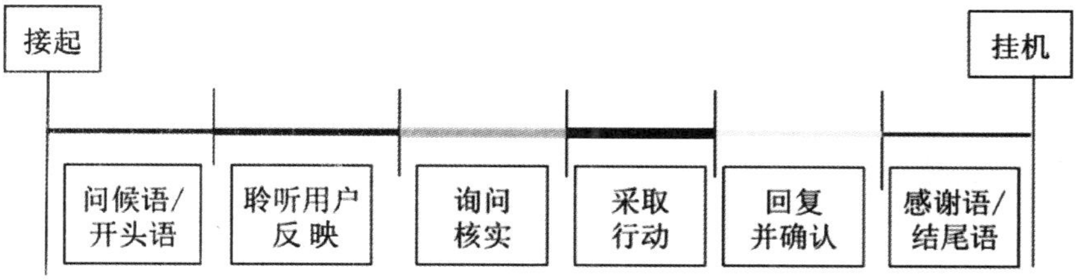

第二步，对汇总的每项服务要求进行归类，例如分成态度、知识和技巧类。

态度	知识	技巧
积极主动 自信自立 耐心诚挚 亲切友好 礼貌规范	产品知识 服务特性 业务流程 市场推广 系统知识	需求辨析 情绪控制 引导提问 正面表达 灵活应变

在制定标准的过程中，不能仅仅由质量管理部门的人员说了算，应该综合各方的意见，考虑到实施效果，组建一个临时的讨论团队当然更好。该团队的成员可以是来自于质量管理部门负责人、质检实施人员，也应该包括运营管理的负责人、基层管理人员和一线座席代表。这样制定出来的质检标准才能得以实施、并持续执行下去。

6.3.3 质检标准是用来考核的吗

对于定期完成的质检结果如何应用呢？员工考核、工薪发放、员工指导……好的结果应用决不仅停止在员工层面，因为很多方案不能正确给出，是因为流程设计的不合理，信息提供的不及时，或者是新员工培训不到位造成的，所以质检结果在应用到员工考核指导以外时，更应该集中在流程改进及客户满意度的匹配方面。

①员工结果反馈：监控结果在员工层面的反馈一定要注重时效性及全面性。所谓时效性，主要是指一个监控完成后，要在尽可能短的时限内给咨询人员反馈，在员工对这个事件还有记忆的时候，后续的指导才有意义。全面性主要是指监控结果既要有不足，更要有优势，优势的反馈更加重要。通过主管对员工咨询工作的认可，员工会加强对工作的信心和成就感，同时知道怎样做才是对的，而不仅仅得到的信息是这样不对、那样有问题，只是不知道如何是正确的。

②流程层问题改进：质控结果一定要与多个绩效指标关联进行分析（如员工任期、AHT、技能考试的分数等），找到可能存在的流程层面的问题，推动进行改善。座席员加起来犯了100个错，其中有94个错是组织的错，是流程的错，质检就是要想办法让话务员不会犯错，就是要改善组织，改善流程，避免话务员下一次再犯错。

有这样一个案例：质检部门制订了新的质检标准，但是在试运行过程中嘘声一片，怨声四起。因为员工发现已经没有办法正常工作，说多错多，考核的地方非常细微，按照质检标准来操作的话，客户都感觉到可笑。但是，质量管理人员认为标准是和运营管理部门一起讨论之后通过，并得到领导同意才执行的，不应该现在出了问题才来反对。质检专员认为现在已经不敢评分了，特别遇到致命差错也睁一只眼闭一只眼就放过去了，因为之前好不容易建立的和座席代表的融洽氛围快要消失殆尽了。班组长甚至差点跳起来和座席代表一起公开反对新标准的死板，就差没闹到领导那里去了。

质检的最终目的不在于考核，而在于提升服务质量，监控结果要告知被监控的人员，并且对未达到要求的人员进行辅导，其实施需基于以下几个方面来考量：

☆ 从客户体验的角度出发，而非惩罚座席代表。

☆ 监控结果及时告知被监控人员。不能仅仅告知一个总分或平均分，需要让被监控者了解具体的失分原因。

☆ 设定明确的目标值来衡量座席代表是否通过监控。

☆ 对犯了致命性错误的座席代表，立即对其进行一对一的辅导来纠正错误。

☆ 对于没有通过监控的座席代表，需要设计针对性的辅导。如果连续第二个月仍然没有通过监控，座席代表将不能继续处理业务直到通过相应的再次培训。

☆ 需要制定相应的计划来处理座席代表多次不能通过业务监控的情况。

从上述情景我们可以看出，有些观念，这个团队需要纠正过来。

☆ 标准是用来提升服务质量的，不只是用来考核的。

☆标准是用来鼓励员工进步的，不是用来打击员工信心的。

☆ 标准是用来衡量进步加速度的，不是用来衡量是否达标的。

那么案例中的困境该如何解决？当然得从根源出发，重新讨论标准吧。

6.3.4 如何领会统一的质检标准

质检标准制定之后，需要保证质检专员对质检标准的理解水平一致，需要通过不断的检验会来保证出现异议的录音达成一致意见；对员工需要通过培训等方式，让员工理解掌握。记住下列原则：

☆ 统一规范标准制度及表格；

☆ 统一人员思路及质检方法；

☆ 避免人为因素影响；

☆ 多思考，多交流，多互动，多点评。

质检标准的制定和执行不代表一劳永逸，错误是人生不可或缺的一部分，质检标准的作用就是帮助大家把错误所造成的损失减到最低和不再重复相同错误。

校准，是质检中容易被忽视却不可忽视的一个部分。校准的目的是为了帮助不同的评分者保持统一和准确的评分尺度，以保证质检工作的有效性。校准会议的召开频率可以根据情况设定，一般可以采用一个季度一次或每月一次的方式。

下面是一张质检表示例。

Agent 姓名：	Program 方案：
Date 日期：	Monitor 监控者：
Customer Details 客户资料：	
Fatal Score 致命错误分数：　Non-fatal Score 非致命错误分数：　% Pass/Fail 通过 / 不通过：	
CALL OPENING (Non-fatal) 开场白（非致命）Score 得分：　%	
Used proper greeting 使用恰当的问候语 Yes No	
Used customer's name 称呼客户的名字 Yes No	
Verified customer's email 确认客户的电子邮件 Yes No	
Asked for source code 询问源代码　Yes No	
Restated reason for call 复述来电原因 Yes No	
KNOWLEDGE AND ACCURACY (Fatal) 知识和准确度（致命）Score 得分：　%	
Correct use of client's procedures 正确使用客户的程序 Yes No	
Knowledgeable on client's products 了解客户的产品知识 Yes No	
Correct information given to customer 给客户正确的信息 Yes No	
Logged all information correctly 信息录入正确 Yes No	
Correct verification before giving personal Information 给个人信息前做正确确认　Yes　No	
PROFESSIONALISM (Non-fatal) 专业化程度（非致命）Score 得分：　%	
Used good grammar, avoids slang 语法好，避免俚语 Yes No	
Sounded confident 有信心 Yes No	
Proper use of hold procedures 正确使用持机等候程序　Yes No	
Listened attentively 注意倾听 Yes No	
Controlled the call 电话控制恰当 Yes No	
CALL CLOSING (Non-fatal) 结束电话（非致命）Score 得分：　%	
Used proper closing script 使用正确的结束脚本 Yes No	
Re-verified customer information 重新确认客户的信息 Yes No	
Set correct expectation 给客户正确的期望 Yes No	
Thanked the customer for calling 感谢客户致电 Yes No	
Length of call appropriate to request 恰当长度 Yes No	
COMMENTS AND FINDINGS 评论与发现	
Steps for Improvement 改善步骤	
1 2 3	

6.3.5 怎样有效开展质检工作

制定了质检标准，做好了质检标准考核的培训之后，我们开始进行质检工作了。如何有效地开展呢？涉及到多个方面，下面从质检监听方法、样本抽取、人员辅导、质检专员质检能力以及质量管理几个方面来分别阐述。

（1）监听方法

质量监听的方法从执行层次来看，从高层次到低层次可以分为：

☆ 录音监听及检查界面操作。通过录音和录屏进行回放来监听及检查。

☆ 录音监听及分析。对录音监听并评分，对存在的问题进行分析，并根据分析结果按照个性或者共性问题对员工进行辅导、激励，将共性问题汇总提交培训人员，纳入培训计划，推动通过培训改善服务质量。

☆ 沉默监听。仅仅是听取录音，不做分析和记录，多用来通过大规模的泛听以帮助了解现场运营情况，控制实时服务水平，及时解决质量异常问题。

☆ 强插。发现员工出现异常，例如通话时长过长、员工情绪激动、客户投诉的时候，可以通过强插的方式进行介入，以便了解即时情况。

☆ 身旁监察。坐到员工的身边，进行即时监听，发现问题可以马上指出，通常这种情况适用于新员工或者犯致命差错的员工，弊端是容易造成员工过于紧张。

☆ 现场巡视。主要用于即时发现问题，适用于新业务或系统上线，或有大批新员工上线的时候，质检部门配合现场班组长进行管理。

下表综合比较各种监听方法的不同特性：

特性＼方法	现场巡视	身旁监察	强插	沉默监听	录音监听及分析	录音监听及检查界面操作
复杂程度	低	←→				高
成本	低	←→				高
技术需求度	低	←→				高
从各方法作用上来看：						
监听录音及检查资料录入		√	√			√
能够即时反馈	√	√	√			
能发现系统问题		√	√			√
较隐蔽，避免对员工产生压力				√	√	√
反馈时通过重放，员工能够知道当时情况					√	√
能记录共性问题					√	√
可作为有参考价值的培训案例					√	√

（2）质检抽样

质检工作常用的方式是抽检，特别是大型项目由于同时上线的座席代表较多，难以做到一个一个的质检，这时抽检就是一种有效的质检方式。在选择随机抽查这种质检方式时，特别要注意质检对象与质检内容的选择，提高质检效率。

请按现状回答以下质检抽样问题：

☆ 是否采用流动式的检查方式。并非固定在某个时段或某种类型的录音。

☆ 是否进行数量差异化质检方法。对不同程度不同水平的员工、不同的话务时段采取不同的监听数量。

☆ 是否有免检的考核方法。针对连续质检成绩表现优秀的员工采取一些“豁免”特殊政策。

☆ 是否请员工主动要求质检。员工可以指定某个时间段或某通录音以提供质检。

☆ 员工是否感谢质检帮他表现。当员工成绩优秀时，认为是在科学的质量管理办法帮助下提升的。

并非以上所有问题都回答“是”的情况下就是合规的抽样办法，具体情况，我们下面继续分析。

考虑到方法的科学性，呼叫中心的录音抽样是个需要结合数理统计工具的过程，具体样本量可以使用统计工具进行计算，抽样的数据需要符合随机原则，同时达到中心所采用的置信度和置信区间。有几个因素是需要考虑的：

☆ 置信度：真实的值在样本统计值某一区域内的概率。可以是 90%、95% 和 99%。结合经济因素及可行性因素，一般使用 95%。

☆ 置信区间：企业愿意接受的数据误差范围。一般建议在 ±5 之间。

☆ 样本量：多大的样本量能达到我们的精确程度。例如需要确定本月的监听数量，则需要确定本月的总数据量，但通常我们做的是即时性的监听，一般不可能等到下个月再来回听本月的录音。因此，一般根据上月的录音情况来预测本月的话务量，以此作为预测总量。

我们可以在这个网站上使用抽样工具：http://www.surveysystem.com/sscalc.htm

举例来说，假设 5 月份的话务总量是 20000 通，采取 95% 的置信度，±5 的置信区间，那么计算出来的样本量是 377 通。意思就是说，如果我们需要了解这个呼叫中心的服务质量整体水平，那么只要抽检 377 通录音，就能有 95% 的把握说这个中心的整体质检成绩，误差范围只在 ±5 之间；假设监听成绩的非致命差错率是 93%，那么整体情况应该在 87% ～ 98% 之间。

反过来，假设 5 月份的话务总量是 20000 通，监听量是 480 通，抽样采取 95% 的置信度，可以计算得出置信区间是 ±4.42，也就是说，该中心的监听量已经在我们可控的误差范围内了。

以上分析，我们都可以看出，样本量的抽样情况，是从呼叫中心整体来看的，并非是查看某一个座席代表的数量，也就是说目前我们监听的成绩其实并不能代表某一位座席代表的服务能力，只能代表整个呼叫中心的服务能力。

下面我们可以来反证一下，当需要了解一个员工真实的服务水平时，假设同样需要符合 95% 置信度和 ±5 置信区间，假设当月员工的接听量（或总工作量）是500通，那么计算得知需要监听的数据量高达217通！这明显与我们平时的监听量是不能符合的，同时按照目前的现实情况来看，也不可能有那么多的人手能承担如此的工作量。因此也就是说，目前的监听量是用来发现员工问题的，并非反映了该员工的服务能力。

上面说了，抽样要符合随机原则，才能保证数据统计的置信度和置信区间，那么我们如何对员工的录音进行抽样，才能保证符合随机原则呢？下面介绍三种方案：

①购买能随机抽取样本量的录音系统。这个最科学，也能避免认为操作带来的误差。

②使用随机函数。将所有录音编号，使用excel软件的统计公式“rand( )”，根据得出的随机数决定需要监听的录音。

③制定尾数规则。根据录音编号的尾数，从周一到周五监听不同的尾数。例如周一监听1和9，周二2和8，周三3和7，周四4和6，周五5和0。

通常对于后两种方式，样本量的抽取或者制定监听规则，一般由质检团队里负责质量保证（Quality Assurance，俗称“QA”岗位）的角色来完成，也有的是质量管理部门负责人完成。

符合了以上的置信度和置信区间，保证了样本量抽取的随机原则，我们还有哪些需要考虑？当然有，比如说：

☆ 这377通录音该如何分配到每个员工的监听量上？平均分配，还是也需要进一步制定规则？

☆ 监听的方法是否都可以采用录音监听的方式？是否需要考虑其他的监听方式？

☆ 是否需要考虑不同时段话务量的不同分布而抽取不同的样本量？

下面从数量、分布以及样本上给出一些建议，以作参考：

①从数量上看：

☆ 检测监听数量落实到人，保持在普通座席代表每月20～40个话务录音以上（或1%～0.4%）

☆ 平均每人累计被监听的通话时间为60～90分钟

☆ 历史录音监听占总监听量的 60% ~ 80%

☆ 实时录音监听占总监听量的 20% ~ 40%

☆ 实时录音监听侧重于对新座席代表或排名后 20% 的员工监听

②从分布上看：

☆ 人员覆盖要求尽可能达到 100%（不建议免检）

☆ 平衡式人员与数量的比例：70% 的座席代表平均为 20 ~ 40 条

☆ 监听重点放在部分表现不好的 20% 座席代表上

☆ 对连续 3 个月排名前 10% 的优秀座席代表可监听 5 条以内作为鼓励

③从样本上看：

☆ 选取样品的时间要求是对不同时间段的录音进行监听

☆ 以中高峰为主（60%），低峰为辅（20%），兼顾到夜班人员的录音（20%）

☆ 选取样品的时长要求针对超长（20%）、超短（20%）、一般的录音（60%）进行监听

（3）人员辅导策略

从能力和意愿两方面入手：

①“模拟法”与实操训练。针对新员工或内部提升训练，可以按照标准做法来操作或者训练。例如，多听优秀录音。

②“标杆法”与批量复制 。找出优秀员工的标杆做法，例如从平时的录音监听中发现的优秀表达，或者发现的销售高手、服务高手，找出他们优秀的做法，交由培训部按照同一套路复制培训。

③“进阶法”与梯次培养。对员工设定不同的等级，不同等级参与不同的辅导课程，使用不同的辅导方式，进行有梯次、分阶段的培养。

④“授权法”追求最终绩效。对优秀员工，能力高意愿也强烈的员工，可以使用充分授权，以绩效结果为考核，平时辅导中无需过多关注，提醒即可。

⑤“督导法”推进持续改善。与“授权法”不同的是，督导法针对的是全体员工或者全体班组，质量的改善就是一个持续改善的过程，通过对个人和团队的持续不断的督导，提示其要不断按照客户的要求改善服务能力，提升服务水平，推进各方面的持续改善。

⑥“调配法”充分利用资源。可以从两方面进行考虑，一是充分利用现有优秀员工的力量，进行班组或个人结对学习，充分利用内部资源；二是综合培养员工的业务技能，根据不同技能组的话务高峰调配人手，让优秀员工或者意愿高能力强的员工通过不断的学习，掌握多种技能甚至全技能，充分发挥员工的潜能，让企业得到最大的能力资源。

(4) 质检的质检

在完成上述工作之后，我们不禁要问：如何提升质检人员的质检效用？如何保证质检人员的质检水平是对所有人员保持一致，并未受到其在不同时间不同情绪的影响？

答案就是质检人员同样需要质检，对处理质检工作的人员需要定期进行质检校验和质检工作的抽检，监督质检人员的业绩表现和效益。

①向质检专员要业绩

一方面需要维持，另一方面需要改善。维持的是原来正常的绩效水平的基本工作：

☆ 按计划按标准行事

☆ 确实执行新标准

☆ 使正常状态持续出现

改善的是质量异常和计划外事件，提升现有水平：

☆ 快速解决计划外事件

☆ 不断提升现有水平

☆ 迅速改善异常质量

总之，作为质检专员，必须认识到，服务质量提升是座席代表的努力结果，因为需要座席代表主观意愿上希望改变，并进行了执行，才有质量成绩的变化；但是服务质量下滑就有质检专员的责任了，尽管不能说服务质量下滑是质检专员的错，但是没有任何应对改进措施就是不对。

②质量管理专员

除了负责质检专员的管理，提升质检水平，监督质检工作质量，还有很重要的一环，就是对服务质量标准的制订、推行和中心整体服务质量的持续改善。

下图展示了质量管理专员是如何使用 PDCA 循环来持续改善质量管理工作的。

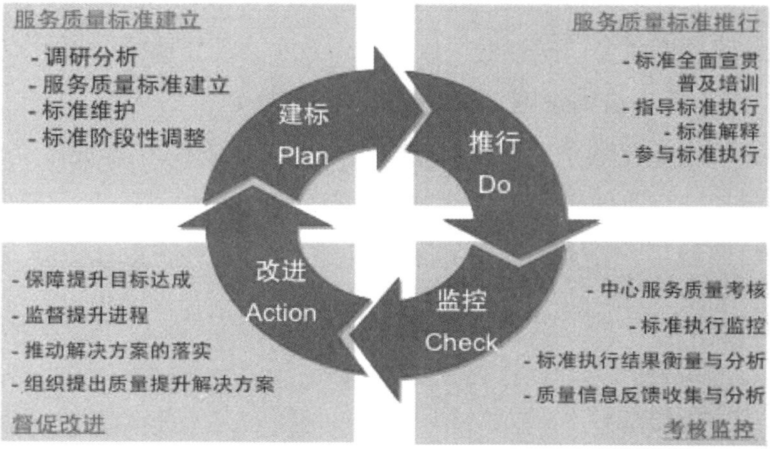

图 61 .PDCA 图

③角色观念改变

质检负责人员，无论是质量部门负责人、质量管理专员还是质检专员，又或者是现场管理人员，所有与质检工作相关的人员，需要调整观念，从角色认知开始，改变以往认为质检的“监督员”身份，带领大家向教练员过渡。下表整理了前后观念上、做法上的不同 ：

监督者 / 管理者	教练 / 领导者
检查	促进
指挥、管理	教练、协调
告诉	建议、指导
提供资源	参与团队一起确认和保护所需的资源
解决问题	顾问、建议
关注于群体工作结果	在团队以外工作以获得团队目标支持
发布正式和非正式的赞誉 / 承认	加入并与团队成员共获成功

质量管理是一个动态更迭的流程，其运用需随企业环境和客户需求的变化而改变。当产品、流程、政策、客户期望、系统或业务需求发生改变时，部门程序和质量保证行动指南也必须更新，必须再次进行培训。质量管理并不是可选的，而是提高客户满意度、保证工作效率、工作质量所不可或缺的。

联想 45 条成功法则说道："要做出一条光彩夺目的项链来，有的人像一颗珍珠，有的人不是珍珠，不能像珍珠一样闪闪发光，但他是一条线，能把那些珍珠串起。企业的领导者必须知道自己的价值所在——你是那条线。"在质量管理的领域里，企业质量管理的成功绝对不是一个人的成功，而是由团队里各个角色共同努力的结果，是大家的共同付出推动向前得以实现的。

6.4 小结

☆ 服务质量监控三角平衡法是从外部监控、内部监察和数据分析三个角度来进行质量监控的方法。

☆ 质检抽样要符合随机原则。

☆ 样本量的计算是科学的数理统计的过程，需要考虑置信度和置信区间。

☆ 常用的六大辅导策略：模拟法、标杆法、进阶法、授权法、调配法和督导法。

☆ 向质量管理人员要效益和业绩。

第7章　满意才是服务的灵魂

7.1 与客户满意相关的概念

在生产技术相对落后、供给满足不了需求的情况下，企业关心的往往是生产量，以生产为导向的经营理念就占据了主导地位。随着技术的提高和经济的发展，市场商品日益丰富，人们的收入逐步提高，民众对商品越来越挑剔。在这种新的环境下，企业要获得成功就要设计出性能好、质量高的产品，以便使客户在众多的可选择产品中选择自己的产品。这时，衡量企业的一个重要生产指标就由生产数量转变为生产质量，从而企业的经营理念也转变为以产品质量为导向的经营理念。从上世纪 80 年代开始，技术和经济都得到了长足的发展，企业界发现，自己认为最好的产品客户并不一定会认可。购买的主动权掌握在客户手中,他们将选择那些使得他们的满意度最高的产品。同时，由于市场的成熟，依赖提高新客户的方法来经营的理念已经过时了，新客户毕竟有限,而保住老客户就成了大多数企业生存和发展的基础。而要保住老客户，一个最重要的方法就是提高客户的满意度。所以，衡量企业的一个重要生产指标就变成了客户满意度，以产品为导向的经营理念很快就被以客户为导向 (Customer Oriented) 的理念所代替。

客户满意理念是用来阐述客户满意度的基础，它是一种现代经营理念。它将产品（服务）分为这样三个层次：核心产品、有形产品和附加产品。核心产品是指产品中能够满足客户最基本需要的那部分内容，或者说能给客户带来基本使用价值的那部分内容，正是由于这部分内容，客户才购买这类产品。有形产品是核心产品的外在表现，它有五种特征：质量水准、功能特色，式样、包装以及品牌。有形产品是核心产品的载体，虽然有形产品不是客户购买产品的主要动机来源，但是它的内容对客户的购买行为会产生重要影响。附加产品是指与客户购买和使用产品有关的所有其他内容，主要包括产品的安装、运输、交货与信用条件、售前与售后服务等。

由核心产品、有形产品和附加产品构成的整体产品决定着客户是否满意。核心产品决定着客户是否有购买某类产品的动机，在一般意义上决定着客户是否满意。有形产品是客户在该类产品中选择某种产品的依据，在产品竞争的意义上决定着客户是否满意。附加产品是客户选择产品厂商的条件，在企业竞争的意义上决定着客户是否满意。这三者互相补充互相影响，决定着客户对产品的总体感受。

决定客户与厂商交易的动机除了客户对整体产品的评价以外，还有一个因素就是产品的价值，客户价值理念就是在整体产品基础上的深化。如果客户认为所购产品为他带来的利益总和基本上等于他为购买和使用该产品所付出的价格，他就会满意。如果他认为这种利益总和超过他所付出的价值，他会非常满意；反之，他就会不满意。同样，如果客户为企业所提供的价格低于企业为客户提供的商品和服务的总价值，交易也不能够进行。

激烈竞争的开放市场，使得许多产品或服务在品质上的区别越来越小，客户越来越多地看重企业能否满足其个性化要求，能否提供满意及时的服务；企业越来越感觉到客户是市场竞争中至关重要的资源。从客户价值的选择角度看，早期客户遵循理性消费的观念，不但重视产品的价格，更重视产品的质量；后来客户对价值选择更多受到感觉的影响，开始注重产品的形象、品牌、设计和使用的便利性、新颖性，对产品价值的选择标准发展为“喜欢”或者“不喜欢”；发展到今天，客户更多开始重视产品或服务所带来的感情和心灵上的充实和满足，标准演变为“满意”或者“不满意”。

由此，我们对客户满意下一个定义：客户满意是指享受企业产品或服务的客户对于产品或服务的价值认可和情感接受，一般以客户满意度作为评估及量化指标。

客户满意度背面隐含的另一个问题就是客户价值，那什么是客户价值，如何定义客户价值呢？客户价值可分为客户终身价值和客户让渡价值。

国际知名的营销理论专家菲利普·科特勒在其巨著《营销管理》中首次阐述了客户让渡价值理论(Customer Delivered Value)。他指出，所谓客户让渡价值，是指企业提供给客户的总价值(总客户价值：Total Customer Value)和客户付出的总成本(总客户成本：Total Customer Cost)之间的差额。总客户价值由产品价值、客户服务价值、人员价值和形象价值组成；总客户成本由货币成本、时间成本、体力成本和精神成本组成。

由客户价值理论可以看出：要想最大化地占有市场，就必须能让客户用最少的支出、最短的时间、最快的速度、最低的价格在最优质的服务下完成一次快乐的交易。因此，企业应该摈弃传统的销售理念，不仅仅销售产品，而且要向客户提供全方位的服务和较高的客户让渡价值。

面对激烈的市场竞争，我们要清楚，仅仅让客户满意还远远不够，我们要做的是令客户忠诚，把满意的客户转化成忠诚的客户，只有当企业拥有越来越多忠诚的客户，才能不断地创造更多的价值。从广义上来看，企业的利润不仅是目前的现金流量，同时应是所有客户在一段时期内所贡献的价值的净现值，其中忠诚的客户创造了绝大部分的价值。忠诚的客户是指客户对于某种产品和服务具有主动的依赖，进而对于企业产生忠诚与归属感。客户在相当长一段时期内会持续购买企业的产品和服务，形成“客户终身价值”，并给企业带来利润。

客户终身价值，是指每一个客户带给企业的一系列收入的总和。如果一个客户被企业的营销系统争取成功，那么他对企业现在的价值就不仅是一个月或一年的收入，而是他在以后对这个企业保持忠诚那一段时间产生价值的总和。广义上甚至包括通过他介绍其他人成为客户所带来的价值。很多公司对自己客户的“客户终身价值”做过计算。

美国“达美乐披萨”在巴尔的摩地区的特许商在多年前就计算出，一位忠诚的披萨购买者的终身价值是4000美元的销售收入。因此，这个特许商的所有员工都以4000美元来看待每一位客户所贡献的收入，而不是每个披萨8美元的价格。

上个世纪90年代，“凯迪拉克”汽车在美国达拉斯的一家经销商也作了类似的计算，发现汽车服务的忠诚客户，他们的终身价值是33.2万美元。

奔驰汽车的销售人员接受的培训则更为简单直接，他们被要求想象每一个走进奔驰展厅的人的额头上都贴着一百万美元——因为，奔驰的经销商知道，从长期的销售和服务来看，一个钟爱“奔驰”的客户，其一生带来的销售收入就值一百万美元。

设想一下，您的企业里，客户终生价值是多少？

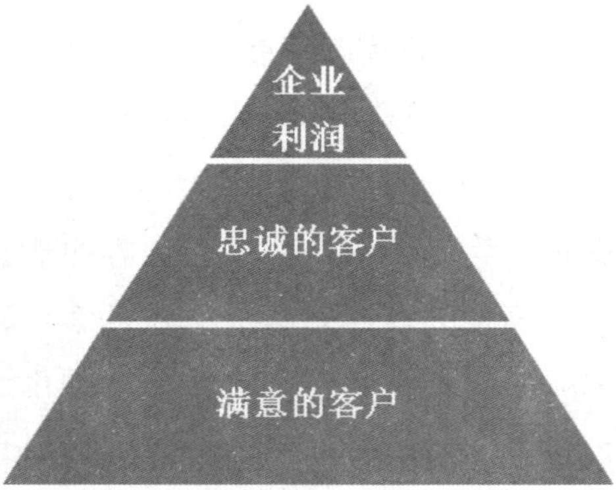

图62.层次递进的客户终生价值塔

以满足客户需求，提高客户满意度为核心思想的客户满意（CS）最早产生于美国，并作为一种经营战略最早应用于汽车行业。在汽车行业取得显著成效后，该理念遂在各行各业得到了广泛的应用和迅猛发展。

客户满意度是客户在历次购买活动中逐渐积累起来的连续状态，是一种经过长期沉淀而形成的情感诉求。也就是客户在商品或服务的消费过程中，商品或服务对客户消费期望的满足程度。它是一种不仅仅限于“满意”或“不满意”两种状态的总体感觉。

客户满意度是需要不断提高和改进的，因为营销界有一个著名的等式：100 － 1=0，意思就是说即使有 100 个客户对企业满意，但只要有一个客户对企业的产品或服务持否定态度，企业的美誉度就立即归零。实事求是地说，这种说法有点夸大其辞，但有事实显示：每位非常满意的客户会将其满意的感觉告诉至少 12 个人，其中大约 10 个人在产生相同或相近的需求时会光顾该企业；相反，一位非常不满意的客户会把他的不满意告诉至少 20 个人，这些人在产生相同需求时几乎不会光顾该企业。

同时有研究数据表明，企业的客户服务水平处于一般水平时，客户的反应不大，一旦其服务提高或降低一定程度，客户的赞誉或抱怨就呈指数增长。

客户总是愿意从能为其提供最高客户价值的服务供应商那里购买服务。一个企业要想占有更多的市场份额，就要有更高的客户支持率；更高的客户支持率亦即有更高的客户满意度。客户愿意购买你的产品或服务，接受你的企业产品或服务，是因为客户可以得到更高的客户价值实现。客户价值是客户总价值和客户总成本之间的差额，客户总成本代表着与收益相关的所有直接和间接成本。

对于不同的客户，其对客户价值的期望是不一样的，有的客户可能希望尽可能地减少货币成本，但有的客户可能在同样的条件下更希望减少时间成本或精力成本。因此，对于物流企业一定要针对不同的客户，仔细地分析对该客户而言什么是最重要的。只有完全了解了客户的真正需求，才能向每个客户提供定制的服务，从而在行业内部极大地提高企业竞争力。

在提高客户满意度的过程中，如何评价客户满意度的提高是关键。对于客户满意度本身定量的评价比较困难，我们建议采用分层分解法构造评价体系，将对客户满意度（一级指标）的评价，分解为对客户消费期望、客户对服务质量的感知、客户对价值实现的感知、客户抱怨、客户回头率五个二级指标，再在此基础上对二级指标进行分解和细化，分解为三、四级甚至更多级别的评价指标。对末端的评价指标采用问卷调查、电话回访或反馈表的形式进行调查，综合各指标在总评价体系中的权重，对整个物流体系的客户满意度进行定量评价。

在进行客户满意度评价的同时，对那些客户负面反应比较多的项目或行为，应当及时加以改进，最大限度地将客户满意度转换为客户忠诚度，促进企业业绩和效益增长，不断增加本企业在本行业中的竞争力。

7.2 与客户忠诚度相关的分析

在中文的概念里，“忠诚”一词一向是一个褒义词，被解释为对朋友、信仰、组织、国家等的认同和追随。它包括两个层次的含义：第一层次是对人和事物的忠诚；第二层次是对某种价值观的忠诚。

客户忠诚 (Customer Loyalty，CL) 的定义为：客户坚持重复购买或惠顾自己喜欢的同一品牌的产品和服务，不管环境的影响和市场的作用。

客户忠诚度研究领域在有关客户忠诚的本质、前提和概念方面已经建立了一个庞大的知识体系。客户忠诚理论可追溯到客户满意理论和市场关系理论，两者为分析客户与供应商的关系提供了一个广阔、坚实的知识背景。此外，社会学和心理学作为客户满意理论的基础，“认可 / 不认可”概念的提出为满意的定义以及解释满意与信任间关系打下了基础；信任和忠诚都是长时间满意体验的积累，客户满意理论多年来的研究成果阐述了满意与信任的关系，以及满意对再购买行为和忠诚的影响。

客户忠诚是从客户满意概念中引出的，是指客户满意后而产生的对某种产品品牌或公司的信赖、维护和希望重复购买的一种心理倾向。客户忠诚实际上是一种客户行为的持续性，客户忠诚度是指客户忠诚于企业的程度。客户忠诚表现为两种形式，一种是客户忠诚于企业的意愿；另一种是客户忠诚于企业的行为。而一般的企业往往容易将此两种形式混淆起来，其实这两者具有本质区别，前者对于企业来说本身并不产生直接的价值，而后者则对企业来说非常具有价值；道理很简单，客户只有意愿，却没有行动，对于企业来说是没有意义的。企业需要做的：一是推动客户从“意愿”向“行为”的转化；二是通过交叉销售和追加销售等途径进一步提升客户与企业的交易频度。

在市场关系领域，已经提出了许多运用生命周期法来描述客户行为的模型，为了更好地理解客户行为，动态观点被许多学者采纳，他们用动态的方法来解释关系生命周期的不同阶段中，客户忠诚度的不同表现形式，把客户与供应商的关系分为几个不同的阶段。“真正的”忠诚是通过比较和评估过程而产生的一种对同一品牌的再购买行为，也即行为忠诚，再购买意愿假如没有相对应的行为忠诚只能被认为是一种虚假的忠诚，也即精神忠诚。判断客户是否忠诚，可从以下四个方面观察：

① 忠诚的客户会经常反复地购买你的产品或雇佣你的服务，甚至可以定量分析出他们的购买频度。

② 忠诚的客户在购买你的产品或雇佣服务时，选择呈多样性，因为是你的产品或服务，他们乐意购买，他们信任你、支持你，也较其他客户更关注你所提供的新产品或新服务。

③忠诚的客户乐于向他人推荐你的产品，而且调查显示，被推荐者相对于其他客户会更亲近于你，更忠诚于你。

④忠诚的客户会排斥你的竞争对手，只要忠诚的纽带未被打破，他们甚至不屑胜你一筹的对手。

麦肯锡调查得出，大约有一半以上的忠诚计划成员是搭顺风车类型的客户，他们享受了商家提供的优惠，却没在那里多花一分钱。由于这些人得到了实惠，却没有给公司带来回报，因而导致真正多花钱的客户产生的利润必须负担他们自身及搭顺风车者的双重成本。由客户忠诚的含义，我们也可以得出下面的结论：

不同的客户所具有的客户忠诚度差别会很大，不同行业的客户忠诚度也各不相同。因此，企业在制定忠诚计划，并对忠诚计划进行预算评估和成本控制时，要注意将客户忠诚进行细分，然后再根据不同忠诚程度客户的不同需求和潜力，制定有不同的、针对性的忠诚计划。

和任何营销计划一样，在推出忠诚计划之前，企业一定要清楚自己的细分市场，只不过这个细分市场是按照客户忠诚来划分的。挑选真正有价值的忠诚细分市场，量身定做适合他们的忠诚计划，是企业控制计划实施成本的关键。

管理各个细分市场需要不同的策略，通过对客户忠诚的细分，可以帮助公司根据销售机会的大小来安排建立客户忠诚活动的重点。

在营销界对于客户忠诚有很多种细分方法，比较常见的是唛肯锡忠诚度多维度细分法和忠诚客户五类细分法。

（1）麦肯锡忠诚度多维度细分法

麦肯锡的多维度细分法强调，建立忠诚度并不只是像传统观念认为的那样，仅仅是防止客户流失和鼓励客户更多消费，而是要理解和管理所有六个忠诚度细分市场。他们根据客户对于产品和服务的需求、对于品牌的态度和满意度，将客户忠诚度由高到低细分为六个市场：感情型忠诚客户、惯性型忠诚客户、分析比较型忠诚客户、生活方式改变型下滑客户、分析比较型下滑客户和不满意型下滑客户。其中前三种客户可以看作为企业的忠诚客户；而后三种客户对于企业的忠诚度正在降低，他们正在或准备转向其他企业的产品或服务。

（2）五类忠诚客户的划分方法

有的营销人员偏向于通过客户对企业提供的忠诚计划所给予的评估，将忠诚客户划分为五种类型：垄断型、节约型、激励型、习惯型、忠实型。

垄断型忠诚客户之所以选择企业的忠诚计划，是因为他们并没有其他选择，而不是因为他们对于计划本身的热爱，有的时候他们对于忠诚计划甚至是“痛恨”的，只是因为他们的可选择面太窄。

如果企业的客户是节约型忠诚客户，那么企业就处于一个非常激烈的竞争环境中，客户们始终在寻找更加有利的忠诚计划。在现阶段，由于经济转换成本较高，他们仍保持着对于企业的忠诚度。但调查表明，这类忠诚客户并非对企业的服务非常满意。

激励型忠诚客户是近年来最常见的一种类型，欧美国家几乎每位客户都拥有好几张航空公司、加油站和零售商店的积分卡。他们已经将这种积分看成了购买企业产品和服务应得的附加产品，由于积分卡太过常见，他们已经很难从中得到“非常满意”的感觉。

习惯型忠诚客户是最常见的重复购买客户，他们往往由于时间和生活方式的原因成为企业的忠诚客户。很多企业客户的重复购买率很高，从而使他们产生了“客户的满意程度很高”的错觉。通常情况下，如果在客户的生活环境中出现了更便利的可替代产品或服务，习惯型忠诚客户很容易改变他们的购买习惯。

忠实型忠诚客户是企业最有价值的客户，他们对企业有很深的感情，不会轻易转向其他企业的产品和服务。他们不但重复购买率高，而且经常向亲友推荐企业产品和服务，是企业的兼职营销人员。即使企业的某一点让他们不满意，他们也不会立即离开，而是向企业进行反映，并督促企业改进。

通过对客户忠诚度的细分，可以有效地确定客户对企业的信赖程度，对高度信赖、易受竞争对手影响、易流失的不同类别的客户实施有针对性的客户忠诚计划。此外，企业还可以用它来衡量忠诚计划的效果。

20 世纪 90 年代，美国的一家名叫 Bain & Company 的公司进行了迄今为止规模最大的对客户忠诚和企业赢利能力之间关系的实证性研究。该项研究通过对美国服务业的研究发现，在不考虑其他因素的情况下，客户在接受企业服务的头五年中，为企业提供的利润是逐年上升的。

在这项研究中，克里斯廷 · 格罗鲁斯 (Christian Gronroos) 认为，客户忠诚对企业赢利能力的影响主要表现在以下几个方面：

第一，争取新客户成本 (Cost of winning new customers)。大多数行业都需要利用外部营销手段来争取新的客户，实践证明，争取新客户的成本非常高，而维系老客户的成本则呈下降趋势。一般来说，争取新客户的成本是维持一位老客户成本的 5 ~ 6 倍。由此可见，忠诚的客户为企业节约的成本是非常明显的。

第二，基本利润 (Base Profit)。在很多服务行业中，客户所支付的价格在头几年甚至若干年内都无法弥补服务的成本。但在另外一些情况下，客户支付的价格在第一年就可以将服务的成本完全弥补了，累计的利润会逐步抵消争取新客户的成本，当然，每个行业的情况可能会有所不同。

第三，成本节约 (Cost Saving)。当客户和服务提供者相互了解后，服务过程会变得更加顺利，服务速度也会提高，而且服务失误率也随之降低。由此，为每个客户提供服务的成本会减少，相应的，企业的利润会增加。

第四，客户推荐(Referral)。忠诚的老客户往往会通过口碑推荐，给企业带来新客户，从而降低吸引新客户的成本。

第五，溢价(Premium Price)。在许多行业，老客户比新客户更愿意以较高价格来接受企业的服务。许多对新客户必须支付的成本在老客户那里都可以省去。当然，即使是老客户，也并不总是愿意支付溢价。

除上述直接效应外，忠诚客户还会增强企业员工和投资者的自豪感和满意感，进而提高员工和股东的保持率；反过来，忠诚的员工可以更好地为客户提供产品和服务，而忠实的股东也不会为了短期利益而做出损害长远价值的行为，从而进一步加强客户忠诚，形成一个良性循环，最终实现总成本的收缩和生产力的提高。

7.2.1 客户忠诚度测量指标

①客户重复购买的次数：一段时间以内，客户对某一种产品重复购买的次数越多，说明对这一产品的忠诚度越高；反之，则越低。对于经营多种产品的企业来讲，重复购买同一品牌的不同产品，也是一种高忠诚度的表现。

②客户在本企业的购买量占其对产品总需求的比例：比例越高，忠诚度越高。

③客户对本企业品牌的关心程度：一般来讲，关心程度越高，忠诚度越高。关心程度和购买次数并不完全相同，比如某种品牌的专卖店，客户经常光顾，但是并不一定每次都购买。

④客户对企业竞争对手的态度：客户越不关注竞争对手的产品和服务，说明对本企业的忠诚度越高。如果客户对竞争对手商品或品牌关注程度提高，多数是由于客户对竞争产品的偏好有所增加，表明忠诚度可能下降。

⑤ NPS（net promoter score 净推荐值）：通常企业达成这一目标的做法，就是进行所谓“客户满意度调查”。不过，这种方法却有一个明显的缺陷，收集的信息太多又缺乏重点，结果是问的问题太多，很难从中获得正面的行动建议。贝恩咨询公司荣誉董事弗莱德·莱希哈尔德在他的新书《终极问题：驱

动良性收益与真实增长的方法》中说：只是通过一个简单而重要的问题，轻松地避开通常的客户调查方法中的陷阱，触及事实的核心，这个问题就是：你在多大程度上愿意向你的朋友推荐我们公司？这是一个量化的问题，受访者需要按照自己推荐意愿的强度从0到10给被调查的公司打分。而按照他们所给出的分数，“终极问题体系”把所有的受访者分成了三类。10或9的受访者被称为“推荐者”（Promoters，说好话的）；8或7的受访者被称为“被动者”（Passives）；而0到6的所有受访者则被称为“贬损者”（detractors，说坏话的）。然后，统计出这三类人各自在整个样本中所占的百分比，最后用推荐者所占的百分比减去贬损者所占的百分比，就得到一个“净推荐值”。

⑥客户购买时的挑选时间：客户在同一企业购买产品的时候，挑选产品的时间越短，忠诚度越高。

⑦客户对产品或服务价格的敏感程度：价格敏感程度越低，忠诚度越高。

⑧客户对产品质量事故的承受力：客户忠诚度越高，对出现的质量事故也就越宽容。

⑨客户对商品的认同度：如果客户经常向身边的人士推荐产品或会在间接的评价中表示认同，则表明忠诚度较高。

客户忠诚度的衡量标准非常丰富，几乎无法穷举，上面列举的各种因素的重要程度也不一样。但大多数的企业衡量客户忠诚的主要指标是客户保持度（CustomerRetention），即描述企业和客户关系维系时间长度的量；客户占有率（CustomerShare），即客户将预算花费在该公司的比率。

那么是什么促使客户忠诚，是什么驱动客户忠诚度提升？是客户满意度！

客户满意和客户忠诚是一对相互关联的概念，但两个概念有着明显的不同。实际上，客户满意是客户需求被满足后的愉悦感，是一种心理活动。客户满意度与态度相关联，争取客户满意的目的是尝试改变客户对产品或服务的态度；而忠诚客户所表现出来的却是购买行为，并且是有目的性的、经过思考而决定的购买行为。衡量客户忠诚度主要有两方面，即客户的保持度和客户的占有率。忠诚的客户群体是一个相对稳定的动态平衡。从来没有永远的忠诚，企业无法买到客户的忠诚，只能增加客户的忠诚。

客户满意度不等于客户的忠诚度，客户满意度是一种心理的满足，是客户在消费后所表露出的态度；但客户的忠诚是一种持续交易的行为，是为促进客户重复购买的发生。有资料表明，仅仅有客户的满意还不够，当出现更好的产品供应商时，大客户可能会更换供应商。

客户忠诚比客户满意更有价值。很多时候，许多企业并没有深刻理解客户满意与客户忠诚内涵的差异，将两者混淆使用，使得企业的客户关系管理步入了某些误区。我们如今所面临的现实情况是，在竞争日趋激烈、以客户为导向的市场环境中，越来越多的公司持续追逐客户满意度的提升，并且大多数时候，很多企业追逐的成效并不尽如人意。并且，他们发现，企业如果仅仅只是追求客户满意度,在某种程度上往往并不能解决最终问题。因为大多数时候，尽管企业的客户满意程度提高了，但企业的获利能力并没有立即获得改善，企业利润并没有得到增加。究其原因，关键就是企业没有使得客户对企业的满意上升到对企业的忠诚。满意的客户并不一定能保证他们始终会对企业忠诚，满意的客户并不一定会因此产生重复购买的行为而给企业带来价值。

满意度衡量的是客户的期望和感受，而忠诚度反映客户未来的购买行动和购买承诺。客户满意度调查反映了客户对过去购买经历的意见和想法，只能反映过去的行为，不能作为未来行为的可靠预测；忠诚度调查却可以预测客户最想买什么产品，什么时候买，这些购买可以产生多少销售收入。

客户的满意度和他们的实际购买行为之间不一定有直接的联系，满意的客户不一定能保证他们始终会对企业忠实，产生重复购买的行为。在一本《客户满意一钱不值，客户忠诚至尊无价》的有关“客户忠诚”的畅销书中，作者辩论道：“客户满意一钱不值，因为满意的客户仍然购买其他企业的产品。对交易过程的每个环节都十分满意的客户也会因为一个更好的价格更换供应商，而有时尽管客户对你的产品和服务不是绝对的满意，你却能一直锁定这个客户。”

客户忠诚度是以多次愉快的服务体验为基础的，而客户满意度则正是体现客户的需求被满足后的愉悦感的程度。客户满意度驱动客户忠诚度。下图可以很直观地展现客户满意度和客户忠诚度的关系。

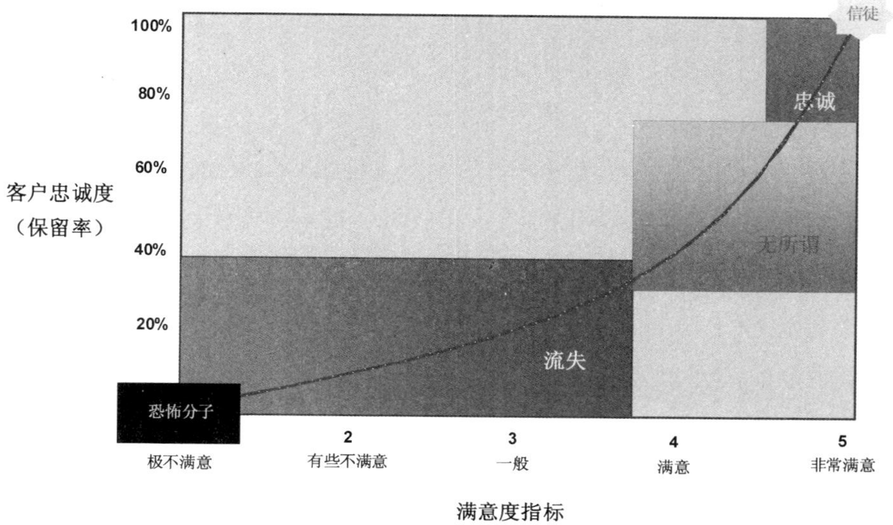

图 63. 客户满意度和客户忠诚度矩阵图

这个图是哈佛商学院的学者们通过对众多服务业企业的长期研究后得出的结论，表明了满意度高的客户才能成为忠诚的客户。X 轴是客户满意度指标，5 分为满分；Y 轴是客户忠诚度指标，100%为满分。该图显示：

当满意度在 3.75 分或者以下的时候，客户忠诚度仅有 38%，这个数值是很低的，代表客户处于“流失”的区域，他们很可能会离开。

在“流失”的区域里，有一小部分极不满意的“客户”，被称为“恐怖分子”。为什么？因为，像我们所知道的那样，一个不满意的客户，他会告诉另外 11 个人，并且阻止那些人选用企业的产品和服务，而极端不满意的客户则更是这样，他们已经转投其他服务供应商的怀抱，但仍对原来的服务供应商极为不满，而且他们会利用每一次机会表达对原来的服务供应商的不满情绪，将这种不满情绪传递给他身边的每一个人。我们前面说过客户的终身价值，但对这一部分客户的研究发现，他们不仅不为企业带来收入，不仅阻止了企业获得另外 11 个人的收入，还会带给企业负收入，终身价值为负！因此，企业要尽力避免产生这样的“恐怖分子”！一旦发现，应给予格外关注，积极地处理他们的投诉。

当客户满意度超过3.75分以后，则到达“无所谓”的区域，这个区域的客户仍然有很大的游离性和不确定性。企业提供的服务好，就继续留下来；如果服务不好，就走。

只有满意度非常高，超过4.5分的客户才能够成为忠诚客户。这个部分的客户会经常性地重复购买企业的产品和服务，同时他们还会愿意接受企业提供的其他的产品和服务。他们对其他竞争对手的促销活动不屑一顾，而且还会成为企业服务的“信徒”，为企业做口碑宣传，他们能成为企业销售人员的延伸，是企业的“无价之宝”。当然这个部分的客户是很少的，所以他们应该得到企业更多的关注和关怀。

因此，对比我们的企业，客户满意度达到多少，有多少“信徒”般的客户，又有多少“恐怖分子”？提升客户满意度，需要从管理客户的期望值入手。下一节我们重点讨论一下客户期望值的管理。

7.3 与客户期望相关的分析

7.3.1 影响客户期望的因素

①公司的口碑：客户从其他人口中或某个媒体了解到的有关公司的情况。

②公司的承诺：服务是否得到及时的跟进，产品是否有正规的投诉渠道。

③客户角色感知：指客户个人在消费之前对自己即将扮演的角色的认知程度，如有人认为自己是“上帝”，有人则认为自己只是“购买者”。

④过去的经验：过去对某种产品或熟知的领域内得到的服务体验。如过去一直得到的都是热情的服务，那么无论到哪个行业，都期望是相同热情有礼的服务。

⑤个人需要：指客户个人对某项产品或服务的生理和心理的需要，如希望得到优质的服务。

⑥价格：通常认为价格越高，得到的服务层次越高，体验越好。

下图展示了客户对产品或服务的期望值从产生到经过调整之后，比开始时有所降低，最后得到满足的过程。

图 64. 客户期望值演变过程

即使是客户的合理期望，也是多种多样且标准不一的，这些期望中，有些是合理并能迅速满足的，而有些则是合理却短时间内无法满足的。这就要求我们需要利用各种渠道尽量了解客户的合理期望，并迅速做出反应，能马上满足的，应给予服务，以助其实现；暂时无法满足的，做好解释说明，尽量取得客户的理解。界定期望值是否合理，应该以行业标准来确定。对不合理的期望，我们不能表现出不耐烦的神态，因为“客户永远是对的”，耐心的解释和沟通是必要的。但也会有些“蛮不讲理”的客户抓住这类问题不放，此时，我们只有表现出一种很积极的帮助客户的愿望，给客户一种已经尽力的感觉，才能获得客户的同情和认可。

适当地降低客户过高的预期，将客户期望控制在一个相对较低的水平，我们营销活动余地就会大一些，可以更容易地使客户的感知达到或超过客户期望。当不能满足客户提出的期望时，我们应给客户提供另外的信息与选择方案。

期望过低，难以吸引客户，期望过高，难以使客户满意，我们必须在这两者之间寻求一个平衡点。正如 ISO 认证所说的那样：说你所做的，做你所说的。做好你所承诺的服务，才能长保高客户满意度。如果我们仅仅是为了满足客户期望显然是不够的，必须超越客户期望才能留住客户。只有做到“提供的比承诺的更好”，才能让客户收获意外之喜。所以，在做好基础服务的前提下，不断深化开展各种突出服务、亲情服务，是十分必要且非常重要的。当然任何服务都不能保证百分百的完美，当第一次服务出现失误的时候，合理的服务补救是一个超出客户期望的绝好机会，也能使公司重新赢得客户的信任。

对于从未使用过某商品或服务的客户来讲，影响客户的期待依次是别人的口碑、广告暗示、自己的主观判断。但需求产生，客户不知道向谁购买，口碑往往是最有力的推荐方式，会影响客户购买或访问的决策。广告也很有效，但花费可能很庞大，可能因为企业的某些细微的特征（例如包装设计、明星的选择），客户喜欢或不接受这家公司。致力于培养现有客户的正面口碑是很划算的，既不用耗费太多资源，也可以通过客户招揽客户，扩大自己的业务基础，这才是最佳方案。

对于初次使用的客户来说，影响客户期待的因素依次是：初次使用印象、其他人的口碑、以及广告暗示。此时客户最在乎的是使用的产品或服务是否能满足他的需要。能满足，客户会满意，并形成下次采购的基础；如果不能，客户可能会流失。这个阶段企业的广告也有用，但在客户心中，常常等于承诺，一定要实现。企业广告中所做的承诺一定要兑现，第一次给客户留下好印象，才能吸引客户持续访问、重复购买。

对于已经长期使用的客户来讲，影响客户期待的因素依次是：长期的使用体验，自己的主观判断以及他人的口碑。此时的客户已经具有相当的忠诚度，比较相信使用结果和自己的经验。经过长时间的接触，不管是使用上的客观结果，还是主观的判断，客户对公司的服务表现已经非常了解，此时别人的口碑在客户心中仍有很大的影响力。反过来，如果产生服务失误，而企业的应对措施又不得力不及时，这时客户向别人传播这种糟糕体验的影响力也是不可小觑的。如若能让客户在主客观评估上都认同，企业需要持续关心客户，通过回馈计划或互动活动拉近彼此的距离，建立稳固的客户关系，这是此阶段的重要工作。

7.3.2 全面可感知质量模型

早期的市场营销学所关注的是农产品的销售，此后，其研究范围扩展到工业品的市场营销。在营销学诞生后的漫长岁月里，服务管理与营销一直是一个被学者们遗忘的“角落”，服务业对经济发展的重要性被严重低估了。科恩沃斯（Converse P. D.）在1921年出版的一本书中直言不讳地评论到：会计、银行、保险以及运输都仅仅是工具，虽然它们十分重要，但它们也只是生产和销售商品的工具而已。这句话淋漓尽致地反映了当时的学者对服务业的基本态度。

进入20世纪60年代后，一些学者开始关注服务管理与营销问题。其中最具代表性的人物是约翰逊（Johnson，E.M.），他在一篇论文中首次提出了“商品和服务是否有区别”，从而引发了一场服务对商品的论战。

事实上，一直到20世纪80年代初，服务管理和营销科学才真正诞生。诞生的标志就是北欧学派（Nordic）代表人物克里斯丁•格罗鲁斯（Christian Gronroos）提出客户感知服务质量概念并对其构成进行了详细的研究，从而完成了对服务管理与科学中最重要概念的界定。由此也标志着对客户感知服务质量管理研究的全面开展。

在过去的近20年中，学者们对服务质量及其相关问题进行了大量、有价值的研究。我们可以大致将其划分为3个阶段。

第一阶段（1980—1985）：这一阶段属于研究的起步阶段，主要对服务管理和服务质量管理中的一些基本概念进行了界定（如格罗鲁斯于1982年提出了客户感知服务质量的概念），为以后的研究打下了坚实的基础。但这个阶段的研究大多局限于单个概念，所设计的也大多是静态模型。感知服务质量与其他要素（如客户满意等）相关关系研究的很少。

第二阶段（1985—1992）：主要是对构成服务质量的要素进行研究，如客户感知服务质量度量要素的选择（如1991年PZB所提出的Adequate Service和Desired Service概念，为“容忍区域”概念及其模型的提出奠定了基础），Gaps Model的提出及修正，并开始注重对感知服务质量的评价研究，如Servqual评价方法的提出。

第三阶段（1992— ）：该阶段的研究呈现出明显的深入性、系统性和整合性，而且所设计的模型也向动态化方向发展。例如，Veronica Liljander于1995年出版的专著《客户感知服务质量研究中的比较标准》（Comparison Standards in Perceived Service Quality）和Tore Strandvik推出的《感知服务质量中的"容忍区域"》（Tolerance Zones in Perceived Service Quality）都采用了全新的研究方法，提出了所谓的关系模型（Relationship Model）。对客户感知服务质量、客户感知价值、客户满意、客户忠诚和企业竞争力这些要素之间的关系，提出了许多极具价值的观点。

如果以格罗鲁斯提出客户感知服务质量概念为"断点"，那么现在客户感知服务质量的研究已经经历了整整二十多年的历程。在这二十多年中，服务管理学者们孜孜不倦的探讨，使得客户感知服务质量评价方法和管理的研究进入了一个全新的阶段。

尽管学者们很早就认为在有形商品与服务之间存在着差异，也提出了各种各样的看法，但真正提出客户感知服务质量并对其内涵进行科学界定的学者，当属芬兰的汉肯瑞典语经济管理学院的格罗鲁斯教授。1982年，格罗鲁斯第一次提出了客户感知服务质量概念。但只要我们仔细审视一下他的观点，我们不难发现，他的研究基本上是建立在客户研究理论基础之上，而且从客户研究理论借用了许多东西。客户感知服务质量被定义为客户对服务期望（expectation）与实际服务绩效（perceived performance）之间的比较。实际服务绩效大于服务期望，则客户感知服务质量是良好的，反之亦然。同时，他还界定了客户感知服务质量基本构成要素，即客户感知服务质量由技术质量（technical quality，即服务的结果）和功能质量（functional quality，即服务过程质量）构成，从而将服务质量和有形产品的质量从本质上区别开来。

我们很容易理解，与技术质量不同，功能质量一般是不能用客观标准来衡量的，客户通常会采用主观的方式来感知功能服务质量。

许多功能服务，如运输、后勤与物质管理、技术服务、客户抱怨处理、客户培训等都可以增加产品的附加价值，因为它们可以起到同时提高技术质量和功能质量的作用。例如，如果客户抱怨处理达到了客户满意，那么，客户所接受的服务结果就是良好的，即技术质量良好；相反，如果客户费很大劲、消耗很多时间才能解决抱怨问题，那么客户感知的功能服务质量就是低下的，而功能质量低下会降低总的感知服务质量，由此也会影响技术质量下降。

格罗鲁斯创建的感知服务质量评价方法与差异结构（disconfirmation construct，用来衡量客户服务经历和服务结果与期望吻合程度的方法），至今仍然是服务质量管理研究最为重要的理论基础。

此后，美国的服务管理研究组合 PZB（A. Parasuraman，Zeithaml，V. and L. Berry）对客户感知服务质量进行了更为深入的研究。他们于 1985 年提出了差距模型，在这个模型中，他们将服务质量影响因素归纳为 10 类，以后又缩减为 5 类。在 10 要素的基础上，他们建立了 Servqual 感知质量评价方法（1988）。他们对期望的最初定义是“服务应当是什么样的”，以后这个概念经历了多次修正，现在，期望被分为恰当的服务（adequate）和理想的服务（desired）两大类。最初，该模型在感知质量和客户满意关系上非常模糊，但后来，他们认为感知质量与态度紧密相关。1991 年，他们重新对感知质量进行了界定，引入了容忍区域的概念，由此，期望与绩效比较被分成了两部分，即感知服务优势差距（perceived service superiority gap）和感知恰当服务差距 (perceived service adequacy gap)。这种划分在管理学上的意义是非常重大的，因为它为管理者进行服务质量管理提供了基本的理论依据和方法。

PZB 的研究将客户满意和服务质量研究分离开来。按照 PZB 的观点，服务质量与客户的态度紧密相关，它反映的是随着时间的累积，客户对服务质量的一种认知，而满意则是某一次特定交易的结果。服务绩效与恰当或理想服务质量比较的结果形成良好的客户感知服务质量，也决定了客户的满意度。

在客户感知服务质量研究过程中，还有几位学者也做出了很大的贡献，包括美国的鲁斯特（Roland T. Rust）和约翰逊（Michael Johnson）等。在鲁斯特出版的新著《服务质量收益》(Return on Quality）一书中明确地提出：质量是一种投资，这种投资必须符合经济法则，但在企业实际质量管理过程中，有可能会出现质量投资过度行为。另外，并不是所有的质量投资都是“物有所值”的。这些观点对于矫正服务管理中盲目追求服务质量、忽视服务质量与成本关系的现象有着重要的意义。

迄今为止，学者们在与客户感知服务质量相关的一系列问题上都达成了共识：

第一，客户感知服务质量是客户感知的质量，具有极强的主观性，也具有极强的差异性。在不同的时间、不同的服务提供者所提供的服务是不同的，即使同一个服务提供者在不同的时间提供的服务质量也存在着差异；不同的客户，乃至同一个客户在不同的时间对服务质量的感知也是不相同的。

第二，客户感知服务质量由客户所追求的“结果质量”（技术质量）和“过程质量”（功能质量）两个方面组成。有形产品的质量是可以用一些特定的标准来加以度量的，客户对有形产品的消费在很大程度上是结果消费；而服务则不同，客户对服务的消费，不仅仅是对服务结果的消费，更重要的是对服务过程的消费。服务结果与服务过程是相辅相成、不可或缺的，忽视任何一个方面都会给服务质量带来灾难性的后果。

第三，客户感知服务质量是在服务提供者与服务接受者的互动过程中形成的。与有形产品不同，在绝大多数情况下，服务的生产和消费是无法分割的，服务质量就是在服务生产和服务消费的互动过程之中形成的，因此，互动性是服务质量与有形产品质量一个非常重要的区别。

第四，客户感知服务质量可以分解为两层，即服务接触质量和服务关系质量。学者们以前研究客户感知服务质量，包括感知服务质量的构成和度量等，基本上是从服务接触的角度来进行的，如客户感知服务质量两种最重要的评价方法 Servqual 和 Servperf 都是如此，尽管两种方法的切入点不同，但其实质是一样的，都是从服务接触层面来研究客户感知服务质量问题。随着客户关系管理理论的兴起，越来越多的人已经意识到，关系质量对于客户来讲，在很多情况下，可能比服务接触质量更为重要。

芬兰市场学家克里斯丁·格罗鲁斯（Christian Gronroos）在对消费行为以及售后产品质量测评开展了大量研究的基础上，于 1982 年提出了服务导向质量理论，即可感知的服务质量概念和全面质量模型。该理论的核心之一是强调“客户认可的才是质量，质量必须是客户可感知的质量”，客户所感知的质量是一种整体可感知质量，是由客户对服务的期望质量和实际感受到的质量的综合。他在2000年出版的新著《服务管理与营销——基于客户关系的管理方法》中指出："这样的结论是符合逻辑性的，即客户首先对服务质量进行感知，然后是对这种服务质量满意或不满意的感知，而不是相反。"他很早就意识到客户对服务质量的感知是分层次的，而不是一次交易的结果。

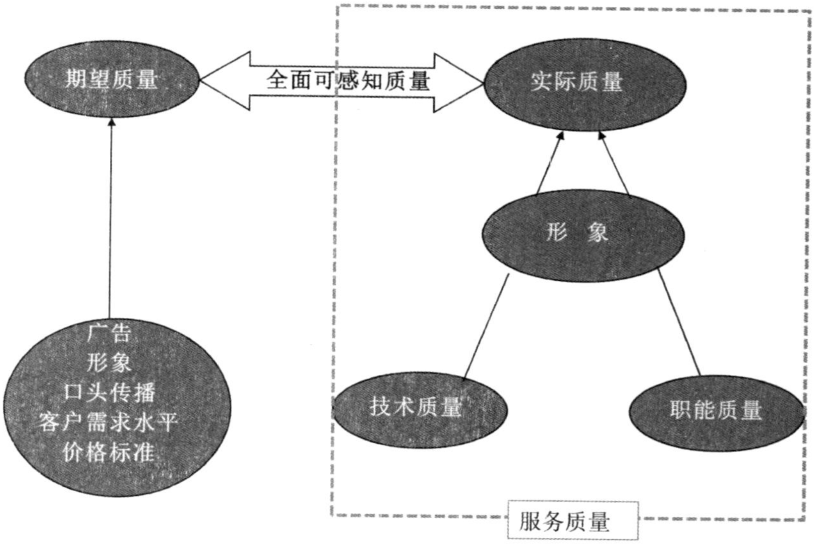

图65. 全面可感知质量模型

从上面的分析可以知道，客户期望质量的形成受到至少6大方面的影响，细分下来，例如广告、企业形象、企业品牌的口碑、客户的需求、客户对价格的要求等。

服务质量的构成要素有4个部分：技术服务质量、职能服务质量、形象服务质量、实际质量（真实瞬间）。技术服务质量和职能服务质量构成了服务感知的基本内容。这四个模块的理解如下：

☆ 技术服务质量：服务过程的产出，客户从服务过程得到的体验。

☆ 职能服务质量：指服务推广过程中，服务人员在履行职责时的行为、态度、穿着、仪表等给客户带来的利益和享受。这点完全取决于客户的主观感受，难以进行客观的评价。

☆ 形象服务质量：企业在社会公众心目中形成的总体印象。包括企业的整体形象和企业所在地区的形象两个层次。通过视觉识别系统、理念识别系统和行为识别系统多层次地体现。客户可以从企业的资源、组织结构、市场运作、企业行为方式等多个侧面认识企业形象。

☆ 实际质量（真实瞬间）：服务过程中客户与企业进行服务接触的过程，是一个特定的时间和地点，企业向客户展示自己服务质量的时机。

☆ 客户的期望质量和服务质量之间通过真实瞬间直接体现，客户形成的整体感知构成了客户对企业产品或服务的整体评价。

研究表明，客户感知服务质量不是一个一维的概念，也就是说客户对感知服务质量的评价包括多个要素构成。经过理论与实践的总结，这些服务部门包括机械修理、银行、长话服务、证券经纪人和信用卡服务等等。他们确立了用来评价客户感知服务质量的五个基本方面：可靠性、响应性、安全性、移情形和有形性。

(1) 可靠性——涉及绩效与可靠性的一致

在客户感知服务质量的五个维度中，可靠性指准确可靠地执行所承诺的服务。从更广泛的意义上说，可靠性意味着公司按照其承诺行事，公司的第一次服务要及时、准确，并在指定的时间内完成服务。

(2) 响应性——主动帮助客户

响应性是指帮助客户并迅速提供服务的愿望。该维度强调在处理客户要求、询问、投诉问题时的专注和快捷；让客户等待，特别是无原因的等待会对客户感知带来不必要的消极影响。对速度的需求，已经成为评价优良客户感知服务质量的代号，快速地回应也是与客户交易理应具备的要素。

(3) 安全性——激发信任感

员工的行为能够增强客户对企业的信心，同时让客户感到安全。这也就意味着员工要有诚意以及解决客户问题所必须具备的知识和技能。它包括可信的名称、良好的声誉、训练有素的员工。

(4) 移情性——将客户当作个体来对待

设身处地为客户着想，并对客户给予特别的关注，同时营业的时间要充分考虑客户的实际情况。移情性的本质是通过个性化的或客户化的服务使每一个客户感到自己是唯一的和特殊的。移情性有下列特点：接近客户的能力、敏感性和有效地理解客户需求。

(5) 有形性——服务的实物特征

服务的有形性是指服务机构有策略地提供服务的有形线索，帮助客户识别和了解服务。服务的有形线索是服务过程中能被客户直接感知和提示服务信息的有形物。战略上强调有形性的行业，包括客户到企业所在地接受服务的行业，如餐厅、饭店、超市和娱乐公司等。

7.3.3 服务质量差距模型

服务质量差距模型（Gaps Model of Service Quality）是由美国学者、服务营销学研究的先驱派拉索拉曼（A. Parasuraman）、瓦拉瑞尔 · A. 泽丝曼尔（Valarie · A. Zeithamal）以及莱昂纳多 · L. 贝利（Leonard L. Berry）教授领导的研究团队开发设计的。该模型以服务质量作为核心主题，将服务营销中的客户角色、期望、行为、感知与企业的战略、运营、人力资源等管理要素合乎逻辑而又清晰地联系在一起，层次递进，将复杂的服务营销过程和系统表述得独具匠心而又简明易懂，为服务组织改进服务质量和解决服务营销问题提供了基本框架和新的优秀分析方法。

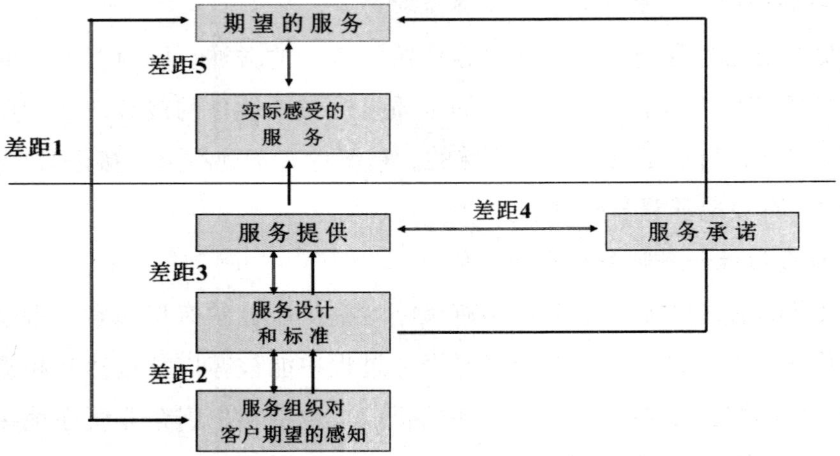

图 66. 服务质量差距模型

该模型系统性地提出了五个差距，分别是：管理者认识的差距、质量标准的差距、服务交易的差距、营销沟通的差距和感知服务质量的差距。这五个差距之间是如何产生的呢？下面我们来做分析。

差距 1：管理者认识的差距，指管理者对期望质量的感觉不明确。产生的原因有：

☆ 对市场研究和需求分析的信息不准确

☆ 对期望的解释信息不准确

☆ 没有需求分析

☆ 从企业与客户联系的层次向管理者传递的信息失真或丧失

☆ 臃肿的组织层次阻碍或改变了在客户联系中所产生的信息

差距 2：质量标准的差距，指服务质量标准与管理者对质量期望的认识不一致。原因如下：

☆ 计划失误或计划过程不够充分

☆ 计划管理混乱

☆ 组织无明确目标

☆ 服务质量的计划得不到最高管理层的支持

差距 3：服务交易的差距，指在服务生产和交易过程中员工的行为不符合质量标准。原因如下：

☆ 标准太复杂或太苛刻

☆ 员工对标准有不同意见，例如一流服务质量可以有不同的行为

☆ 标准与现有的企业文化发生冲突

☆ 服务生产管理混乱

☆ 内部营销不充分或根本不开展内部营销

☆ 技术和系统没有按照标准为工作提供便利

差距 4：营销沟通的差距，指营销沟通行为所做出的承诺与实际提供更多服务不一致。原因如下：

☆ 营销沟通计划与服务生产没统一

☆ 传统的市场营销和服务生产质检缺乏协作

☆ 营销沟通活动提出一些标准，但组织却不能按照这些标准完成工作

☆ 有故意夸大其辞，承诺太多的倾向

差距 5：感知服务质量的差距，指感知或经历的服务与期望的服务不一样，会导致：

☆ 消极的质量评价和质量问题

☆ 口碑不佳

☆ 对公司形象的消极影响

☆ 丧失业务

因此，企业当不断分析这些质量差距的原因，找出问题所在，继而采取改善措施，例如加强员工培训，做好市场需求调研，做好市场宣传，不断缩小这五个差距之间的距离，客户的满意度就肯定能不断提升。

以某电信公司为例，解释如何通过指标分析，找出与竞争对手的差距，从而缩小管理者对产品对市场的认识差距，制定符合企业的宣传策略。

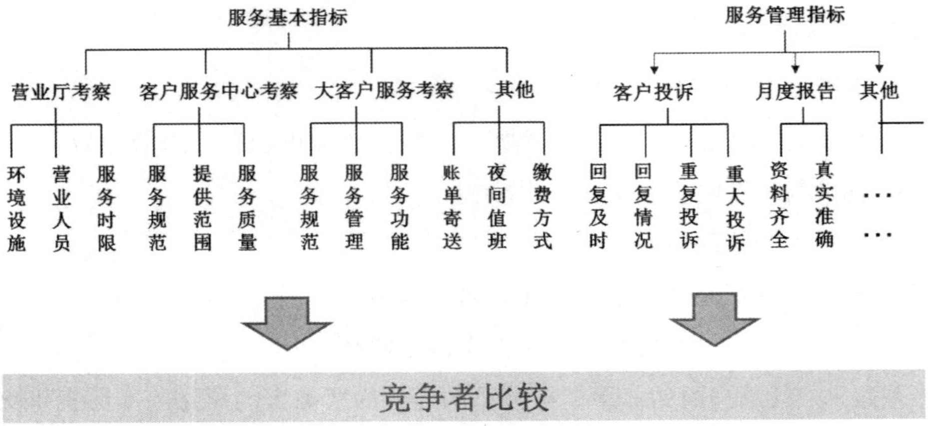

质量模型揭示了引起客户不满的对服务的预期和享受到的服务之间的差距（差距5）是由服务过程中四个方面的差距决定的：认知差距，客户预期与管理层认识之间的差距（差距1）；标准差距，管理层认识与服务质量规范之间的差距（差距2）；交付差距，服务质量规范与服务交付之间的差距（差距3）；宣传差距，服务交付与外部沟通之间的差距（差距4）。要提高服务质量水平，就要尽力缩小这四方面的差距，以使客户满意。同时由于这些差距难以完全避免，因此进行及时的服务补救也是提高服务水准的重要途径。可以说，服务质量模型的意义在于它为企业指明了提高其服务质量的方向。

借鉴该服务质量模型并结合行业的特点，对客户服务日益重要的企业而言，提升其服务水平也可以从缩小认知差距、标准差距、交付差距和宣传差距入手，以争取并保持客户。

造成企业对客户服务期望认识出现偏差的原因在于对客户需求缺乏深入的调查了解。缩小认知差距，提供优质服务，最重要的第一步就是要了解客户究竟需要什么。了解客户需求不能凭主观的判断，需要实际的调查以掌握客户真实的期望，其主要途径是客户调查。对客户的调查可以采取两种不同的形式：全面调查、及时满意调查。全面调查即在客户中进行较大规模的调查，采取问卷形式，样本通常在5万份左右，每年进行一次。由于每年的问卷相同,因而能追踪服务表现。及时满意调查是在客户购物后马上询问其是否满意。对客户的及时调查能了解最新的信息，并能向客户表达企业提供优质客户服务的意愿，还可以根据客户反映的信息对当事员工进行奖惩。

重视客户抱怨。客户抱怨往往能提供更具体的信息，因此处理抱怨是提高服务水平花费最少的手段。需要注意的是不能被动地依赖客户抱怨获取信息，因为不满意的客户通常不会抱怨，所以鼓励客户抱怨应成为提高客户服务的重点之一。商场应在显眼的地方设置客户服务台或开设免费投诉电话，让客户便于反映问题和得到问题的反馈，当然对客户抱怨一定要及时处理才能真正提高服务质量。

加强内部员工培训。尤其是一线的售货员和客户服务代表由于直接接触客户，因此对客户对服务的期望和问题有更多的了解。通过内部员工把握客户需求可以向他们征询，如在为客户提供高质量服务时，你面临的最大问题是什么？如果公司想在客户服务上有所改变，你认为该从哪方面着手？

掌握了客户期望和感受后，企业要利用这些信息来制定适当的标准和建立相应的系统提供客户满意的服务。服务质量标准要尽可能地体现出管理层对客户服务期望的认识，减少标准差距。在制定服务规范的过程中，需要注意的问题是要注重管理层的参与。只有管理层对客户服务重视并集中精力投入时，优质服务才有可能实现。管理高层必须愿意接受因提高服务质量而暂时出现的困难和增加的成本。同时管理层的决心要为一线的服务人员所感知，才能真正促使一线服务人员为提高客户服务而努力。

许多企业没有制定高服务标准的原因，要么是提高客户服务的花费太高，要么是认为缺乏相应素质的员工，这些理由从另一侧面反映了企业缺乏运用创造性思考或尝试新方法来提高客户服务。创新通常能在不增加甚至减少成本的同时提高客户满意度，比如许多超市提供带小孩座椅的推车而使得带小孩的客户可以从容购物。而运用新技术能简化并提高服务质量，重复的任务可以通过系统处理从而解放人员来集中处理更多客户的需要和问题，比如连锁超市可以用计算机系统来集中处理送货上门，设置专门的人员接听订货电话记录客户的要求和送货地点,然后订单通过计算机传递到离客户最近的超市。因而，制定服务标准时，应该积极地寻求新方法和新技术来保证高水准服务的实现。

服务标准除了要满足客户需要这一基本原则外，应该清晰具体并能量化，否则就不能指导员工。另外服务标准的制定让员工参与，能让他们更好地理解和接受该标准；如果由管理层强行武断地下达标准，只会受到员工的抵制。

需要不断地评估服务质量才能确保服务标准的实现。除了通过客户调查来评估服务质量外，零售企业还可以利用“幽灵购买者”。“幽灵购买者”是职业购买者，专门负责评估商场服务质量。其通常需要报告的内容有：销售人员多久才问候你？销售人员的表现像是要做你这笔买卖吗？销售人员对商品的知识了解程度如何？“幽灵购买者”的报告最后反馈给销售人员，并对得到高分的奖励，而对得分较低的则要求继续测分达标。

设定好服务规范后，关键在实施过程中如何减少交付差距，即减少服务标准和实际提供的服务之间的差距。要达到和超越服务标准，必须要求服务人员具备相应的知识和技能，要对他们提供物质和精神上的支持，要加强内部沟通减少冲突，并适当授权给员工，以客户和企业的最大利益为出发点。

商场员工必须对商品和客户需要有充分的了解，具备这些知识才能回答客户的问题和推荐商品，同时也能逐渐地增强员工的自信和理解能力，有助于解决服务问题。而且员工在同客户尤其是生气和不安的客户打交道时，需要掌握一定的社交技巧。所以必须培训员工怎样提供更好的服务并安抚不满的客户，尤其是对售货员和客户服务代表提供物质和精神支持。

要提供相应的系统和设备来帮助员工有效地提供优质服务，如利用计算机系统提高结账速度，为收银员配备通话机同经理联系以快速处理一些问题。另一方面，要处理客户问题并始终保持微笑，服务人员会承受不小的心理压力。所以营造同事间相互友爱支持、上级关心理解的氛围，将是对服务人员有力的精神支持。

客户需要和企业需要之间有时会发生冲突，这也使得有的政策受到员工的抵制，如“无理由退货”。解决这类冲突，主要是制定更明确的服务指导方针和政策并解释这项举措的意义。例如当员工意识到“无理由退货”带来的信誉所创造的销售额比客户滥用该举措而带来的损失要多时，他们就会热情地执行了。另外企业不同部门之间由于目标的不同往往存在冲突，化解这些冲突需要进行内部沟通，以客户满意作为统一的目标。

夸大提供服务会提高客户的预期，而如果做不到的话，则客户的感知达不到他们的期望，就会觉得不满。因此把服务宣传得过高，也许会在最初吸引较多的客户，但其后会导致客户不满而使下次光临的客户减少。所以要让客户对服务质量满意，就必须进行诚实的宣传，这要求各部门之间互相沟通。宣传计划由营销部门制定，而具体的服务是由其他部门来提供。如果各部门之间缺乏沟通，则会导致宣传活动中的承诺和实际提供的服务不一致。因此在进行宣传时，营销部门和服务执行部门之间一定要沟通好才能协调一致。

获得客户理解。有时服务问题是由客户导致的，譬如使用作废的信用卡、弄坏了试穿的衣服、在未读说明书之前不正确地使用产品。所以在服务宣传活动中，应帮助客户了解自己在接受优质服务中所承担的角色和责任。同时也可以给客户一些建议，告诉他们如何得到更好服务，比如最好在什么时候购物。当然在对外宣传中还应当告诉客户服务问题的处理措施和程序，以便问题出现后得到客户的理解。

倾听客户抱怨。客户在面临真实的或误解的问题时往往情绪激动，通常让客户一吐为快，会减轻他们激烈的反应，如果打断他们说完会更激怒客户。客户都希望能对他们的抱怨做出同情的反应。因此接待人员应表明他们很高兴知道存在这样的问题。切忌开始就对客户抱怨抱以敌对的态度或是认为客户在欺诈，否则不可能对此做出满意的处理。要认真倾听了解客户想要的解决方法，避免想当然地认为自己知道客户在抱怨什么以及客户想要怎样的解决方案。

提供公平的解决方案。服务补救的目的不只是简单地解决问题，而是怎样挽留客户。如果客户觉得处理得公平，会提升他们对企业的好印象。在评价解决方案时，客户会比较别的客户得到了怎样的对待或类似问题在别的商场是如何解决的，这方面的信息通常来自报刊或是客户与他人的交谈。所以在提供解决方案时应了解客户的评价标准，同时还应按程序注意过程的公平。客户是否满意服务补救，还取决于解决问题的时间，所以在处理过程中应做到减少人员接触。当接触的第一个人就能解决问题时，客户会更满意；而如果客户需要接触几个工作人员，不仅花费太多的时间来重复问题，而且也容易导致不同员工之间自相矛盾的反应。清楚简明地告诉客户会采取什么方案来解决问题，快捷的服务依赖于清晰的指示；讲客户听得懂的话，在给客户解释时不要说专业性的词汇，这样不仅不利于沟通，还会让客户有受怠慢之感。

7.3.4 客户满意度模型

世界经济正发生着日新月异的变化，传统经济的主要特征是对商品的大规模生产。而在现代经济中，人们的生产和消费更关注产品和服务的质量，注重不同的产品和服务之间的差异性。在新经济环境下，如何来衡量经济绩效呢？经济发生改变的同时，经济理论与测评方法也必须随之发生变化。例如，在当今的经济环境中，服务和信息技术产业扮演着越来越重要的角色。无形资产，即知识、体制、客户关系等得到了前所未有的重视，而那些应用于有形产品的经济理论和测评模型已不再适用于现代经济环境。在新的经济形式下，不考虑实际效率的大规模生产是毫无意义的，企业迫切需要一种评价其财务健康状况的新方法。为了更全面地了解经济状况，以及在现代经济环境中相互竞争的企业状况，不仅需要测评经济产出的数量，更重要的是考虑经济产出的质量。

美国客户满意度指数(ACSI)作为一种新的基于客户的测评系统，可以用于评价公司、行业、部门和国家经济的绩效。ACSI是对消费的产品或服务质量的一种测评。为了反映国家整体的经济情况，ACSI收录了200多家企业的数据，涵盖7个主要经济领域的40多个行业。这些企业1994年销售总额超过2.7万亿美元。ACSI以年度数据为基础，得到每个企业的客户满意度，再对这些企业的客户满意度加权计算得出行业、经济部门及国家的客户满意度指数。

一个公司的客户满意度代表了它的客户群对其所提供的产品和服务整体的满意情况，同时也包括了客户的消费经历和期望。与之类似，行业的客户满意度代表的是客户对一个行业的产品和服务的总体满意情况，经济部门的客户满意度反映了一个经济部门的总体满意情况，国家的ACSI则是对国家总体消费满意情况的评价。对于公司而言，客户满意度代表了该公司提供的产品和服务的总体水平，而不是某个个人对特定交易的评价。当然，特定交易的满意度调查能为某种特定产品或服务提供有针对性的诊断。总体客户满意度是对公司过去、现在和将来的业绩更全面而基础的评价指标。

ACSI 是根据客户的消费经验来衡量产品和服务质量的。一个独立企业的客户满意度指数（CSI）体现了它所服务的市场（客户）对购买与消费情况的总体评价，包括产品的实际使用情况和对产品的期望。总体客户满意度指标需具备统一性和可比较性的特点，因此 ACSI 具有两个必要的前提条件：满意度是一种来源于客户的评价，不能被直接观测，因此 ACSI 中把总体客户满意度看作一个潜变量，用多重指标的方法来测量，测量结果是潜变量的分数，可以用测量结果对各个公司、行业、经济领域和国家的客户满意度情况进行比较。作为一个全面测评客户满意的方法，ACSI 不仅考虑到实际消费经验，更注重对未来前景的预测。

客户满意度模型的基础理论是，当客户的质量感知与客户的期望形成差距，这中间会产生价值感知，并最终导致一定水平的满意程度，由满意程度的不同情况发展为客户抱怨或客户忠诚。

为了使 ACSI 具有预测性，整个模型结构的建立以因果关系为基础，将 ACSI 置于一个因果关系链中考虑，因果关系链始于影响客户满意度的前期因素，即期望、感知质量和感知价值，终止于客户抱怨和忠诚，ACSI 位于价值链的中心。通过这种设计，ACSI 可以获得目标市场对公司所提供的产品和服务的评价，包括对历史情况的评价以及对未来的预测。

总的来说，有如下 3 个影响因素。

①感知质量。总体客户满意度的首要决定因素是感知质量或感知性能，即接受服务的市场对近期消费经历的评价，这对总体客户满意度有直接的正向影响。为了使感知质量的测量具有可操作性，用两个概念来阐述主要的消费经历：订制化，指的是公司提供的产品或服务能满足不同客户需求的程度；可靠性，是指公司提供的产品或服务的可信赖性、标准化及无缺陷的程度。

②感知价值。或者称为相对于价格的产品质量的感知水平。将感知价值和价格信息加入到模型中，增加了 ACSI 分析结果在公司、行业和地区间的可

比性。利用价值标准来衡量性能，可以解决不同的受访者之间存在收入和支出预算差异的问题，进而可以对不同价格的产品和服务进行比较。与感知质量相同，感知价值与客户满意度之间存在正相关关系。

③客户期望。客户期望体现了两方面内容：对企业提供的产品的先验的消费经历，包括来自如广告和口口相传的非经验信息；对企业未来能够提供的产品质量的预测。因此，客户预期既是回顾性的，又是前瞻性的。由于客户对未来产品质量的期望影响着整体的满意度，因此客户期望对于公司和其客户群未来关系的发展至关重要。期望的预测作用同样表明它对总体客户满意度有正向影响。另外，客户期望与感知质量以及感知价值也具有正相关关系。期望就像当期产品质量的一面镜子，为客户提供有关产品的真实信息，因此期望在很大程度上都是合理的，并且反映了客户根据实际消费情况对产品质量和价值的判断和预测能力。

根据 Hirschman 的“退出－抱怨”理论可知，提高客户满意度的直接结果是降低了客户抱怨，增加了客户忠诚度。当客户不满意的时候，可以选择退出（转向其他竞争者）或者提出抱怨。提高总体客户满意度能降低抱怨发生的频率，进而提高客户忠诚度。忠诚度是模型中最终结果变量，客户忠诚意味着收益率的增加。

模型中的各变量的最终联系将体现在客户的抱怨和忠诚度上。尽管模型无法对公司的客户服务和抱怨处理系统的功效进行直接的测量，但可以通过这些系统获得有关客户抱怨和忠诚度变化方向和程度的信息。当它们之间是正相关的时候，说明企业成功地将抱怨的客户转变为忠诚的客户；当出现负相关关系时，说明抱怨处理部门方法不得当，使情况更加恶化，增加了客户的不满意情绪。

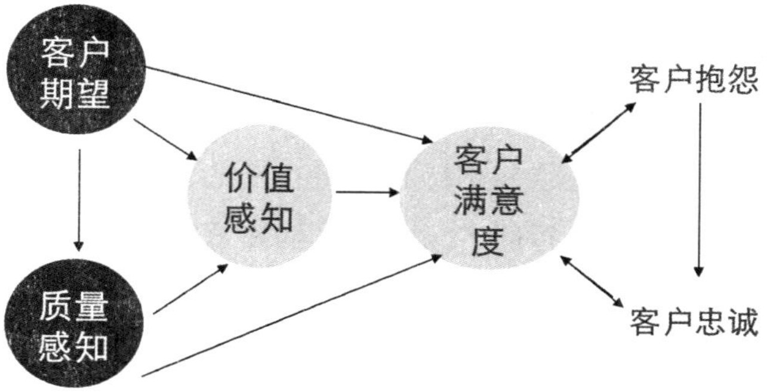

图 67. 客户满意度模型

由客户满意度模型可以得出：

☆如果可感知效果低于期望，客户就会不满意

☆如果可感知效果与期望值相匹配，客户就满意

☆如果可感知效果超过期望，客户就会高度满意

研究表明，只有5%以下的不满意的客户会抱怨。所以，公司不能依抱怨水平来衡量客户满意度。客户满意却能给企业带来诸多收益，根据相关研究发现：

☆ 一个满意的客户会将自己的体验传递给周围的10个人

☆ 100个满意的客户会带来25个新的客户，但是一个不满意的客户会影响100个潜在的客户

☆ 一个忠诚的客户所购买的商品总平均额为一次性购买客户平均额的10倍

☆ 做到客户满意的公司平均每年的营业增长为6%

☆ 每收到一次客户投诉，就意味着还有20名有同感的客户，只不过这些客户没有明确表达出来

☆ 开发一个新客户的成本是留住一个老客户的5~6倍，并且客户的忠诚度很低

☆ 开发一位新客户需花费很长的时间和很大的代价，而失去一位客户只需1分钟！

7.4 管理客户期望

7.4.1 倾听客户声音

倾听客户声音的重要性越来越得到大量企业的认可和实践，从最常见的意见信箱、投诉热线，到最新的市场调查、网络意见收集方式；从被动接受投诉意见，到主动进行市场调查，了解客户需求。企事业单位力图通过倾听客户声音的方式，更加及时和深入地了解客户对产品和服务的反馈意见，从而改善和开发出更有竞争力的产品和服务。

企业自有的倾听客户声音渠道主要是投诉热线和网站、一线员工自下而上的意见反馈、管理层的客户拜访等。这些渠道在初期能发挥很大的作用，一些比较突出的问题能被发现，得到重视和加以改进。但随着时间的延续，这些客户沟通渠道发挥的作用往往会越来越小，慢慢被边缘化、鸡肋化。主要的原因是：

一是缺乏系统性。反映的意见和问题散乱、琐碎，今天出现这个问题，明天又出现那个问题，让人抓不到重点，不知道客户真正关心什么，优先要改进什么。一个良好的客户声音倾听系统（VOC，voice of customer）对客户意见、需求要有系统性、全局性的认知和管理，了解都有哪些方面、哪些环节会影响到客户的感知。这样，问题出在哪个环节，改进迫切程度怎么样，管理者就会了然于心。

二是缺乏洞察性。客户反映的问题往往很大、很表面，企业很难发现到问题的实质，工作无从下手。良好的 VOC 系统，不但要发现问题，更要洞察问题的细微之处，找到产品和服务改进、创新的着力点。例如，客户反映企业的“热线服务差”，如果没有主动的追问，客户并不会告诉具体是哪方面差，是什么让其感觉到差；而热线服务是一个综合的工作，涵盖的内容不是单一的，企业管理人员就很难判断热线服务具体是哪方面有问题，改进工作也就无从着手。

三是缺乏代表性。反映意见的客户往往不是主流客户，而主流客户往往不会主动反映意见，根据小部分客户的意见去改进，可能反而会影响到大部分客户的感受。几乎每个企业都设有“投诉热线”来接受、处理客户的意见和问题，在大多数情况下，根据投诉客户的意见去改进工作都是积极和有效的，尤其是这项改进是一个“帕累托”改进，并没有影响到其他客户的感受时。但在某些情况下，为了提升投诉客户的满意度而采取的某些措施可能会影响到其他大多数客户的消费习惯时，就要特别的慎重了。因为，投诉客户不一定具有代表性，不一定能代表大多数客户的立场，投诉客户满意的，其他客户不一定满意。

例如，戴尔建了一个向广大用户们征求意见的网站，用户们可以对其产品设计、营销和技术支持等提出任何意见和建议。到目前为止，已经有成千上万的电脑用户登录了那个网站并提出了各自的意见。用户们提出的最多的意见是什么呢？排在前两位的意见和建议是：在消费级台式机电脑和笔记本电脑出厂时预装 Linux 操作系统、OpenOffice 以及其他开源生产力软件。商业周刊评论说：“戴尔希望能从用户们的反馈中找到解决问题的办法，但是如果真照用户们的建议去做，可能会在它的伤口上再撒一把盐。”戴尔公司也承认：“提出这些建议的用户们都是一些有见识的高端用户”，而不是广大的普通客户。

通过满意度调研等客户满意度调研分析的方法，从不同渠道获得客户的反馈，从客户的角度进行分析，倾听客户的声音，找到客户的期望值，然后针对这些期望值分析对应的指标值，找到相关的考核因素。

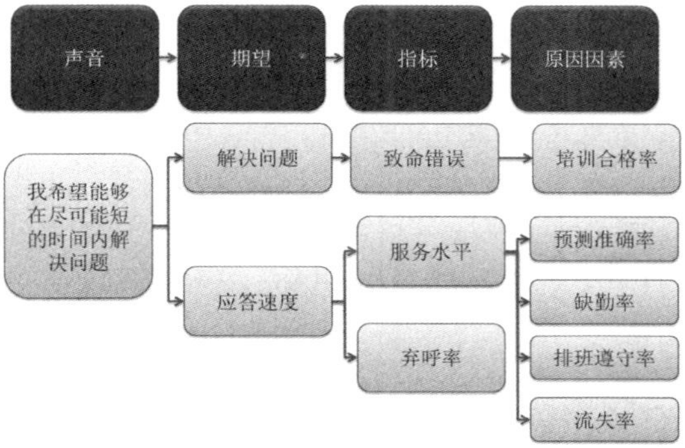

图 68. VOC 与客户期望值

用图 68 来举个例子，假如客户的要求是“我希望能够在尽可能短的时间内解决问题”,那么分析可知其期望值就是“解决问题”和“应答速度”足够快。

与“解决问题”相关的是员工的服务技能，是否能提供正确的解决方案，没有“致命差错”，这个从培训来保证，内部可以考核“培训合格率”。

与“应答速度”相关的是“服务水平”和“弃呼率”，从排班及现场资源调配水平上，可以考量“预测准确率”、“缺勤率”、“排班遵守率”和“人员流失率”等指标。

同样的分析方法，可以用在其他任何一个对客户声音的分析上。

7.4.2 Kano模型

受行为科学家赫兹伯格的双因素理论的启发，东京理工大学教授狩野纪昭 (Noriaki Kano) 和他的同事 Fumio Takahashi 于 1979 年 10 月发表了《质量的保健因素和激励因素》(Motivator and Hygiene Factor in Quality) 一文，第一次将满意与不满意标准引入质量管理领域，并于 1982 年日本质量管理大会第 12 届年会上宣读了《魅力质量与必备质量》(Attractive Quality and Must be Quality) 的研究报告。该论文于 1984 年 1 月 18 日正式发表在日本质量管理学会 (JSQC) 的杂志《质量》总第 14 期上，标志着狩野模式 (Kano model) 的确立和魅力质量理论的成熟。

研究客户需求的 Kano 模型定义了三种类型的客户需求：基本型、期望型、兴奋型。这三种需求根据绩效指标分类就是基本因素(必备因素)、绩效因素(多多益善）和激励因素（喜悦因素）。

☆ 基本因素（必备因素）：带来不满意的因素。如热情有礼、应答速度。
☆ 绩效因素（多多益善）：带来满意的因素。如首次问题解决率、致命差错准确率、更短的通话时间。

☆ 激励因素（喜悦因素）：给客户喜出望外的因素，或者给客户带来超出期望值的因素。如客户关怀。

举个简单的例子来说明这三者的情形，如手机：

基本因素（必备因素）：通话功能

绩效因素（多多益善）：更多的 App 应用功能

激励因素（喜悦因素）：可以当投影仪的手机、能够感应客户情绪的手机

Kano 模型形象地展示了这三种因素是如何影响客户满意度的：

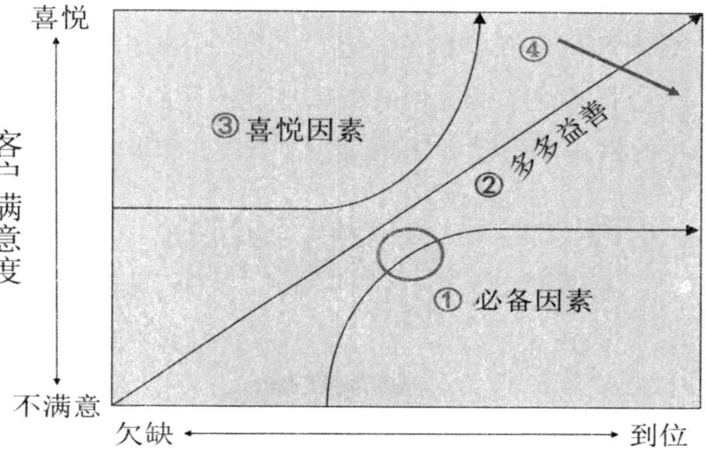

图 69. Kano 模型

由图 69 可以看到：

①必备因素缺乏的时候，客户一定是不满意的，只有当满足到一定程度了，客户才会不再不满意，转折点在图中位置①。

②对于多多益善的因素，与客户满意度是正相关的关系，只要具有，就是对客户的满意度呈正比例推动，如图中②。

③对于喜悦因素，并不是一开始就需要具有的，必须建立在必备因素和多多益善因素已经完善的基础上，才去进一步考虑它，并且一旦具备（如图中③），可以看到客户的满意度上升幅度非常快。但也不是喜悦因素越多越好，具体做到什么程度需要根据企业的发展战略和客户服务定位等来决定，因为服务质量超前太多也没有太多意义，一定会涉及到需要投入太多资源，客户的满意度也会随时间变化和企业的培养而逐渐被提高。

值得注意的是，图 69 中还有一根标注为④的箭头线，这根线非常重要。可以看到，这根线的趋势是往下走的，说明了一个问题，所有影响客户满意

度的因素都不是固定的，随着外部环境、竞争对手、产品更新换代、客户成长等的条件变化，这三大因素都会变化，并且如果企业不跟着改变，所有的因素都会向着降低客户满意度的方向变化。因此，需要不断弄清楚客户的期望值在哪里，持续优化我们内部关于三大因素的定义，才能制定出提升客户满意度的方法措施来，更好地管理客户的期望值。

例如，针对客户满意度相关的因素，我们分析出来有如下因素（如图70）。接着设计调查问卷，根据调研结果进行相关性分析，用来判断各个因素与客户满意度的相关性程度，以得出需要重点关注和提升的因素是哪些。

图 70. 与客户满意度相关因素

寻找喜悦因素的方法：

①德尔非法。专家小组背对背以匿名的方式对指定主题提出自己观点，主持人或负责人对所有观点进行整理、归纳、统计，再匿名反馈给各专家，再次征求意见，再集中，再反馈，直至得到一致的意见；目前这个方法在国外应用最多的是健康保险行业。

②标杆法。找行业内领先的企业的做法，通过拨测或者商业调查，了解同行标杆的情况。

③引导式研讨会。通过邀请主要的跨职能部门人员一起参加会议，对产

品需求进行集中讨论与定义。由于群体互动的特点，被有效引导的研讨会有助于建立信任、促进关系、改善沟通，从而有利于参加者达成一致意见；另外，它能够比单项会议更快地发现和解决问题，例如用来倾听客户声音（VOC），或者统计分析方法进行数据挖掘。

④头脑风暴法。非常流行，但往往缺乏客观，以致最后找不到最重要的因素，需要主持人对主题非常熟悉，对讨论小组有较强的引导能力和总结能力。

严格的说，该模型不是一个测量客户满意度的模型，而是对客户需求或者说对绩效指标的分类，通常在满意度评价工作前期作为辅助研究模型。Kano模型的目的是通过对客户的不同需求进行区分处理，帮助企业找出提高企业客户满意度的切入点。Kano 模型是一个典型的定性分析模型，一般不直接用来测量客户的满意度，它常用于对绩效指标进行分类，帮助企业了解不同层次的客户需求，找出客户和企业的接触点，识别使客户满意的至关重要的因素。

在实际操作中，企业首先要全力以赴地满足客户的基本型需求，保证客户提出的问题得到认真的解决，重视客户认为企业有义务做到的事情，尽量为客户提供方便，以实现客户最基本的需求满足。然后，企业应尽力去满足客户的期望型需求，这是质量的竞争性因素。提供客户喜爱的额外服务或产品功能，使其产品和服务优于竞争对手并有所不同，引导客户加强对本企业的良好印象，使客户达到满意。最后争取实现客户的兴奋型需求，为企业建立最忠实的客户群。

7.4.3 客户期望值管理模型

影响客户期望值的因素分为五个层次，分别为核心层次、流程与支持层次、技术表现层次、与公司互动层次以及情感要素层次。每个层次上影响客户满意的因素各不相同；随着客户层次的递增，为客户提供的价值越来越多。

第一层次：核心产品或服务

这一层次代表着企业所提供的基本的产品和服务，是提供给客户的最基本的东西。在当前激烈竞争的市场上，企业必须把核心产品或者服务做好，这一点是毋庸置疑的。

第二层次：支持性服务

这个层次包括了外围的和支持性的服务，这些服务有助于核心产品的提供。这就意味着即使客户对核心产品比较满意，也可能对企业的其他方面表示不满。这些方面如价格、服务、沟通、分销等。在以较好的核心产品或者服务为基础取得竞争上的优势是很困难的甚至是不可能的情况下，企业可以提供与分销和信息相关的支持性和辅助服务，并通过这些服务逐步将它们同竞争对手区别开来并为客户增加价值。

第三层次：所承诺服务的表现

这一层次主要与企业能否将核心产品和支持服务做好有关，重点在于我们向客户承诺的服务表现上。客户任何时候都期望交易进展顺利并且企业遵守承诺，如果企业做不到这一点，客户就会产生不满情绪。信守承诺是关系中一个非常重要的因素。

第四层次：客户互动的要素

在这个层次上，强调的是企业与客户之间面对面的服务过程或者以技术为基础的接触方式进行的互动。在互动的过程中，客户更看重企业所提供的服务的水平和对他们关注的程度以及服务的速度和质量，也就是说客户很看重他们是如何被服务和接待的。如果企业在这些方面做得不好，即使它提供了高质量的核心产品，客户仍然会感到失望，甚至会去购买竞争企业的产品或服务。

第五层次：情感因素——服务的感性方面

企业不仅要考虑到与客户互动中的基本因素，还要考虑企业有时候传递给客户的微妙信息，这些信息是他们对企业产生了正面或者是负面的感情。从根本上来说，这意味着企业使得他们在与企业进行交往的过程中的感受如何。从对客户的调查中获得的很多证据说明，相当的一部分客户的满意度与核心产品或者服务的质量没有关系。实际上客户甚至可能对他们与企业和它的员工的互动中的大多数方面感到满意，但因为一位员工的某些话或者因为其他的一些小事情没有做好使企业失去了这个客户的业务，而那些事情员工们甚至并没有注意到。

以电信公司的客户为例，来具体分析每个需求层次上影响客户满意的因素：

①核心：网络服务。

②流程与支持：话费 / 资费、营业厅 / 网点分布、套餐、增值服务。

③技术表现：各项收费的准确性、产品和服务宣传与实际的一致性。

④与公司的互动：电话接触，包括接通率、接电话的语气、服务人员的业务技能、解决问题的效率；面对面的接触，包括主动服务意识、解决问题的有效性、办理业务的方便性。

⑤情感要素：关心客户的企业形象、对大客户的专业服务、客户欠费停机前的提示或通知。

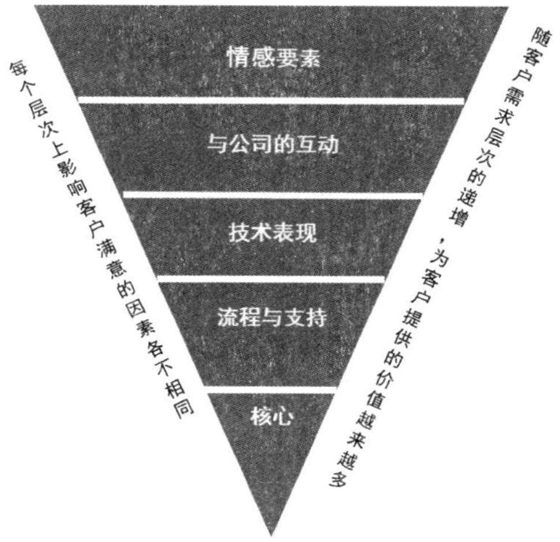

图 71. 客户满意因素五层次

企业要使客户全面满意，必须以客户为中心，推行客户满意战略。推行客户满意战略，企业应做好以下几个方面的工作：

根据客户需求，提供满意的产品或服务。优质的产品和良好的服务是赢得客户满意的基本条件。因此，企业的营销人员要通过了解客户的个性化需求，才能提供客户真正满意的产品或服务。据美国的一项调查，成功的技术革新和民用新产品中有 60% ～ 80% 来自用户的建议。

提供附加利益。在向客户提供某种产品或服务的基础上，企业若能提供客户需要的各种附加利益，一方面会使客户利益实现最大化，从而赢得客户的好感;另一方面，在产品或服务的特征相近的情况下可使企业形成差别化优势，进一步加深客户的信任。

提供信息通道。通过前面的分析可知，客户满意的重要组成部分是信息满意。因此，建立企业与客户之间双向的、畅通的、有效的信息沟通渠道是客户满意的保障之一。企业与客户的双向沟通体现在四个方面：一是企业能够随时与客户和潜在客户取得联系，这需要建立客户数据库以记录客户的基本资料；二是企业要为客户提供信息反馈渠道，倾听来自客户的意见和建议，并使客户能随时得到企业的帮助；三是建立与客户为中心相应的企业组织，要求对客户的需求和意见具有快速的反应机制，养成鼓励创新的组织氛围，组织内部保持上下沟通的顺畅；四是给予员工充分的授权，这是及时完成令客户满意的服务的重要一环，如果执行工作的人员没有充分的处理决定权，什么问题都需等待上级命令，客户满意是无法保证的。

7.5 客户满意的服务体系

客户满意的服务是一个完整的体系，由概念层、策略层和实施层组成。

☆ 概念层：服务理念与目标确定，服务口号与承诺的提出与宣传。

☆ 策略层：服务标准与规范的优化，进行服务成本核算，优化服务流程。

☆ 实施层：对服务人员进行培训实施与监督，服务后台提供支持、考核与激励。

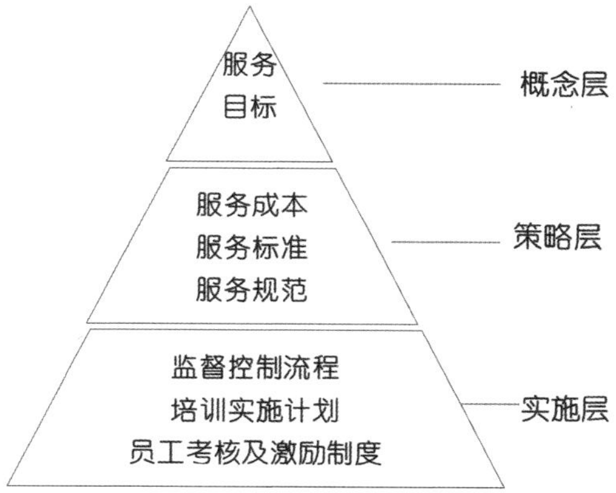

图 72 . 完整服务体系

服务同时也是一个开放的流程。开放的服务体系有如下特征：

☆ 服务管理部门作为指挥中心，随时与其他部门，尤其是生产、营销部门联动。

☆ 客户随时能从与企业的交互中体会到企业对服务的重视，对客户意见反馈的重视。

☆ 实施服务的人员会经过统一标准的培训，并能得到管理层的授权，能对客户实施统一而又灵活的服务。

通过图 77 的描述我们可以了解到：服务运营经理负责对外与生产及营销职能部门对接，了解客户需求及客户期望值；对内对服务人员提供培训，对服务过程给予授权，并制定考核标准，帮助服务人员提供任何与服务相关的服务支持和辅助物品；针对客户的需求，提供满足客户期望值，或超出客户期望值的服务；将与客户交互的过程进行监控，使用科学的标准来测评服务过程，并以此行成质量分析报告，反馈给生产、营销等部门，进行生产方案设计、营销活动的调整，从而形成整个服务过程的流程体系流转，达到持续改善。

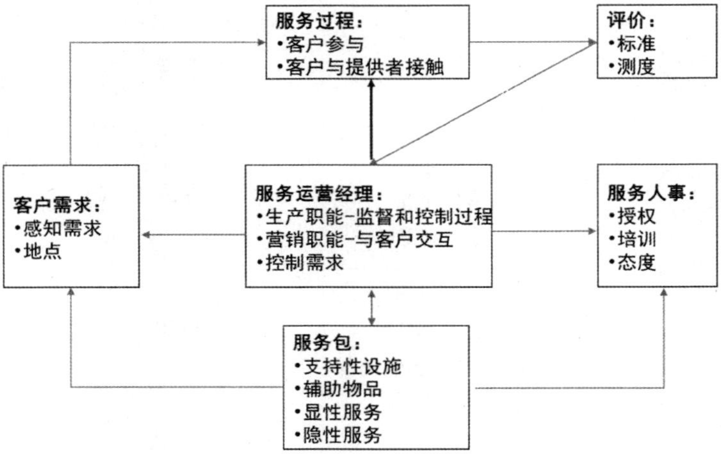

图 73．开放服务流程

7.6小结

☆ 满意的客户才能成为对企业忠诚的客户，才能给企业带来源源不断的利润。

☆ 对客户满意度的分析是为了最终利用客户的终生价值。

☆ 全面可感知质量模型、服务质量差距模型、客户满意度模型，这三大模型是用来分析客户期望值与客户满意度的。

☆ 客户期望值是可以通过一定的方法管理的。

☆ 服务是一个完整的体系，是一个开放的流程。